ABITUR-TRAINING

Gymnasium

Anwendungsaufgaben

Eberhard Endres · Bernhard Schmidt

STARK

Autoren

Eberhard Endres besitzt umfassende Unterrichtserfahrung als Gymnasiallehrer in den Fächern Mathematik, Informatik und Physik. Zudem bildet er als Lehrbeauftragter für Mathematik Referendare und Praktikanten für das Lehramt an Gymnasien aus und bietet für Studierende des Lehramts an der Universität fachdidaktische Übungen an. Als Autor veröffentlichte er im STARK Verlag bereits mehrere Lehr-, Wiederholungs- und Übungsbücher für Mathematik.

Bernhard Schmidt unterrichtet seit 2008 die Fächer Mathematik und Musik an einem Gymnasium in Baden-Württemberg. Dabei hat er einen großen Erfahrungsschatz insbesondere im Mathematikunterricht der Oberstufe erworben. Zudem betreut er als Ausbildungslehrer Referendare und Praktikanten und setzt sich durch Wettbewerbsbetreuung an seiner Schule für die Begabtenförderung ein.

Bildnachweis
Umschlagbild: © djgis. Shutterstock
Seite 1: © Lonely Walker. Shutterstock; Seite 13: oben: © Voronin76. Shutterstock, unten: © Sergey Nivens. Shutterstock; Seite 14/15: © Pavel Hlystov. Shutterstock; Seite 19: Zoonar/Wolfgang Heidasch; Seite 28: Andreas Schwarzkopf, lizenziert unter CC-BY-SA-3.0; Seite 31: Mountainbike: © kurtcan. Shutterstock, Bremsspur: © JJ Studio. Shutterstock; Seite 35: © 123rf.com; Seite 43: © Jose AS Reyes. Shutterstock; Seite 44: Sinuhe20, lizenziert unter CC-BY-SA-3.0; Seite 45: © Brandtmarke/pixelio.de; Seite 48: Pflanzschale: Albertyanks, lizenziert unter CC-BY-SA-3.0, Blumentopf: TRIXIE | pixabay.com; Seite 55: © Rich Carey. Shutterstock; Seite 57: Bakterienkultur: © Alexander Raths. Shutterstock, Schale in Kühlschrank: © Coleman Yuen. Pearson Education Asia Ltd; Seite 59: © MADDRAT. Shutterstock; Seite 66: © PHOTOBUAY. Shutterstock; Seite 68: © Mixov. Shutterstock; Seite 76: Spülmaschine: © Moreno Soppelsa. Shutterstock, Wahl: © Lisa S. Shutterstock; Seite 84: Hubschrauber: © Thor Jorgen Udvang. Shutterstock, Kompass: Efraimstochter | pixabay.com; Seite 85: © MariusdeGraf. Shutterstock; Seite 86: © Charles Brutlag. Shutterstock; Seite 87: © Michal Kolodziejczyk – Fotolia.com; Seite 88: © Tom Begasse. Shutterstock; Seite 89: © volff. 123rf.com; Seite 90: © Oleksiy Mark. Shutterstock; Seite 91: Baum: © Vaclav Volrab. Shutterstock, Wasserspeicher: © Bryan Busovicki. Shutterstock; Seite 92: Foto: Christian Eckhardt; Seite 93: Zauberin | pixabay.com; Seite 94: © Miks. Shutterstock; Seite 95: © Igor Kovalchuk. Shutterstock; Seite 96: © Can Stock Photo/nicolasmenijes; Seite 97: © bikeriderlondon. Shutterstock; Seite 98: © studio vmg. Shutterstock; Seite 99: © Georg Sander/pixelio.de; Seite 100: © Charly Blende – Fotolia.com; Seite 101: Körperpflegemittel: © Sukharevskyy Dmytro (nevodka). Shutterstock, Infusion: © Brian A Jackson. Shutterstock; Seite 102: © AntonioDiaz – Fotolia.com; Seite 103: Foto: Stanisław Skowron; Seite 109: © John Foxx Collection. Imagestate

© 2021 Stark Verlag GmbH
www.stark-verlag.de
1. Auflage 2017

Das Werk und alle seine Bestandteile sind urheberrechtlich geschützt. Jede vollständige oder teilweise Vervielfältigung, Verbreitung und Veröffentlichung bedarf der ausdrücklichen Genehmigung des Verlages. Dies gilt insbesondere für Vervielfältigungen, Mikroverfilmungen sowie die Speicherung und Verarbeitung in elektronischen Systemen.

Inhalt

Vorwort

Umgang mit Anwendungsaufgaben **1**

Anwendungsgebiete **13**
1 Optimierung 14
2 Messwertanpassung 20
3 Größen und ihre Änderungen 33
4 Rotationsvolumen 45
5 Wachstums- und Abnahmeprozesse 49
6 Stochastische Vorgänge 58
7 Testen von Hypothesen 67
8 Bewegungen im dreidimensionalen Raum 77

Aufgabensammlung **85**
Graphen zu den Aufgaben 104

Lösungen **109**
Lösungen: Anwendungsgebiete 110
Lösungen: Aufgabensammlung 155

Autoren:
Eberhard Endres, Bernhard Schmidt

Vorwort

Liebe Schülerin, lieber Schüler,

viele Aufgabenstellungen in der Mathematik enthalten einen mehr oder weniger komplexen Anwendungsbezug. Da solche Aufgaben oft als schwierig empfunden werden, diese aber zugleich vermehrt an Bedeutung gewinnen, bietet Ihnen dieser Übungsband Hilfestellungen und Herangehensweisen für typische Anwendungsaufgaben.

Der Aufbau des Buches gibt Ihnen die Möglichkeit, gezielt bestimmte Themengebiete durchzuarbeiten oder aber Ihr Können an den komplexeren vermischten Aufgaben zu testen und anschließend bei Bedarf einzelne Themengebiete nochmals genauer zu bearbeiten:

- Im ersten Abschnitt **Umgang mit Anwendungsaufgaben** wird dargestellt, worum es bei anwendungsorientierten Aufgaben geht und welche allgemeinen Lösungsstrategien es für diese Art von Aufgaben gibt. Diesen Abschnitt sollten Sie auf jeden Fall vorab lesen, da im gesamten Buch auf den dort beschriebenen **Modellierungskreislauf** Bezug genommen wird.

- Die Abschnitte im Kapitel **Anwendungsgebiete** behandeln acht typische Themengebiete, zu denen Anwendungsaufgaben gestellt werden. Dabei wird jeweils von der konkreten Anwendungssituation ausgegangen und häufig auftretende Fragestellungen werden an **Musteraufgaben** ausführlich gelöst. Die Lösung folgt stets genau der im ersten Abschnitt dargestellten allgemeinen Lösungsstrategie anhand des Modellierungskreislaufs. In den **Übungsaufgaben** zu den Themengebieten steht die Mathematisierung des jeweiligen Problems, d. h. die Übersetzung in ein mathematisches Modell, im Vordergrund.

- Abgerundet wird das Buch durch eine **Aufgabensammlung**, die komplexere Anwendungsaufgaben mit vermischten Fragestellungen enthält, bei denen Sie die passenden Lösungsstrategien finden und anwenden müssen. Hier geht es vorwiegend darum, unterschiedliche Fragestellungen zu einer Anwendungssituation richtig zu interpretieren und zu beantworten.

- Zu allen Aufgaben finden Sie am Ende des Buches **ausführliche und vollständige Lösungen**. Dabei wird bei den Lösungen zu den Übungsaufgaben noch genauer auf die einzelnen Schritte des Modellierungskreislaufs eingegangen, während bei den Lösungen der Aufgabensammlung die Darstellung verschiedener Lösungsansätze oder Modellierungen im Vordergrund steht.

- (Teil-)Aufgaben, deren Lösung eine Berechnung erfordern, die nur mit einem Hilfsmittel wie einem grafischen Taschenrechner durchgeführt werden kann, sind durch ein **Rechnersymbol** am linken Rand gekennzeichnet. Selbst wenn Sie kein entsprechendes Hilfsmittel einsetzen (können), sollten Sie diese Aufgabenteile nicht einfach weglassen, sondern zumindest versuchen, die nötigen Vorüberlegungen sowie ggf. den richtigen Ansatz zur Berechnung aufzustellen. Gerade diese „Übersetzung" des Aufgabentextes in die Sprache der Mathematik ist die eigentliche Schwierigkeit der meisten Anwendungsaufgaben.

Die einzelnen Kapitel und Aufgaben des Buches können vollständig separat bearbeitet werden, jedoch sollten Sie den ersten Abschnitt des Buches vorab lesen und bei der weiteren Arbeit mit diesem Buch bei Bedarf auch immer wieder darauf zurückgreifen. Es steht Ihnen frei, über die Geschwindigkeit und Schwerpunkte der Bearbeitung selbst zu entscheiden.

Wir wünschen Ihnen viel Erfolg bei der Arbeit mit diesem Buch.

Eberhard Endres *Bernhard Schmidt*

Eberhard Endres   Bernhard Schmidt

Umgang mit Anwendungsaufgaben

In diesem einführenden Abschnitt wird erläutert, worum es bei Anwendungsaufgaben geht, wie Sie mit diesem Aufgabentyp umgehen und welche grundlegenden Lösungsstrategien es gibt.

Die Aufgabenstellungen der Mathematik in der Oberstufe beinhalten vermehrt Anwendungsbezüge – insbesondere auch in den Prüfungen sind anwendungsorientierte Aufgaben ein fester Bestandteil. Es ist deshalb sinnvoll und wichtig, sich mit dieser Aufgabenklasse auseinanderzusetzen.

Zumeist erscheinen Anwendungsaufgaben auf den ersten Blick kompliziert, da nicht unmittelbar erkennbar ist, was genau von Ihnen gefordert wird oder welche Berechnungen zur Lösung der Aufgabe durchzuführen sind. Sie werden aber sehen, dass es für diese Aufgabenklasse einfache und trainierbare Strategien gibt. Dazu finden Sie in diesem Übungsband verschiedene Themengebiete, zu denen typischerweise anwendungsorientierte Aufgaben gestellt werden.

Damit Sie besser verstehen, worum es bei anwendungsorientierten Aufgaben und den Lösungsstrategien geht, werden in diesem kurzen Abschnitt vorab die grundlegenden Herangehensweisen beleuchtet.

Der Modellierungskreislauf

Bei Anwendungsaufgaben geht es in der Regel darum, eine anwendungsbezogene Situation zu „mathematisieren", um dann bestimmte Fragestellungen zu dieser Situation zu beantworten. Dieses Übersetzen einer realen Situation in die Sprache der Mathematik nennt man auch **Modellieren**; dabei geht man (oft unbewusst) nach einem bestimmten Schema vor, das sich durch den sogenannten Modellierungskreislauf beschreiben lässt:

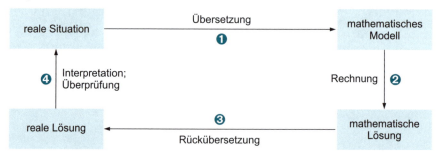

Am besten lassen sich dieses Vorgehen und die einzelnen Schritte an einem ganz einfachen Beispiel erläutern. Erinnern Sie sich noch an Ihre Grundschulzeit? Bereits damals hat die Arbeit mit anwendungsorientierten Aufgaben begonnen. Natürlich haben Sie in den ersten Klassen zuerst Zählen und grundlegendes Rechnen gelernt, aber mit den Sachaufgaben gab es dann schon erste anwendungsbezogene Fragestellungen, z. B. nach dem Umfang eines Grundstücks:

„Ein rechteckiges Grundstück ist 30 Meter lang und 20 Meter breit. Wie weit musst du laufen, wenn du einmal um das Grundstück herumlaufen möchtest?"

Das ist schon eine ganz typische Anwendungsaufgabe.

Bereits bei dieser einfachen Aufgabenstellung lässt sich das oben dargestellte Schema des Modellierungskreislaufs anwenden:

❶ Die Textaufgabe schildert einen Sachzusammenhang: sie beschreibt die Form eines Grundstücks und stellt dann eine ganz praktische Frage danach, wie weit man laufen muss, wenn man dieses Grundstück umrunden möchte. Man hat also eine **reale Situation** (Beschreibung des Grundstücks) sowie eine damit verbundene Frage (Länge des Wegs um das Grundstück herum).

Schon früh haben Sie gelernt, die gegebenen Informationen zunächst einmal in eine mathematische Sprache zu übersetzen:

reale Situation	mathematische Übersetzung
Grundstück	Rechteck, Maße in Meter
Länge des Grundstücks	Länge des Rechtecks: $a = 30$
Breite des Grundstücks	Breite des Rechtecks: $b = 20$
Wegstrecke um das Grundstück herum	Umfang des Rechtecks: $U = ?$

Durch diese Übersetzung erhalten Sie ein **mathematisches Modell** (Rechteck mit der Länge a und der Breite b, für das der Umfang U gesucht ist) für die reale Situation (Grundstück mit angegebenen Maßen, wobei die Länge der Wegstrecke um das Grundstück gesucht ist). Dabei haben Sie sich die gegebenen Größen a und b sowie die gesuchte Größe U notiert.

❷ Mit Ihren grundlegenden Rechenkenntnissen konnten Sie nun das mathematische Problem lösen, indem Sie die Formel für den Umfang eines Rechtecks angewendet, darin die bekannten Werte für a und b eingesetzt und mit mathematischen Werkzeugen (Grundrechenarten) den Wert für U berechnet haben:

$U = 2 \cdot a + 2 \cdot b = 2 \cdot 30 + 2 \cdot 20 = 60 + 40 = 100$

Diese **Rechnung** lieferte Ihnen eine **mathematische Lösung** des Problems, nämlich den Zahlenwert 100 für die Variable U.

❸ Nach der Berechnung folgt die Überlegung: Was haben Sie mit der durchgeführten Rechnung eigentlich bestimmt?
Der Wert von U ist der Umfang des Rechtecks und entspricht in der realen Situation dem Weg um das Grundstück herum. Die Maße des Grundstücks waren in der Einheit Meter angegeben, entsprechend ergibt sich auch die Länge des Umfangs in Meter. Durch diese **Rückübersetzung** in die reale Situation haben Sie also eine **Lösung des realen Problems** erhalten:

Der Weg um das Grundstück herum ist 100 Meter lang.

❹ Damit ist dieser Modellierungskreislauf noch nicht ganz geschlossen. Als letzter Schritt bleibt zu **überprüfen**, ob die so erhaltene Lösung wirklich der realen Problemstellung entspricht.

Dafür konnten Sie z. B. eine Probe machen, indem Sie die realen Daten nochmals auf ihre Stimmigkeit hin überprüft haben. (Haben Sie die Einheiten richtig gewählt, besitzt die Wegstrecke eine vernünftige Größenordnung usw.) Wenn Sie hier Unstimmigkeiten gefunden haben, mussten Sie Ihren Lösungsweg nochmals überprüfen, vielleicht eine Korrektur bei der Übersetzung in das mathematische Modell (Hatten Sie die Zahlenwerte richtig abgeschrieben?) oder bei der Rechnung (Hatten Sie evtl. falsch addiert?) oder bei der Rückübersetzung (Hatten Sie die richtige Einheit für den Umfang verwendet?) vornehmen und dann die Rechnung nochmals durchführen.

Auch das kommt bei anspruchsvolleren Aufgaben immer mal wieder vor: Wenn man auf Unstimmigkeiten oder Widersprüche stößt, muss man den Modellierungskreislauf noch ein weiteres Mal mit modifizierten Ansätzen oder Rechenwegen durchlaufen und wird (hoffentlich) irgendwann auf eine reale Lösung treffen, die den Sachverhalt dann korrekt beschreibt.

Diese einzelnen Schritte und Überlegungen (nicht mehr und nicht weniger) müssen Sie bei Anwendungsaufgaben mit Ihren inzwischen gewachsenen mathematischen Kenntnissen durchführen und auch hier sollten Sie sich folgende Fragen stellen:
- Haben Sie alle im Text enthaltenen Angaben korrekt erkannt und notiert (Übersetzung in das mathematische Modell)?
- Haben Sie die einzelnen Rechenschritte zur Lösung der Aufgabe korrekt durchgeführt (mathematische Rechnung)?
- Haben Sie das erhaltene Ergebnis korrekt in die reale Situation zurückübersetzt?
- Haben Sie Ihre Lösung auf Stichhaltigkeit im realen Kontext hin überprüft (Interpretation; Überprüfung)?

Im Folgenden wird die Anwendung des Modellierungskreislaufs bei einer zwar einfachen, aber bereits auf Abiturniveau liegenden Fragestellung demonstriert.

Einfaches anwendungsorientiertes Beispiel

Zur Entwässerung einer Straße wird eine Wasserrinne aus Betonsteinen errichtet. Die Betonsteine haben einen Querschnitt wie in der Skizze rechts (Maßangaben in cm), wobei die wasserführende Rinne die Form einer Parabel zweiten Grades hat.
Jeder Betonstein hat eine Länge von 1,20 m.
Der verwendete Beton besitzt eine Dichte von $1,8 \frac{\text{g}}{\text{cm}^3}$.
Wie schwer ist ein solcher Betonstein?

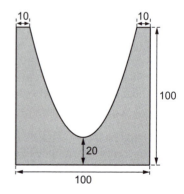

Lösung nach dem Modellierungskreislauf:

❶ Zunächst überlegt man sich, was in der Aufgabe gefragt ist, und entwickelt eine Strategie zur Lösung der Aufgabe:
Gesucht ist das Gewicht, also die Masse des Betonsteins. Gegeben sind die Abmessungen der parabelförmigen Rinne im Querschnitt sowie deren Länge.

Überlegung: Welche Größe(n) können Sie anhand der Abmessungen der Betonrinne bestimmen? Hilfreich ist auch eine Rückwärts-Überlegung: Um die Masse zu bestimmen, muss sicherlich die Dichte des Betons verwendet werden. Mithilfe der Dichte lässt sich aus dem Betonvolumen des Steins seine Masse errechnen. Also sollte man versuchen, das Volumen des Betonsteins zu bestimmen. Dieses lässt sich mithilfe der Querschnittsfläche und der Länge des Betonsteins bestimmen. Letztere ist bekannt, also besteht der Schlüssel zur Lösung der Aufgabe darin, den Inhalt der Querschnittsfläche zu bestimmen. Da diese teilweise durch eine parabelförmige Umrandung begrenzt ist, benötigt man zur Flächenbestimmung die Integralrechnung; dazu muss der Querschnitt zunächst in einem Koordinatensystem dargestellt werden.

Zusammenfassend hält man fest:

Gegeben:
gerundete Innenwand: Parabel zweiten Grades; Funktionsgleichung:
$$f(x) = ax^2 + bx + c$$
Breite des Betonsteins: $b = 100$ (cm)
Höhe des Betonsteins: $h = 100$ (cm)
Länge des Betonsteins: $L = 1,20$ (m)   (entspricht 120 cm)
Dichte des Betons: $\rho = 1,8 \, \frac{g}{cm^3}$

Gesucht: Masse des Betonsteins
Hierfür benötigt man den Inhalt der Querschnittsfläche, aus der sich dann zusammen mit der Länge des Betonsteins dessen Volumen und anschließend mithilfe der Dichte des Materials seine Masse bestimmen lässt.

Für die Arbeit im mathematischen Modell ist noch die Gleichung der Parabel zu bestimmen. Dazu muss man diese zunächst in ein geeignetes Koordinatensystem legen, d. h., man legt fest, wo die beiden Koordinatenachsen verlaufen und welche Einheiten auf den Achsen gelten. Es gibt dafür verschiedene Möglichkeiten. Besonders einfach wird es in diesem Fall, wenn man die Symmetrie des Betonsteins beachtet und das Koordinatensystem entsprechend geschickt legt:

Wenn der Scheitel der Parabel auf der y-Achse liegt, dann reduziert sich deren Gleichung auf die Form $f(x) = ax^2 + c$.
Die x-Achse kann man z. B. so legen, dass die Unterkante des Betonsteins auf der x-Achse liegt.
Als Einheit auf den Achsen wählt man z. B. jeweils cm.

Mit diesen Vorgaben lässt sich eine entsprechende Skizze erstellen und die Koordinaten des Scheitels S und eines weiteren Punktes P der Parabel lassen sich anhand der gegebenen Zahlenwerte bestimmen:

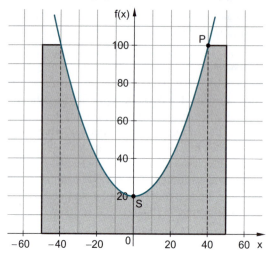

Die beiden Punkte S(0|20) und P(40|100) liegen also auf der Parabel mit der Gleichung $f(x) = ax^2 + c$ und müssen somit die Punktprobe erfüllen. Daraus lassen sich die Parameter a und c der Gleichung bestimmen.

S(0|20) eingesetzt:
$f(0) = 20 \Leftrightarrow a \cdot 0 + c = 20 \Leftrightarrow c = 20$

P(40|100) eingesetzt (mit c = 20):
$f(40) = 100 \Leftrightarrow a \cdot 40^2 + 20 = 100 \Leftrightarrow 1600a = 80 \Leftrightarrow a = \frac{80}{1600} = \frac{1}{20}$

Die Gleichung der Randfunktion lautet somit:
$f(x) = \frac{1}{20}x^2 + 20$

Damit ist die reale Situation vollständig in ein mathematisches Modell übersetzt und man kann zur eigentlichen Lösung übergehen.

❷ Die Schritte zur Berechnung der Masse lauten:
- Bestimmung der Querschnittsfläche des Betonsteins
- Berechnen des Betonvolumens
- Bestimmung der Masse eines Steins

Die Querschnittsfläche des Betonsteins setzt sich aus zwei schmalen Rechtecken (am linken und rechten Ende des Steins) sowie der Fläche unterhalb der Parabel zusammen (vgl. Skizze oben).

Für die Rechtecke gilt jeweils:
$A_R = 10 \cdot 100 = 1000$

Die Fläche unterhalb der Parabel ergibt sich mithilfe eines Integrals:

$$A_P = \int_{-40}^{40} f(x)\,dx = \int_{-40}^{40} \left(\tfrac{1}{20}x^2 + 20\right) dx$$

$$= \left[\tfrac{1}{60}x^3 + 20x\right]_{-40}^{40}$$

$$= 1866\tfrac{2}{3} - \left(-1866\tfrac{2}{3}\right)$$

$$= 3733\tfrac{1}{3}$$

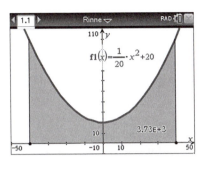

Insgesamt erhält man also für die Querschnittsfläche des Betonsteins:
$A = 2 \cdot A_R + A_P = 2 \cdot 1000 + 3733\tfrac{1}{3} \approx 5733$

Aus dieser Querschnittsfläche A und der Gesamtlänge L des Betonsteins lässt sich das Volumen des Steins bestimmen:
$V = A \cdot L \approx 5733 \cdot 120 = 687\,960$

Aus dem Volumen V erhält man schließlich mithilfe der Dichte $\rho = 1{,}8\,\tfrac{g}{cm^3}$ die Masse m des Betonsteins:
$m = \rho \cdot V \approx 1{,}8 \cdot 687\,960 = 1\,238\,328$

❸ Rückübersetzung in die reale Situation:
Verwendet man konsequent die Einheiten cm und g, hat die errechnete Querschnittsfläche die Einheit cm^2, das Volumen die Einheit cm^3 und die Masse die Einheit g.
Dies bedeutet, dass sich für die Masse des Betonsteins ca. 1 238 328 g bzw. ca. 1 238 kg oder ca. 1,2 t ergibt.

Antwort: Der Betonstein hat eine Masse von etwa 1,2 Tonnen.

❹ Zur Überprüfung könnte man z. B. eine Überschlagsrechnung anstellen und die Masse eines Betonquaders von 1 m Breite, 1,20 m Länge und 1 m Höhe bestimmen. Aus einem solchen Stein könnte dann z. B. die parabelförmige Rinne herausgefräst werden, wobei nach Augenmaß grob die Hälfte des Materials herausgefräst werden müsste.
Dieser Betonquader hätte das Volumen von $b \cdot h \cdot L = 1{,}2\,m^3 = 1\,200\,000\,cm^3$ und damit eine Masse von $1{,}8 \cdot 1\,200\,000 = 2\,160\,000$ Gramm bzw. 2,16 Tonnen. Insofern ist die erhaltene Masse von ca. 1,2 t für den Betonstein durchaus realistisch.

Hilfreiche Tipps und Hinweise

Für die einzelnen Schritte des Modellierungskreislaufs gibt es viele Strategien, die sich häufig anwenden lassen. Die wichtigsten sind hier für Sie zusammengestellt:

❶ Mathematisierung
- Lesen Sie die Aufgabenstellung vollständig und konzentriert durch.
  Markieren Sie bereits beim Durchlesen wichtige Begriffe und Angaben.
- Notieren Sie alle im Text gegebenen Informationen.
  Wenn es auch schwerfällt: Mit konsequenter Notation aller entnommenen Informationen gewinnen Sie eher einen Überblick über die Aufgabe und damit vielleicht auch schon eine Idee für die Problemlösung.
  Im Beispiel: Mit der gegebenen Breite, Höhe und Länge des Betonsteins kann man bereits auf die Idee kommen, dass hier die Berechnung des Volumens hilfreich sein könnte. Wenn man dann beachtet, dass die Dichte des Betons angegeben ist, bestätigt sich diese Vermutung, da in der Dichte auch auf das Volumen des Materials Bezug genommen wird (Einheiten!).
- Notieren Sie, welche Größen gesucht sind.
  Nur wenn Sie wissen, wohin Sie Ihre mathematische Rechnung führen soll, haben Sie eine Chance, den Weg zur Lösung zu finden.
  Im Beispiel: Wenn Sie notieren, dass die Masse des Betonsteins gesucht ist, und überlegen, welche Zusammenhänge Sie bezogen auf die Masse kennen, kommen Sie schneller auf die Idee, dass Sie hierfür die Dichte des Steins (die gegeben ist) und das Volumen benötigen. Also ergibt sich ein weiteres Indiz dafür, dass die Bestimmung des Volumens sinnvoll ist.
- Erstellen Sie eine passende Skizze.
  Mit einem aussagekräftigen Bild erleichtern Sie sich die Vorstellung! Sie müssen kein Künstler sein, um eine passende Skizze anzufertigen, aber Exaktheit an wesentlichen Stellen ist immer hilfreich.
  Im Beispiel: Zeichnen Sie in einer Skizze des Steins mögliche Koordinatenachsen ein, um die günstigste Lage (Symmetrie!) zu erkennen. Wenn Sie die Parabel nicht einigermaßen genau zeichnen, erschweren Sie sich das Ablesen der Koordinaten von Scheitel S und Punkt P.
- Wandeln Sie alle relevanten Größen in passende Einheiten um.
  Beachten Sie dabei die Einheiten der gegebenen Größen und versuchen Sie herauszufinden, welche Einheit Sie am besten für die Rechnung nutzen.
  Im Beispiel: Sie müssen alle Längenangaben in derselben Einheit führen, damit Sie die richtige Größenordnung für die Querschnittsfläche sowie das Volumen erhalten. Sie müssen nicht zwingend cm verwenden, sondern können auch alles z. B. in m ausdrücken. Die Einheit der gegebenen Dichte legt allerdings die Berechnung des Volumens in cm^3 nahe, um die Berechnung der Masse direkt durchführen zu können.

Wählen Sie andere Einheiten, erhalten Sie auch eine andere Funktionsgleichung, aber nach der Rückübersetzung in die Realität (hoffentlich) trotzdem die korrekte Masse des Steins.
- Legen Sie ein evtl. benötigtes Koordinatensystem geschickt.
  Versuchen Sie, für das Aufstellen einer benötigten Funktionsgleichung möglichst viele Parameter zu vermeiden, damit die Rechnung nicht unnötig erschwert wird. Oft hilft das Ausnutzen von Symmetrien (wie im Beispiel, indem man die Parabel symmetrisch zur y-Achse legt).

❷ **Mathematische Problemlösung**
- Suchen Sie einen Pfad von Zwischenschritten, auf dem Sie von der Problemstellung zu deren Lösung gelangen können.
  Beachten Sie, welche Größen gegeben und welche gesucht sind. Meist können Sie hier bereits die ersten Schritte von der Problemstellung zur Lösung hin erkennen. Wenn nicht, versuchen Sie, „rückwärts" zu arbeiten: Überlegen Sie, welche Größen Ihnen helfen, die gesuchte Größe zu berechnen, und prüfen Sie, ob Sie diese Hilfsgrößen mit den bekannten Größen bestimmen können.
- Notieren Sie Formeln, die für die Problemlösung Verwendung finden könnten.
  Wenn Sie nicht bereits in Schritt ❶ auf die Lösungsidee gekommen sind, suchen Sie Formeln, die die gegebenen und die gesuchten Größen verwenden. Meist sehen Sie dann die einzelnen Mosaiksteinchen bis zur Lösung. Im Beispiel: Gesucht ist eine Masse, gegeben ist die Dichte des Materials; dies sollte Sie auf den Zusammenhang $\rho = \frac{m}{V}$ (auch erkennbar an der Einheit der Dichte!) führen und damit auf die Bestimmung des Volumens.
- Beschreiben Sie die gegebenen und gesuchten Größen durch Funktionen bzw. Vektoren bzw. Variablen usw.
  Eine gute Mathematisierung hilft bei der Bearbeitung der Lösung.
  Im Beispiel: Wenn Sie erkennen, dass Sie den Inhalt der Querschnittsfläche benötigen und dass diese durch eine Randkurve begrenzt ist, dann brauchen Sie auf jeden Fall ein geeignetes Koordinatensystem, in dem Sie die Randfunktion beschreiben können. Nur dadurch lässt sich mithilfe der Integralrechnung die Querschnittsfläche sauber bestimmen.
- Setzen Sie an geeigneten Stellen die erlaubten Hilfsmittel ein.
  Sofern Ihnen ein Hilfsmittel, wie ein grafischer Taschenrechner, zur Verfügung steht, setzen Sie es ein. Das Risiko eines Tippfehlers ist meist kleiner als das Risiko eines Rechenfehlers bei einer händischen Rechnung (es sei denn, Sie müssen nur $3 \cdot 4$ ausrechnen). Zudem erlaubt der Rechner eine Überprüfung der Lösung oder die grafische Darstellung der Situation.

❸ Rückübersetzung
- Beachten Sie die korrekten Einheiten.
  Fatal wäre es, wenn Sie die mathematische Rechnung korrekt durchgeführt haben, aber durch falsche Verwendung oder Angabe der Einheiten ein falsches Ergebnis erhalten.
  Im Beispiel: Wenn Sie die Länge des Steins wie angegeben in m verwenden und nicht in cm umrechnen, erhalten Sie ein viel zu geringes Volumen, wodurch sich ein gewaltiger Fehler in der Größenordnung ergeben würde.
- Überlegen Sie, was Sie durch Ihre Rechnung genau erhalten haben.
  Wofür stehen die errechneten Werte in der realen Situation?

❹ Interpretation und Überprüfung
- Machen Sie eine Überschlagsrechnung.
  Wenn das berechnete Ergebnis weit von dem durch eine Überschlagsrechnung erhaltenen Ergebnis entfernt ist, sollten Sie Ihre Rechnung nochmals überprüfen; vielleicht haben Sie sich bei den Einheiten vertan?
- Betrachten Sie die Ergebnisse mit Ihrem gesunden Menschenverstand.
  Könnte es denn sein, dass solch ein Betonstein von 1,20 m Länge und 1 m Breite vielleicht nur ca. 1 kg wiegt? Das erscheint schon auf den ersten Blick unrealistisch und deutet stark auf einen Rechenfehler oder einen Irrtum bei den Einheiten hin. Überprüfen Sie in diesem Fall Ihre Rechnung noch einmal genau auf diese kritischen Punkte.
- Beachten Sie ggf. Einschränkungen für die reale Situation.
  Sind zulässige Werte oder Bereiche für die gesuchte Größe vorgegeben? Gibt es in der realen Situation evtl. Beschränkungen, wodurch die (mathematisch richtig) errechnete Lösung in der Realität nicht anwendbar wird?
  Im Beispiel: Es könnte z. B. zusätzlich noch gefragt sein, ob der Betonstein im konkreten Fall verwendet werden kann, wenn durch den baulichen Zustand der Straße ein Gewicht der Rinne von höchstens 1 Tonne zulässig ist. In diesem Fall wäre die (richtig berechnete) Lösung in der Realität nicht anwendbar, da der Stein zu schwer wäre.

Schlüsselbegriffe und Operatoren

In den meisten Aufgaben stecken Schlüsselbegriffe, die Ihnen deutliche Hinweise auf den Lösungsweg geben können. Auf den nächsten Seiten werden exemplarisch einige wichtige Indizien getrennt nach den einzelnen Gebieten aufgeführt; weitere Beispiele finden Sie im folgenden Kapitel bei den Abschnitten zu den jeweiligen Anwendungsgebieten.

Analysis
- „…rate": Die Änderungsrate (Zuwachsrate, Abflussrate, Wachstumsrate, …) beschreibt immer die Ableitungsfunktion einer entsprechenden Größe, deren Veränderung im zeitlichen Ablauf betrachtet wird.
  Die Abflussrate aus einem Staubecken entspricht z. B. der Ableitungsfunktion des Wasservolumens in diesem Staubecken, die Ankunftsrate von Personen an einem Ort der Ableitungsfunktion der dort angekommenen Personenanzahl.
- „am größten/kleinsten": Fragen, wann eine Größe am größten oder am kleinsten ist, werden durch das Maximum bzw. Minimum der entsprechenden Funktion beantwortet; dazu ist eine Hoch- bzw. Tiefpunktbestimmung mithilfe der Differenzialrechnung (oder eines Hilfsmittels) durchzuführen.
- „nimmt am stärksten zu bzw. ab": Fragestellungen, wann eine Größe am stärksten abnimmt oder zunimmt, lassen sich über die Ableitung beantworten; die gesuchten Punkte entsprechen den Extrempunkten der Ableitung (Änderungsrate) bzw. den Wendepunkten der Funktion, die die Größe beschreibt.
- „(um) wie viel": Bei gegebener Änderungsrate (z. B. der Wachstumsrate eines Baumes) wird häufig gefragt, um wie viel die zugehörige Größe (in diesem Fall die Höhe des Baums) in einem bestimmten Zeitraum zugenommen hat; solche Aufgabenstellungen lassen sich mithilfe einer Integration über die passende Änderungsrate lösen.
- „wann", „wie lange": Diese oder ähnliche Schlüsselbegriffe können ein Signal sein, entweder den Zeitpunkt zu bestimmen, wann der Funktionsterm einen bestimmten Wert annimmt, oder mithilfe der Integralfunktion die obere Grenze eines Zeitintervalls zu bestimmen, falls die Änderungsrate gegeben ist.
- „periodisch", „exponentiell", „gleichmäßig", „proportional": Diese Begriffe geben einen Hinweis auf den zugrunde liegenden Funktionstyp, z. B. Sinus- oder Kosinusfunktion, Exponentialfunktion, lineare Funktion.

Geometrie
- „wie nahe kommen sich": Solche Fragestellungen sind typisch für zeitdynamische Bewegungsaufgaben. Hier setzt man die Positionen der betreffenden Objekte in Abhängigkeit von der Zeit an und bestimmt das Minimum des Abstands dieser Punkte in Abhängigkeit von der Zeit.
- „welchen Abstand haben die Bahnen (Routen)": Hier sind meist die Abstände von Geraden, die die Bewegung von Objekten beschreiben, gesucht (nicht zu verwechseln mit der geringsten Entfernung, die bewegte Objekte erreichen).
- „orthogonal": Dies deutet auf den Einsatz des Skalarproduktes mit passenden Vektoren hin.
- „Fläche": Entweder verwendet man das Vektorprodukt oder man bestimmt Grundseite und Höhe, um hieraus dann den Flächeninhalt zu berechnen.
- „Volumen", „Fassungsvermögen": In der Regel benötigt man hierzu eine Grundfläche und eine Höhe des betrachteten Objekts; bei rotationssymmetrischen Körpern erfolgt die Volumenbestimmung mithilfe eines Integrals.

- „Höhe": In vielen Fällen lässt sich die Höhe einer zu bestimmenden Fläche oder eines Körpers als Abstand eines Punktes von einer Ebene oder Geraden bestimmen.

Stochastik
Hier lassen sich grob drei Aufgabentypen unterscheiden:
- Wahrscheinlichkeitsrechnung aus der Mittelstufe, die mithilfe von Baumdiagrammen elementar bearbeitet werden kann; meist sind hier die Zahlenwerte einstellig (z. B. „Wie groß ist die Wahrscheinlichkeit, dass 2 von 3 Versuchen erfolgreich sind?"). Solche Aufgaben lassen sich mit der Skizze des Wahrscheinlichkeitsbaums sowie den Wahrscheinlichkeiten der einzelnen Äste und Pfade mithilfe der Pfadregeln berechnen.
- Binomialverteilung: Nur wenn ein n-stufiges Zufallsexperiment eine Bernoulli-Kette ist, lässt sich die Binomialverteilung anwenden. In diesem Fall müssen aus dem Text Informationen zu der Anzahl n der Stufen der Bernoulli-Kette sowie der Wahrscheinlichkeit für einen Erfolg und der Zahl der Treffer in dieser Bernoulli-Kette entnommen werden.
  Schlüsselbegriffe wie „mindestens ...-mal", „höchstens ...-mal" deuten meist darauf hin, dass es sich um eine Bernoulli-Kette handeln könnte. Sie müssen überprüfen, ob das einzelne Experiment ein Bernoulli-Experiment (also ein Experiment mit genau zwei Ergebnissen) ist und dieses mit gleichbleibenden Wahrscheinlichkeiten mehrmals durchgeführt wird. Dann können Sie die Binomialverteilung zugrunde legen.
  Ebenso sollte bei „...-mal gedreht", „...-mal gezogen", „...-mal gewürfelt" geprüft werden, ob es sich bei der Durchführung des Zufallsexperiments um „Ziehen mit Zurücklegen" oder „Ziehen ohne Zurücklegen" handelt. Für ein Bernoulli-Experiment muss es sich bei jeder Stufe um „Ziehen mit Zurücklegen" handeln, da nur in diesem Fall die Einzelwahrscheinlichkeiten gleich bleiben.
- Testen von Hypothesen: Hierbei ist in aller Regel die Rede von „Signifikanzniveau" oder „Irrtumswahrscheinlichkeit". Weitere Schlüsselbegriffe für diesen Aufgabentyp sind „Ablehnungsbereich", „Entscheidungsregel", „Nullhypothese". In all diesen Fällen müssen Sie nach der zugrunde liegenden Trefferwahrscheinlichkeit p sowie dem Stichprobenumfang n suchen, mit dem die Nullhypothese dann getestet werden kann.

Insbesondere bei Prüfungsaufgaben geben auch die sogenannten **Operatoren** Aufschluss darüber, wie detailliert und umfangreich Ihr Lösungsweg erwartet wird. Während bei der Aufforderung „Geben Sie an" die bloße Angabe des Ergebnisses genügt, wird bei „Bestimmen Sie" eine Berechnung mit Darstellung des Lösungswegs und bei „Untersuchen Sie" oder „Zeigen Sie" bereits eine komplexere Berechnung und Interpretation gefordert.

Anwendungsgebiete

In den folgenden Kapiteln werden verschiedene Themengebiete für Anwendungsaufgaben genauer behandelt. Zu den typischen Fragestellungen finden Sie anhand von Musteraufgaben Lösungsstrategien nach dem Modellierungskreislauf.

1 Optimierung

In vielen Bereichen, nicht nur in der Wirtschaft, strebt man danach, das Optimale zu erreichen. Hierbei hat man mindestens eine „Stellschraube", also eine Stelle, an der man eine Größe variieren kann. Diese Größe versucht man so einzustellen, dass die zu optimierende Zielgröße optimal, also meist maximal oder minimal, wird.

Ausführliche Musteraufgabe

Das rechts abgebildete Paket hat eine quadratische Vorderfläche und ein Volumen von 125 Liter. Es soll mit einer Schnur wie abgebildet verpackt werden. Welche Abmessungen muss das Paket haben, damit die Schnurlänge möglichst gering ist?

Strategie

❶ a Identifizieren des Aufgabentyps anhand von Schlüsselbegriffen, hier Optimierung

b Identifizieren der **Zielgröße**: Was soll optimiert werden?

c Identifizieren der **variablen Einflussgrößen**: Wodurch lässt sich die Zielgröße beeinflussen?

d Darstellen der Zielgröße als **Zielfunktion** in Abhängigkeit einer einzigen Einflussgröße; ggf. Einschränken auf eine Einflussgröße durch Nebenbedingungen

e Festlegen einer sinnvollen **Definitionsmenge**: Welche Werte für die Einflussgröße sind möglich bzw. zulässig?

❷ Berechnen des **Extremwertes** der Zielfunktion mithilfe der Differenzialrechnung: Soll die Zielgröße möglichst groß oder lang, am höchsten, maximal werden?
→ Maximum

Soll die Zielgröße möglichst gering oder kurz, am kleinsten, minimal werden?
→ Minimum

❸ Angeben der Lösung im Sachkontext: Welche Bedeutung haben die berechneten Werte? Wie lauten die zugehörigen Einheiten?

❹ Interpretieren des Ergebnisses: Liegen die Werte im zulässigen Bereich? Sind die ermittelten Werte sinnvoll und realistisch? Welche Auswirkungen haben die Werte auf die betrachtete Situation?

Optimierung / 15

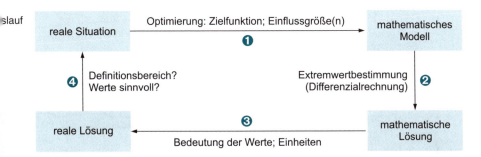

1 a Schlüsselbegriff: Schnurlänge **möglichst gering** → Optimierungsaufgabe

b Die zu optimierende Zielgröße ist die Schnurlänge S.

c Variabel sind die Abmessungen des Pakets, d. h. Länge L, Breite B und Höhe H, die die nötige Länge der Schnur beeinflussen.

d Die Schnurlänge S setzt sich aus je viermal der Länge, Breite und Höhe des Pakets zusammen:
$S = 4 \cdot L + 4 \cdot B + 4 \cdot H$

Um diese Schnurlänge als Funktion in Abhängigkeit einer einzigen Einflussgröße anzugeben, sind die drei variablen Größen L, B und H durch Nebenbedingungen einzuschränken.

Zunächst ist wegen der quadratischen Vorderfront die Länge gleich der Höhe: L = H
Damit ergibt sich für die Zielgröße:
$S = 4 \cdot H + 4 \cdot B + 4 \cdot H = 8 \cdot H + 4 \cdot B$

Außerdem ist das Volumen V mit 125 Liter vorgegeben. Für das Volumen des Quaders gilt:
$V = L \cdot B \cdot H = H \cdot B \cdot H$

Aufgelöst nach B ergibt sich:
$B = \frac{V}{H^2} = \frac{125}{H^2}$

Diese Nebenbedingung setzt man ebenfalls in die Formel für die Zielgröße S ein, sodass diese nur noch in Abhängigkeit der Höhe H angegeben ist:
$S = 8 \cdot H + 4 \cdot B = 8 \cdot H + 4 \cdot \frac{125}{H^2}$

Damit hat man für die Schnurlänge eine Funktion S in Abhängigkeit von nur noch einer variablen Größe H:
$S(H) = 8 \cdot H + 4 \cdot \frac{125}{H^2}$

e Da die Höhe H (ebenso wie die Länge und die Breite) als Seitenlänge positiv sein muss, ergibt sich als (größtmögliche) Definitionsmenge für die Funktion S: $D = \mathbb{R}^+$

❷ Für die Zielfunktion S soll das Minimum (Schlüsselbegriff „möglichst gering") berechnet werden.

Die Funktion S kann man z. B. mit einem GTR minimieren, wenn man für die Höhe H die Variable x verwendet. Man erhält:

Das Minimum der Funktion S liegt bei H = 5 und beträgt S(5) = 60.

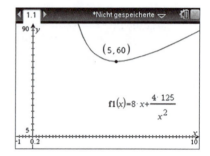

Die Berechnung des Extremwertes kann bei dieser Aufgabe auch ohne elektronische Hilfsmittel mit rein algebraischen Mitteln erfolgen:
Gesucht ist das Minimum der Funktion S mit $S(H) = 8 \cdot H + 4 \cdot \frac{125}{H^2}$.
Die notwendige Bedingung für ein Minimum lautet S'(H) = 0:

$S'(H) = 8 - \frac{4 \cdot 125 \cdot 2}{H^3} = 8 - \frac{1\,000}{H^3} = 0 \quad \Leftrightarrow \quad \frac{1\,000}{H^3} = 8$

$\Leftrightarrow \quad H^3 = \frac{1\,000}{8} = 125 \quad \Leftrightarrow \quad H = 5$

Die hinreichende Bedingung für ein Minimum lautet S''(H) > 0. Mit der zweiten Ableitung $S''(H) = \frac{3\,000}{H^4}$ und $S''(5) = \frac{3\,000}{625} > 0$ ist diese erfüllt.

Das Minimum der Funktion S liegt somit bei H = 5 und beträgt:
$S(5) = 8 \cdot 5 + 4 \cdot \frac{125}{5^2} = 40 + 4 \cdot 5 = 60$

❸ Bei einer Höhe des Pakets von H = 5 (dm) ist die Schnurlänge mit S = 60 (dm) minimal. Die Einheit der Größen muss dm lauten, damit sich bei der Volumenberechnung die Einheit Liter ergibt (1 ℓ = 1 dm³).

Für die Länge L ergibt sich dann wegen L = H ebenfalls 5 (dm) und aus dem gegebenen Volumen von 125 dm³ folgt damit für die Breite B:
$B = \frac{125}{H^2} = \frac{125}{25} = 5$ (dm)

❹ Das Ergebnis H = 5 liegt in der Definitionsmenge der Funktion S und die daraus resultierenden Werte L = 5 und B = 5 sind ebenfalls als Seitenlängen sinnvoll. Das Paket ist in diesem Fall ein Würfel mit der Kantenlänge 5 (dm).

Musteraufgabe

Durch den Graphen der Funktion f mit $f(x) = \frac{4}{x^2} + 1$ wird im ersten Quadranten eines Koordinatensystems (Koordinatenangaben in km) eine Straße dargestellt, die an einem Ort, der im Punkt O(0|0) lokalisiert ist, vorbeiführt. Bestimmen Sie den geringsten Abstand des Ortes von der Straße.

Lösung

→ ❶ Zunächst kann man sich den Sachverhalt z. B. mithilfe eines GTR veranschaulichen, vgl. Bild rechts.

→ a Schlüsselbegriff: **geringster** Abstand → Optimierungsaufgabe

b, c Die zu optimierende Größe ist der Abstand d des Ortes O(0|0) von der Straße, deren Verlauf durch die Funktion f gegeben ist. Variabel ist der Punkt P auf der Straße, von dem aus man den Abstand zum Ort misst.

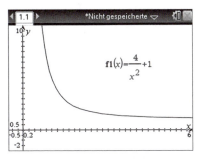

→ d Man wählt einen beliebigen Punkt P(u|f(u)) auf dem Graphen von f und beschreibt den Abstand d dieses Punktes zum Ursprung O(0|0) als Funktion in Abhängigkeit der Stelle u.

Punkt $P(u|f(u)) = P\left(u \mid \frac{4}{u^2} + 1\right)$

Der Abstand von P zum Ort im Punkt O(0|0) beträgt dann mithilfe des Satzes von Pythagoras:

$d(u) = \sqrt{u^2 + \left(\frac{4}{u^2} + 1\right)^2}$

→ e Da die Funktion nur im ersten Quadranten betrachtet wird, ist ein sinnvoller Definitionsbereich: u > 0

→ ❷ Für den Abstand soll das Minimum ermittelt werden („geringsten").

Die Funktion d kann z. B. mit einem GTR minimiert werden. Man erhält:

Das Minimum der Funktion d ergibt sich bei u = 2 und beträgt ca. 2,8.

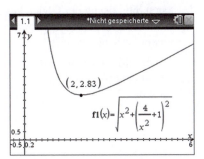

❸❹ Da die Koordinatenangaben in km sind, beträgt der minimale Abstand des Ortes O zur Straße ca. 2,8 km und ergibt sich bei Messung vom Punkt P(2|2) der Straße. Diese Werte liegen im zulässigen Bereich und lassen sich grafisch bestätigen.

Alternative Lösung (ohne Optimierungsidee):

Der geringste Abstand des Ursprungs zum Graphen von f kann auch bestimmt werden durch diejenige Normale an den Graphen, die durch den Ursprung verläuft (vgl. Skizze).

Gleichung der Normalen n in einem Kurvenpunkt $P(u\,|\,f(u)) = P\left(u\,\middle|\,\frac{4}{u^2}+1\right)$:

$$n(x) = -\frac{1}{f'(u)} \cdot (x-u) + f(u)$$

Diese Normale soll durch den Ursprung gehen, also muss gelten: $n(0)=0$

Eingesetzt ergibt sich die Gleichung:

$$n(0) = -\frac{1}{f'(u)} \cdot (-u) + f(u) = 0$$

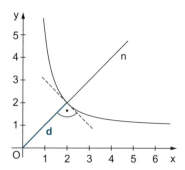

Als Lösungen dieser Gleichung erhält man mit einem CAS: $u=2$ oder $u=-2$
Der negative Wert liegt nicht im zulässigen Bereich $u>0$, also ist $u=2$ die Lösung.
Der minimale Abstand ergibt sich dann als Abstand des Punktes $P(2\,|\,2)$ zum Ursprung.

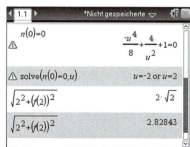

Wenn man kein CAS einsetzen kann, lässt sich die Lösung der Gleichung $n(0)=0$ auch grafisch oder numerisch mit einem GTR bestimmen.

Auch hier ergibt sich als Lösung $u=2$ und damit ein minimaler Abstand von ca. 2,8 km.

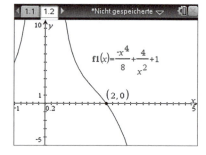

Übungsaufgaben

1 Aus einer alten Kupfererzmine soll das Erz über quaderförmige Wagen abtransportiert werden. Der 2,0 m hohe und 2,4 m breite Stollen besitzt Wände, die den Querschnitt einer Parabel zweiten Grades besitzen. Welche Breite und Höhe sollten die Wagen haben, damit möglichst viel Erz transportiert werden kann, wenn die Ladefläche der Wagen 30 cm über dem Boden liegt?

2 Ein Kurier möchte möglichst kostengünstig mit dem Pkw von München nach Berlin fahren. Hierzu liegen folgende Daten vor:
- Entfernung München – Berlin: 600 km
- Benzinverbrauch seines Pkw bei 100 $\frac{km}{h}$: 8 Liter pro 100 km
- Benzinpreis: ca. 1,50 € pro Liter
- Der Benzinverbrauch steigt quadratisch mit der Geschwindigkeit.
- Die Fahrzeit ist vertane Zeit; dem Kurier ist jede Stunde Fahrzeit 20 € wert.

a) Bestimmen Sie für die Geschwindigkeiten 100 $\frac{km}{h}$ und 50 $\frac{km}{h}$ jeweils die Kosten, die diese Fahrt von München nach Berlin verursachen wird.

b) Optimieren Sie die Reisegeschwindigkeit, indem Sie die entstehenden Kosten allgemein durch die Geschwindigkeit v ausdrücken und minimieren.

3 Ein Elektronikmarkt bietet eine Spielkonsole für 399 € an. Diese verkauft sich jedoch nur schleppend. Daher möchte der Markt den Preis für die Konsole senken. Der Marktleiter hat für seine Kalkulation folgende Informationen:
- Der Einkaufspreis für eine Spielkonsole beträgt 240 €.
- Pro verkauftes Gerät entstehen dem Markt Fixkosten von 10 € (Kosten für Beratungszeit, Kassiertätigkeit, Computerkassen-Nutzung u. a.).
- Pro Woche werden derzeit deutschlandweit 800 Geräte verkauft.
- Der Markt hat eine Faustformel: „Jeder Prozentpunkt Preisreduktion bringt eine Absatzsteigerung von 4 Prozentpunkten." (Wenn der Preis also z. B. um 5 % gesenkt wird, rechnet der Markt mit 20 % mehr Absatz.)

a) Wie groß ist der Gewinn pro Woche ohne Preisreduktion und welcher Gewinn pro Woche ergibt sich bei einer Preisreduktion von 10 %?

b) Optimieren Sie die Preisreduktion, sodass der Gewinn pro Woche maximal ist.

4 Der Querschnittsrand eines Tunnels wird im Intervall [–3; 3] durch die x-Achse und das Schaubild der Funktion f mit $f(x) = 4\cos\left(\frac{\pi}{6}x\right)$, x und f(x) in m, beschrieben. Kann man eine Kugel mit dem Durchmesser 3,60 m durch diesen Tunnel rollen?

2 Messwertanpassung

Bei funktionalen Zusammenhängen werden stets zwei Größen in Beziehung zueinander gesetzt; so hängt z. B. der Bremsweg eines Pkw von dessen Ausgangsgeschwindigkeit ab, die Auslenkung einer Feder ist umso größer, je mehr Gewicht sie belastet, die Absatzzahlen eines Artikels hängen von der Höhe des Verkaufspreises ab usw.

Häufig kennt man von solchen funktionalen Zusammenhängen nur einige Messpaare. In diesem Abschnitt wird thematisiert, wie man aus diesen Messergebnissen die zugrunde liegende funktionale Abhängigkeit bestimmen oder zumindest annähern und so die Messwerte durch eine geeignete Funktion beschreiben kann.

Grundsätzlich gibt es hierbei mehrere Vorgehensweisen; welche die jeweils geeignete ist, hängt von den Anforderungen an das Modell, aber auch von den zur Verfügung stehenden Hilfsmitteln ab.

I Kurve durch alle Messpunkte oder eine Auswahl von Messpunkten

Wenn man nur wenige Messpunkte kennt, besteht die Möglichkeit, eine Funktion zu finden, die exakt durch alle diese Messpunkte „hindurch" verläuft. Hierfür bietet sich als Ansatz meist eine ganzrationale Funktion an, deren Koeffizienten sich dann über ein lineares Gleichungssystem bestimmen lassen. Die zu wählende ganzrationale Funktion muss bei Vorliegen von n Messpunkten den Grad $n-1$ besitzen. In der Praxis eignet sich diese Methode in der Regel für Messreihen mit höchstens 4 Messpunkten.

Prinzipiell sind für dieses Verfahren auch andere Funktionsklassen möglich, z. B. eine Exponentialfunktion $f(x) = a \cdot e^{bx} + c$ mit den drei Parametern a, b und c. Auch hier erhält man bei drei Messpunkten ein Gleichungssystem; dieses ist jedoch nicht mehr linear und damit nicht mehr so elementar lösbar.

Je mehr Messpunkte vorhanden sind, umso unbefriedigender wird das Ergebnis sein, wenn man alle Messpunkte durch eine entsprechende ganzrationale (oder andere) Funktion zu beschreiben versucht; je höher z. B. der Grad der ganzrationalen Funktion gewählt werden muss, umso unschöner wird der Verlauf der Approximation zwischen den Messwerten und insbesondere am Rand des betrachteten Intervalls sein. Hat man jedoch eine Vermutung, welche Form das zu erwartende Schaubild haben sollte (z. B. einen exponentiellen Verlauf), kann man sich auf eine Auswahl von Messpunkten beschränken und mit dieser Auswahl und einem geeigneten Funktionsansatz eine Kurve bestimmen, die genau durch die gewählten Messpunkte verläuft und die restlichen Messpunkte mehr oder weniger gut annähern wird.

II Approximation durch eine Regression

Oft ist es ausreichend oder sogar besser und einfacher, die Messpunkte nur möglichst genau anzunähern, d. h., eine Funktion zu bestimmen, deren Kurve ungefähr die Entwicklung der Messwerte wiedergibt, ohne dass sie exakt durch die Punkte verläuft. Dieses Vorgehen nennt man Regression. Hierzu muss man jedoch vorab entscheiden, welche Form die Kurve besitzen soll, d. h., welcher Funktionstyp verwendet wird. In einem GTR oder CAS sind meist standardmäßig Regressionen für lineare Funktionen, ganzrationale Funktionen (meist bis zum Grad 4), exponentielle Funktionen sowie trigonometrische Funktionen programmiert.

Ausführliche Musteraufgabe

In einer physikalischen Messeinrichtung wird die Zeit gemessen, die eine Kugel im freien Fall benötigt, um eine bestimmte Strecke zurückzulegen.
Folgende Messergebnisse werden festgehalten:

s in cm	0	10	20	30	40	50	60	70	80	90	100
t in s	0,000	0,133	0,198	0,243	0,264	0,314	0,344	0,371	0,397	0,423	0,446

Bestimmen Sie einen funktionalen Zusammenhang zwischen den Messgrößen und bewerten Sie die Güte Ihres Modells, indem Sie beurteilen, wie genau die gefundene Funktion die Messgrößen beschreibt.

❶ a Identifizieren des Aufgabentyps anhand von Schlüsselbegriffen, hier Messwertanpassung

b Identifizieren des **funktionalen Zusammenhangs**: Welche Größen stehen in Abhängigkeit zueinander? Welche Größe ist variabel und die Werte welcher Größe verändern sich entsprechend?

c Auswählen der Vorgehensweise:
 I Ermitteln einer **exakten Kurve** durch alle bzw. einzelne Messpunkte
 II Näherungslösung durch **Regression** (nur mit Hilfsmittel durchführbar)

d Auswählen des **Funktionstyps**, ggf. anhand von Schlüsselbegriffen oder grafischer Veranschaulichung: Ist der Funktionstyp vorgegeben? Deuten die Messwertpaare oder die grafische Darstellung auf einen linearen, quadratischen, exponentiellen Zusammenhang hin?

❷ Bestimmen der **Funktionsgleichung**, je nach Vorgehensweise in ❶ c:
 I a Funktionsgleichung gemäß gewähltem Typ mit Parametern aufstellen
 b Parameter mithilfe geeigneter Anzahl an Messpunkten ermitteln
 II a Regressionsart gemäß gewähltem Funktionstyp auswählen
 b Messwerte in Tabellenform eingeben und Regression durchführen

22 / Anwendungsgebiete

❸ Angeben der Lösung im Sachkontext:
Welche Bedeutung hat die ermittelte Funktionsgleichung?
Wie lauten die zugehörigen Einheiten für die Variable und die Funktionswerte?

❹ a Überprüfen und Bewerten des Ergebnisses:
Werden die Messwerte und deren Entwicklung durch die ermittelte Funktion gut wiedergegeben (Probe durch Einsetzen oder grafische Darstellung)? In welchen Bereichen ist die gewählte Modellierung gut, in welchen weniger gut?

b Ggf. Vergleichen verschiedener Varianten:
Welche Modellierung ist für welche Zwecke besser geeignet?
Worin bestehen Vor- und Nachteile der einzelnen Varianten?

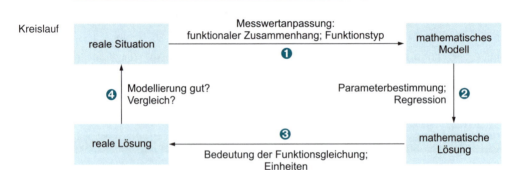

Kreislauf

Lösung ❶ a Schlüsselbegriffe: **funktionaler Zusammenhang** zwischen den Messgrößen; **Messergebnisse** in Tabellenform → Messwertanpassung

b Der funktionale Zusammenhang besteht hier zwischen der zurückgelegten Strecke s (in cm) und der dafür benötigten Zeit t (in s).
Bei einem funktionalen Zusammenhang wird eine Messgröße abhängig von einer (oder evtl. auch mehreren) anderen Messgröße(n) dargestellt. Im vorliegenden Beispiel kann entweder die gemessene Zeit t in Abhängigkeit von dem zurückgelegten Weg s (man bestimmt also eine Funktion t(s)) oder der Weg s in Abhängigkeit der verstrichenen Zeit t (Bestimmung einer Funktion s(t)) dargestellt werden.
In der Physik ist es eher üblich, die Zeit als Funktionsvariable zu verwenden und den dabei zurückgelegten Weg als Funktion der Zeit darzustellen. Daher wird in dieser Lösung auch der zurückgelegte Weg s als Funktion in Abhängigkeit von der Zeit t dargestellt, also eine Funktion s(t) bestimmt.

c Die Zahl der Messpunkte ist so groß, dass die Bestimmung einer Kurve durch alle Messpunkte nicht sinnvoll ist. (Die Verwendung aller 11 Messpunkte würde den Ansatz einer ganzrationalen Funktion 10. Grades bedeuten, damit einen zu großen Aufwand darstellen und darüber hinaus nur ein unbefriedigendes Ergebnis liefern.)
Daher kann der funktionale Zusammenhang nur entweder
I über eine Auswahl von Messpunkten oder
II über eine geeignete Regression
erhalten werden.
(Im Folgenden werden zum Vergleich beide Varianten durchgeführt.)

d Um zunächst eine Vermutung über die Art des Zusammenhangs zwischen Fallstrecke und Fallzeit zu erhalten, werden die Messwerte grafisch dargestellt, z. B. mit einem GTR:

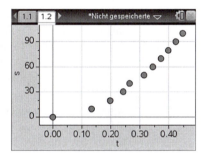

Aus der grafischen Darstellung erkennt man: Ein linearer Zusammenhang ist ungeeignet, die Messpunkte scheinen eher auf einer Parabel zu liegen, also könnte eine quadratische Funktion zum Ziel führen.

I a Da durch den Messpunkt (0,000|0) vorgegeben ist, dass die Kurve durch den Ursprung geht, und die grafische Darstellung nahelegt, dass sich in diesem Punkt der Scheitel der Parabel befindet, lautet ein möglicher Ansatz: $s(t) = a \cdot t^2$

b Zur Bestimmung des Parameters a ist dann noch ein weiterer Messpunkt nötig. Dazu wird ein Punkt verwendet, der gut zum erwarteten Kurvenverlauf passen wird. Ungeeignet hierfür erscheint z. B. der Punkt zum Messpaar $s = 40$ und $t = 0{,}264$, da dieser in der grafischen Darstellung eher einen „Ausreißer" darstellt (entstanden z. B. durch einen Messfehler). Besser geeignet für den erwarteten parabelförmigen Kurvenverlauf ist z. B. der Punkt $P(0{,}446 | 100)$.

Punktprobe mit P:
$s(0{,}446) = 100 \Leftrightarrow a \cdot 0{,}446^2 = 100 \Leftrightarrow a = \dfrac{100}{0{,}446^2} \approx 503$

Man erhält die quadratische Funktion $s(t) = 503 t^2$.

Anwendungsgebiete

II a Als zweite Variante wird eine Näherungskurve mittels einer quadratischen Regression ermittelt.

b Die Messwerte werden über das Statistik-Menü in einen GTR bzw. ein CAS eingegeben. Anschließend wird die quadratische Regression aus dem Menü ausgewählt und durchgeführt.

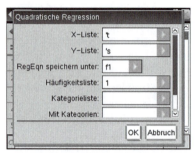

Man erhält näherungsweise die Regressionsfunktion
$s(t) \approx 470t^2 + 15t$.

Bemerkung: Die Messwerte in der Aufgabenstellung sind mit drei gültigen Dezimalen angegeben. Daher kann das Ergebnis sicherlich nicht genauer sein. Folglich müssen die Koeffizienten der Regressionsfunktion geeignet gerundet werden (also auf in der Regel zwei bis vier gültige Stellen).

Da zum Zeitpunkt $t=0$ noch keine Wegstrecke zurückgelegt worden ist (also $s=0$), wurde weiterhin der konstante Summand $c=0$ gesetzt. Genauer lautet die durch die Regression ermittelte Funktion:
$s(t) \approx 470{,}427t^2 + 14{,}6126t - 0{,}163937$ (vgl. GTR-Bild)

❸ Die ermittelte quadratische Funktion $s(t) = 503t^2$ bzw. $s(t) \approx 470t^2 + 15t$ stellt den Zusammenhang zwischen der benötigten Zeit t in Sekunden und der dabei zurückgelegten Strecke s in Zentimeter im freien Fall dar.

❹ a I Einzeichnen des Schaubilds von $s(t) = 503t^2$ zu den Messwerten liefert das Bild rechts. Die ermittelte Funktion zeigt eine sehr gute Übereinstimmung mit den Messwerten (bis auf einen „Ausreißer" beim fünften Messpunkt).

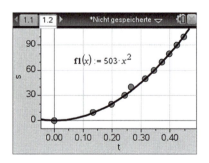

II Das Bild rechts zeigt die Darstellung der quadratischen Regressionsfunktion ($s(t) \approx 470t^2 + 15t$) mit den Messwerten.
Die erhaltene Regressionsfunktion bildet den Verlauf der Messreihe gut ab. Allerdings irritiert hier der lineare Summand $15t$; dieser lässt sich jedoch bei der quadratischen Regression, wie sie der Rechner anbietet, nicht verhindern.

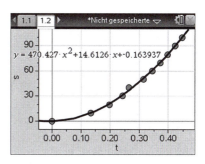

b Beide Varianten liefern im vorliegenden Beispiel eine ähnlich gute Näherung der Messwerte. Die erste Variante bietet in diesem Fall eine sehr einfache Berechnung einer geeigneten Funktionsgleichung und lässt sich auch ohne spezielle Hilfsmittel durchführen. Beide Modelle bestätigen zudem den Messpunkt $P(0{,}264\,|\,40)$ als Ausreißer.

Alternativ bieten viele Rechner noch die Möglichkeit einer Approximation mittels Potenzfunktion (Power-Regression, pwrreg o. Ä.). Hierbei wird angenommen, dass die Funktion die Form $s(t) = a \cdot t^b$ besitzt. Als Lösung erhält man hier $s(t) \approx 470 \cdot t^{1{,}92}$ mit dem Schaubild rechts. (Der Messpunkt $(0{,}000\,|\,0)$ darf in diesem Fall nicht eingegeben werden, da die Berechnung der Regressionskurve über Logarithmen vorgenommen wird!)

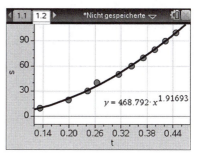

Ob diese Funktion die physikalischen Gegebenheiten korrekt wiedergibt, kann dann nicht innerhalb des mathematischen Modells, sondern allenfalls über physikalische Gesetzmäßigkeiten entschieden werden. (Beim freien Fall fordert die Physik exakt einen quadratischen Zusammenhang zwischen Zeit und Fallstrecke; der Exponent 1,92 entspricht somit nicht ganz dem physikalischen Sachverhalt.)

Anwendungsgebiete

Viele **Wachstumsvorgänge** in der Natur entwickeln sich **exponentiell**: Je größer der momentane Bestand ist, umso stärker ist auch die Zunahme bzw. Abnahme dieses Bestands.
Solche Wachstumsvorgänge gibt es z. B. bei der Abkühlung von Flüssigkeiten, beim radioaktiven Zerfall, bei der Vermehrung von Bakterien usw.

Musteraufgabe

Um die Vermehrung von Bakterien in einer Nährlösung zu untersuchen, zählt man zu mehreren Zeitpunkten die Zahl der Bakterien pro Quadratzentimeter Nährlösung:

Zeit in Stunden	0	2	5	8	12	15	18	20
Bakterien pro cm²	100	120	150	250	400	550	800	1 000

Erstellen Sie eine geeignete Modellierung und bewerten Sie diese.

Lösung

→ ❶ a Schlüsselbegriff: Vermehrung von Bakterien, geeignete **Modellierung**
→ Messwertanpassung

→ b Der funktionale Zusammenhang besteht zwischen der Zeit t in Stunden und der Bakterienanzahl w pro cm². Gesucht ist also eine Funktion w(t).

→ c, d Stellt man die Messwerte grafisch dar, kann man anhand der Zeichnung ein exponentielles Wachstum annehmen. Da sich beim Ansatz mit einer Exponentialfunktion kein lineares Gleichungssystem ergibt, bietet sich auch hier nur
I eine Parameterbestimmung durch eine Auswahl geeigneter Messpunkte bzw.
II eine Regression an.
(Im Folgenden werden zum Vergleich beide Varianten durchgeführt.)

→ ❷❸ I Ein Ansatz für die exponentielle Wachstumsfunktion w ist $w(t) = a \cdot e^{kt}$.
Verwendet man den ersten und den letzten Messwert zur Bestimmung der beiden Parameter a und k, dann ergibt sich:
$w(0) = a \cdot e^0 = a = 100$ und $w(20) = a \cdot e^{20k} = 100 \cdot e^{20k} = 1000$
$\Leftrightarrow e^{20k} = 10$
$\Leftrightarrow 20k = \ln(10)$
$\Leftrightarrow k = \frac{\ln(10)}{20} \approx 0{,}115$

Die somit erhaltene Funktion $w(t) = 100 \cdot e^{0,115t}$ beschreibt den Zusammenhang zwischen der Zeit t in h (Stunden) und der Bakterienzahl w pro cm².

II Als zweite Variante bestimmt man nach Eingabe der Messwerte in den Rechner die exponentielle Regression und erhält näherungsweise die Funktionsgleichung $w(t) \approx 94 \cdot 1{,}1255^t$, t in h und w in Bakterienzahl pro cm².
Wegen $\ln 1{,}1255 \approx 0{,}1182$ lässt sich w auch schreiben als $w(t) \approx 94 \cdot e^{0,1182t}$.

❹ I Stellt man das Schaubild der ermittelten Funktion $w(t) = 100 \cdot e^{0,115t}$ zusammen mit den Messwerten dar, ergibt sich eine angemessene Übereinstimmung. Das Wachstum verläuft tatsächlich exponentiell.

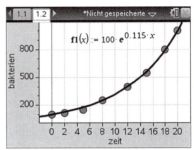

II Auch die exponentielle Regressionsfunktion ergibt eine gute Anpassung an die realen Messwerte, wie die grafische Darstellung rechts zeigt.

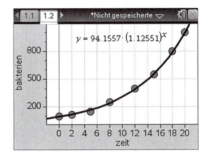

In der Natur laufen sehr viele Vorgänge immer wiederkehrend – periodisch – ab. Jeden Tag geht die Sonne auf und unter, jedes Jahr wechseln sich die Jahreszeiten in festem Turnus ab, jährlich schwanken die Temperaturen zwischen Sommerhitze und Winterkälte, in jeweils gut sechs Stunden geht Ebbe in Flut über, ungefähr alle 28 Tage wiederholen sich die einzelnen Mondphasen usw.

Auch in der Technik finden sich viele **periodische Vorgänge**. So bewegen sich die Kolben in einem Verbrennungsmotor beständig auf und ab, drehen sich die Windräder bei der Stromerzeugung, gibt das Pendel einer antiken Wanduhr gleichbleibend den Sekundentakt vor, erzeugt ein Herzschrittmacher regelmäßig elektrische Impulse, schwingt eine Gitarrensaite bei der Erzeugung eines Tons.

Sehr viele dieser Vorgänge können durch **trigonometrische Funktionen** beschrieben oder zumindest angenähert werden. Diese Modellierung solcher realer periodischer Vorgänge ist Thema der nächsten Musteraufgabe.

Musteraufgabe

Der Feldberg ist mit ca. 1 500 m der höchste Berg in Baden-Württemberg und liegt im Schwarzwald in der Nähe der Großstadt Freiburg im Breisgau. In der Abbildung unten ist die monatliche Sonnenscheindauer auf dem Feldberg bzw. in Freiburg angegeben.
Modellieren Sie die Sonnenscheindauer auf dem Feldberg im Jahresverlauf und bewerten Sie die Güte dieser Modellierung.

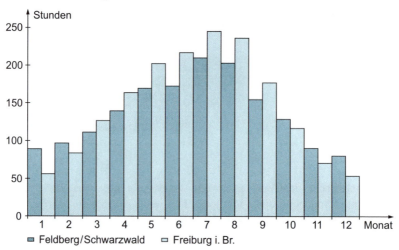

Quelle: Landesanstalt für Umwelt, Messungen und Naturschutz Baden-Württemberg (LUBW) und Deutscher Wetterdienst

Lösung

→ ❶ a, b Modelliert werden soll der Zusammenhang zwischen der Jahreszeit x in Monaten und der Sonnenscheindauer s auf dem Feldberg in Stunden. Gesucht ist also eine Funktion s(x). Für die Fragestellung relevant sind nur die dunkleren Balken der Grafik, da nur die Sonnenscheindauer auf dem Feldberg betrachtet werden soll.

→ c, d Da sich die Sonnenscheindauern innerhalb der einzelnen Monate jährlich in etwa wiederholen und der Verlauf der Werte im Lauf des Jahres einer Sinus- bzw. Kosinuskurve ähnelt (vgl. Grafik), erscheint es vernünftig, für die Sonnenscheindauer eine trigonometrische Funktion s mit der Periode 12 (1 Jahr bzw. 12 Monate) zugrunde zu legen.

Dafür bietet sich
I eine Parameterbestimmung anhand besonderer Punkte oder
II eine trigonometrische Regression an.
(Im Folgenden werden zum Vergleich beide Varianten durchgeführt.)

23 I Da die Maximumstelle aus der Grafik abgelesen werden kann (maximale Sonnenscheindauer im Juli, also bei x = 7), erscheint für die Parameterbestimmung eine Kosinuskurve am geeignetsten, denn aus der Maximumstelle ergibt sich dann direkt die horizontale Verschiebung der Kurve.

Ansatz: $s(x) = a \cdot \cos(b \cdot (x - c)) + d$

Aus der Grafik entnimmt man die maximale Sonnenscheindauer von ca. 215 Stunden im Juli (x = 7). Im Dezember (x = 12) wird mit ca. 75 Stunden das Minimum angenommen. Aus diesen Informationen lassen sich die Parameter der Kosinusfunktion bestimmen.

Periode p = 12: $\qquad p = \frac{2\pi}{b} \Leftrightarrow b = \frac{2\pi}{p} = \frac{2\pi}{12} = \frac{\pi}{6}$

Amplitude a: $\qquad a = \frac{215 - 75}{2} = 70$

Maximum bei x = 7: Die Kosinuskurve wird um c = 7 nach rechts verschoben.

Mittellinie d: $\qquad d = \frac{215 + 75}{2} = 145 \Rightarrow$ Zum Schluss muss die Kosinuskurve noch um 145 nach oben verschoben werden.

Hieraus ergibt sich zur Beschreibung der Sonnenscheindauer pro Monat die Funktion s mit $s(x) = 70 \cdot \cos\left(\frac{\pi}{6} \cdot (x - 7)\right) + 145$, x in Monaten von 1 bis 12 und s in Stunden.

Bemerkung: Diese Funktion s weist aufgrund der verwendeten Daten und der gewählten Modellierung die zu erwartenden Minimal- und Maximalwerte von 75 bzw. 215 Sonnenscheinstunden auf. Durch die Verschiebung der Kosinuskurve um 7 nach rechts wird das Maximum auch im korrekten Monat (x = 7) erreicht. Wegen der Periodenlänge von 12 wird bei s aber abweichend von den Messwerten das Minimum von 75 Stunden im Januar (x = 1) und nicht im Dezember (x = 12) erreicht. Dies lässt sich mit einer trigonometrischen Modellierung nicht verhindern, da Minima und Maxima bei einer Periodenlänge von 12 Monaten stets um 6 Monate auseinanderliegen müssen; insofern trifft die Modellierung also nicht genau die Messdaten.

II Um in der zweiten Variante die Messwertanpassung mittels trigonometrischer Regression durchführen zu können, müssen zunächst ungefähre Werte für die Sonnenscheindauer in den einzelnen Monaten aus der Grafik abgelesen werden:

Monatsnummer	1	2	3	4	5	6	7	8	9	10	11	12
Sonnenscheindauer (Stunden)	85	100	115	140	170	175	215	210	155	130	90	75

Diese Messdaten werden in den Rechner eingegeben; anschließend wird eine trigonometrische Regression durchgeführt. Man erhält die Funktion
$s(x) \approx 60{,}5 \cdot \sin(0{,}58x - 2{,}39) + 144$
zur Beschreibung der Sonnenscheindauer pro Monat, x in Monaten von 1 bis 12 und s in Stunden.

→ **4 a I** Das zur ermittelten Funktion
$s(x) = 70 \cdot \cos\left(\frac{\pi}{6} \cdot (x - 7)\right) + 145$
gehörende Schaubild wird grafisch mit den Messwerten in Relation gesetzt.
Modellkritik: Der aus der Grafik abgelesene Wert für die Sonnenscheindauer im Juli (und auch im August) ist sehr groß; daher ergibt sich eine trigonometrische Funktion, die zu tendenziell zu großen

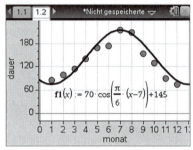

Werten führt (die Kurve verläuft insbesondere im 2. Halbjahr deutlich oberhalb der Messwerte). Die Verwendung der Wertes für die Sonnenscheindauer im Hochsommer ist für eine gute Messwertanpassung also eher nicht so gut geeignet.

II Mit der ermittelten Regressionsfunktion ergibt sich das Bild rechts.
Modellkritik: Der Verlauf der Sonnenscheindauern wird im Gesamten durch die Regressionskurve gut wiedergegeben. Einzelne Messwerte werden hierdurch jedoch nicht gut abgebildet; insbesondere die beiden Monate Juli und August besitzen eine längere Sonnenscheindauer, als durch die Kurve zu erwarten wäre.

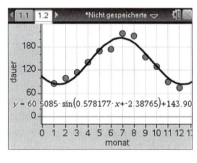

Zudem ist die Periode der ermittelten Näherungsfunktion kleiner als 12.

→ **b** Bei der Kurvenbestimmung durch Berücksichtigung besonderer Charakteristika ergibt sich eine Modellierung, die die ausgewählten Charakteristika exakt wiedergibt (in dem Fall dieser Musteraufgabe z. B. Minimal- und Maximal-Sonnenscheindauer sowie Maximum bei x = 7), allerdings nicht unbedingt den Gesamtverlauf der Werte. Je nach Anforderung an das Modell könnte die Auswahl anderer Charakteristika zu einer besseren Näherung führen. Die Regression stellt dagegen die – global betrachtet – bestmögliche Näherung aller Messwerte dar, bietet aber keine Möglichkeit zur expliziten Berücksichtigung besonderer Punkte oder anderer Besonderheiten.

Übungsaufgaben

5 Manche Mountainbikes sind mit Federgabeln ausgestattet, die die Unebenheiten des Geländes abfedern sollen. Wird der Lenker z. B. durch Aufstützen belastet, dann werden die Federn zusammengedrückt. Eine Messung des Federwegs (das ist die Länge, um die die Feder zusammengedrückt wird) ergab folgende Werte:

Belastung in kg	5	10	15	20	25	30	40	50
Federweg in cm	0,9	1,7	2,2	3,0	3,7	4,5	6,0	6,0

a) Beschreiben Sie diese Messergebnisse qualitativ und interpretieren Sie entsprechende Auffälligkeiten.

b) Modellieren Sie den Zusammenhang zwischen Belastung und Federweg.

6 Der Anhalteweg eines Pkw setzt sich aus dem Reaktionsweg und dem Bremsweg zusammen. Der Reaktionsweg ist derjenige Weg, der vom Auftauchen der Gefahr bis zur Betätigung des Bremspedals zurückgelegt wird, der Bremsweg ist der während des Bremsvorgangs zurückgelegte Weg.
Der Anhalteweg hängt von der Geschwindigkeit ab und lässt sich bei einer Vollbremsung näherungsweise durch eine ganzrationale Funktion zweiten Grades beschreiben. Um diesen funktionalen Zusammenhang für einen bestimmten Pkw zu bestimmen, wurden drei Vollbremsungen mit demselben Auto und demselben Fahrer durchgeführt. Bei einer Ausgangsgeschwindigkeit von 50 $\frac{km}{h}$ wurden 27,50 m Anhalteweg gemessen, bei 80 $\frac{km}{h}$ ergaben sich 56 m Anhalteweg und mit einer Geschwindigkeit von 100 $\frac{km}{h}$ erhielt man 80 m Anhalteweg. Bestimmen Sie den Zusammenhang zwischen Anhalteweg und Geschwindigkeit.

7 Die Intensität eines Laserstrahls nimmt mit zunehmender Eindringtiefe in ein Material exponentiell ab. In der Tabelle sind Messwerte der relativen Intensität des Laserstrahls – bezogen auf 100 % vor dem Kontakt mit dem Material – in Abhängigkeit von der Eindringtiefe in ein bestimmtes Material festgehalten:

Eindringtiefe in mm	1	1,5	2,5	3
Restintensität in %	75	65	50	45

a) Drücken Sie die relative Intensität in Abhängigkeit von der Eindringtiefe x aus.

b) Nach dem Durchgang durch dieses Material hat der Strahl 85 % seiner Intensität verloren. Wie dick war die Schicht des Materials?

32 Anwendungsgebiete

8 Die Tageslänge (d. h. die Zeit zwischen Sonnenaufgang und Sonnenuntergang) hängt stark von der Jahreszeit ab. In der Tabelle finden sich die Sonnenauf- und -untergangszeiten an verschiedenen Tagen des Jahres 2015 für Wien; die Umstellung auf Sommerzeit ist hier nicht berücksichtigt:

	22. 1.	22. 2.	22. 3.	22. 4.	22. 5.	22. 6.
Sonnenaufgang	7:35	6:50	5:54	4:53	4:08	3:54
Sonnenuntergang	16:37	17:27	18:09	18:55	19:35	19:59

	22. 7.	22. 8.	22. 9.	22. 10.	22. 11.	22. 12.
Sonnenaufgang	4:17	4:58	5:40	6:24	7:11	7:43
Sonnenuntergang	19:44	18:56	17:53	16:54	16:09	16:03

Daten nach: Zentralanstalt für Meteorologie und Geodynamik (ZAMG)

Bestimmen Sie eine Funktion, die die Tageslänge als Funktion der Zeit innerhalb eines Jahres beschreibt.
Wie groß ist die maximale, wie groß die minimale Tageslänge in Wien?
Wann liegen diese Extremwerte vor?

9 Beim radioaktiven Zerfall nimmt die Radioaktivität eines Stoffes exponentiell ab. Überprüfen Sie, ob die hier wiedergegebenen Aktivitäten einen solchen radioaktiven Zerfall darstellen können.

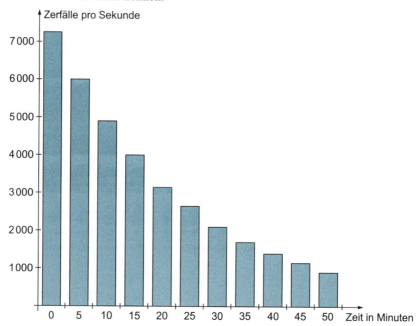

3 Größen und ihre Änderungen

Bei vielen Problemstellungen werden Zusammenhänge zwischen Größen und deren Änderungen betrachtet. Oft ist dabei die Änderung einer Größe im Lauf der Zeit bekannt und man möchte Rückschlüsse auf die Größe selbst gewinnen. Dies lässt sich am besten mit einem kleinen Beispiel veranschaulichen:

Man kennt die Zuflussgeschwindigkeit, mit der eine Badewanne innerhalb eines bestimmten Zeitraums befüllt wird, und möchte die Wassermenge bestimmen, die sich zu einem bestimmten Zeitpunkt in der Badewanne befindet.

In der Mathematik werden diese Fragestellungen durch die Analysis abgedeckt; die Änderung einer Größe im Lauf der Zeit nennt man „Änderungsrate der Größe". Analoge Fragestellungen mit anderen Größen ergeben sich z. B. aus folgenden Zusammenhängen:

Änderungsrate einer Größe	daraus resultierende Größe
Zuflussgeschwindigkeit von Wasser in die Badewanne als Funktion der Zeit	Wassermenge, die sich in einem bestimmten Zeitraum in der Badewanne ansammelt
Geschwindigkeit, mit der ein Pkw fährt, in Abhängigkeit von der Zeit	die in einem bestimmten Zeitraum zurückgelegte Wegstrecke
Wachstumsgeschwindigkeit eines Baumes als Funktion der Zeit	die in einem bestimmten Zeitraum daraus resultierende Zunahme der Baumhöhe
Zuwachsrate von Individuen, z. B. von Bakterien, als Funktion der Zeit	die in einem bestimmten Zeitraum erhaltene Zunahme der Individuenzahl
Zerfallsrate bei einem radioaktiven Stoff als Funktion der Zeit	Anzahl der in einem bestimmten Zeitraum zerfallenen Atome

Prinzipiell bieten sich für die Berechnung der resultierenden Größe (z. B. der Wassermenge in der Badewanne) zwei Strategien an:
Strategie 1: Berechnung durch Summation
Strategie 2: Berechnung durch Integration

Um die passende Strategie für die jeweilige Problemstellung zu finden, können Sie nach folgenden Entscheidungsfragen vorgehen.

1. Entscheidungsfrage: Ist die Änderungsrate konstant?
In diesem Fall lässt sich die resultierende Größe durch ein Produkt bestimmen
$\Rightarrow$ vereinfachte Strategie 1

Beträgt in obigem Beispiel die Zuflussgeschwindigkeit in die Badewanne konstant 5 Liter pro Minute, dann fließen in 12 Minuten insgesamt $5 \frac{\text{Liter}}{\text{min}} \cdot 12 \text{ min} = 60$ Liter in die Badewanne.

Ist die Änderungsrate nicht konstant, muss man eine weitere Entscheidung treffen.
2. Entscheidungsfrage: Ist ein Funktionsterm für die Änderungsrate gegeben oder soll dieser aufgrund von Messwerten bestimmt werden und wird ein möglichst exakter Wert für die resultierende Größe verlangt?
Beantworten Sie beide Fragen mit „ja", sollte die Berechnung durch Integration (entweder über die Stammfunktion oder mithilfe eines GTR/CAS) durchgeführt werden $\Rightarrow$ Strategie 2
Genügt jedoch eine Abschätzung oder überschlägige Bestimmung für die resultierende Größe, kann man auch auf die Methode der Summation geeigneter Werte bzw. Mittelwerte zurückgreifen $\Rightarrow$ Strategie 1

Erhöht sich z. B. die Zuflussrate des Wassers in die Badewanne linear mit der Zeit und ist durch die Funktion r(t) = 6t (t in min, r(t) in $\frac{\text{Liter}}{\text{min}}$) gegeben, dann kann man mithilfe des gegebenen Funktionsterms Strategie 2 anwenden und die innerhalb der ersten 8 Minuten in die Badewanne geflossene Wassermenge bestimmen durch:

$$W = \int_0^8 r(t)\,dt = \int_0^8 6t\,dt = \left[3t^2\right]_0^8 = 192\ [\text{Liter}]$$

Möchte man nur einen Näherungswert für die Wassermenge erhalten, dann genügt mithilfe der nachfolgenden Wertetabelle eine einfache Überlegung (Strategie 1):

t	0	1	2	3	4	5	6	7	8
r(t)	0	6	12	18	24	30	36	42	48

In der ersten Minute wächst der Zufluss von anfangs 0 Liter pro Minute auf 6 Liter, sodass man durchschnittlich 3 Liter pro Minute als Zuflussrate in der ersten Minute annehmen kann. Entsprechend verfährt man in den weiteren 7 Minuten und erhält damit folgende durchschnittliche Zuflussraten r̄ in der jeweiligen Minute:

t	0…1	1…2	2…3	3…4	4…5	5…6	6…7	7…8
r̄	3	9	15	21	27	33	39	45

Somit erhält man näherungsweise einen Gesamtzufluss von:
Z = 3 + 9 + 15 + 21 + 27 + 33 + 39 + 45 = 192 (Liter)

Da hierbei in jeder Minute eine gleichbleibende Zuflussrate angenommen wurde, die Zuflussrate also in diesem Zeitraum konstant bleibt, kann für jede Minute eine Multiplikation (vereinfachte Strategie 1) angewendet werden. (Z. B. floss in der 3. Minute (von t = 2 bis t = 3) in dieser Näherung das Wasser eine Minute lang konstant mit 15 Litern pro Minute ein, sodass sich in dieser Minute der Wasserstand um 15 $\frac{\text{Liter}}{\text{min}} \cdot 1\,\text{min} = 15$ Liter erhöhte.) Die Näherungswerte für die einzelnen Minuten müssen dann noch addiert („summiert") werden.

Im Beispiel stimmt der so ermittelte Näherungswert (wegen der linearen Zunahme der Zuflussrate) sogar exakt mit der genauen Wassermenge überein.

Zusammenfassung:

Allgemein besteht folgender Zusammenhang, auf dem die mathematische Lösung entsprechender Fragestellungen beruht:

Wenn eine Funktion f die **Änderungsrate** einer Größe pro bestimmter Zeiteinheit darstellt, dann entspricht der in einem Zeitintervall [a; b] resultierende **rekonstruierte Bestand** bzw. **Zuwachs des Bestands** stets dem Integral $Z = \int_a^b f(t)\,dt$.

Ersetzt man dabei eine kontinuierlich variierende Änderungsrate durch eine geeignete zeitweilig konstant bleibende Änderungsrate (Näherungsverfahren z. B. durch Mittelwertbildung der Änderungsrate), dann kann man die Integration durch die entsprechende Summation über die Zeitintervalle mit konstanter Änderungsrate durchführen.

Im Normalfall sollten Sie Problemstellungen dieser Art durch Integration lösen (Strategie 2) und nur, wenn dieser Weg nicht möglich ist, auf die Summation zurückgreifen (Strategie 1).

Ausführliche Musteraufgabe – Grundform

Der Fahrtenschreiber eines Lkw zeichnet die Geschwindigkeit des Fahrzeugs während einer 5 Stunden langen Fahrt auf.
Der Verlauf der Geschwindigkeit lässt sich näherungsweise beschreiben durch die Funktion v mit
$v(t) = 1{,}8 \cdot t \cdot (t-3) \cdot (t-6) + 60$,
t in h, v(t) in $\frac{km}{h}$ (s. Bild rechts).

Welchen Weg hat das Fahrzeug in diesen fünf Stunden zurückgelegt?

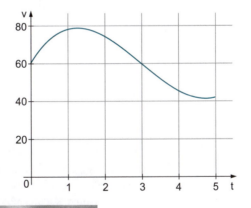

Strategie Grundform

❶ a Identifizieren des Aufgabentyps anhand von Schlüsselbegriffen, hier Zusammenhang zwischen Größen und deren Änderung, speziell Summation von Größen bzw. Rekonstruktion des Bestands

b Identifizieren der aufzusummierenden Größe bzw. der **Änderungsrate** und des zu **rekonstruierenden Bestands**: Die zeitliche Entwicklung welcher Größe wird betrachtet? Welche Größe ergibt sich bei deren Summation?

c Festlegen der Vorgehensweise:
Ist die Änderungsrate im gesamten Zeitintervall konstant?
→ **Multiplikation** (vereinfachte Strategie 1)
Variiert die Änderungsrate im Lauf der Zeit und kann eine Stammfunktion der Änderungsrate bestimmt oder ein Hilfsmittel eingesetzt werden?
→ **Integration** (Strategie 2)
Andernfalls: Näherung der Änderungsrate durch eine geeignete stückweise konstante Änderungsrate, z. B. durch Mittelwertbildung
→ **Summation** (Strategie 1)

❷ Ermitteln des **Bestands(zuwachses)**, je nach Vorgehensweise in **❶ c**:
Strategie 1: konstante Änderungsrate mit Zeitdauer multiplizieren bzw. stückweise konstante Näherungswerte pro Zeiteinheit aufsummieren
Strategie 2: Integral über die Änderungsrate im betrachteten Zeitraum bilden

❸ Angeben der Lösung im Sachkontext:
Was gibt die ermittelte Größe bzw. der ermittelte Wert an? Wie lauten ggf. die zugehörigen Einheiten?

❹ a Interpretieren des Ergebnisses:
Ist der ermittelte Wert realistisch? Welche Bedeutung und ggf. welche Auswirkungen hat das Ergebnis auf die betrachtete Situation?

b Ggf. Vergleichen verschiedener Varianten:
Liefert die Summation eine hinreichend gute Näherung?
Worin bestehen Vor- und Nachteile?

Kreislauf

❶ a Schlüsselbegriffe: **Geschwindigkeit** v(t), **Weg zurückgelegt**
→ Integrations- bzw. Summationsaufgabe

b Die Entwicklung der Geschwindigkeit wird innerhalb eines bestimmten Zeitraums betrachtet und ist als Funktion v in Abhängigkeit der Zeit gegeben. Die aufzusummierende Größe ist also die Geschwindigkeit, der „Bestand", der sich beim Aufsummieren ergibt, ist der in dieser Zeit zurückgelegte Weg.

c Da die Geschwindigkeit, also die Änderungsrate, in Form einer nicht konstanten Funktion v angegeben ist und eine Stammfunktion von v gefunden werden kann, bietet sich hier **Strategie 2 (Integration)** an. Zum Vergleich wird im Folgenden auch eine mögliche Summation durchgeführt.

❷ Verwendet man **Strategie 1 (Summation)** für die Lösung, wird die jeweilige Durchschnittsgeschwindigkeit pro Stunde als Näherung für die Berechnung verwendet. Dazu entnimmt man zunächst einer Wertetabelle der Funktion v:

t	0	1	2	3	4	5
v(t) in $\frac{km}{h}$	60	78	74,4	60	45,6	42

Hieraus ergeben sich folgende Durchschnittsgeschwindigkeiten in den einzelnen Stunden:

t	0…1	1…2	2…3	3…4	4…5
$\bar{v}$ in $\frac{km}{h}$	69	76,2	67,2	52,8	43,8

Dann erhält man für den in den 5 Stunden insgesamt zurückgelegten Weg s durch Summation:
s = 69 km + 76,2 km + 67,2 km + 52,8 km + 43,8 km = 309 km

Bei Verwendung von **Strategie 2 (Integration)** bildet man das Integral über die Geschwindigkeitsfunktion v in den Grenzen von t = 0 bis t = 5; für den gesamten Weg s erhält man hier:

$$s = \int_0^5 v(t)\,dt = \int_0^5 (1{,}8 \cdot t \cdot (t-3) \cdot (t-6) + 60)\,dt = \int_0^5 (1{,}8t^3 - 16{,}2t^2 + 32{,}4t + 60)\,dt$$

$$= \left[0{,}45t^4 - 5{,}4t^3 + 16{,}2t^2 + 60t\right]_0^5 = 311{,}25$$

Überprüfen bzw. bestätigen lässt sich dieser Wert hier auch anhand des Graphen durch Abzählen der Kästchen im relevanten Bereich. Man erhält etwa 15,5 Kästchen, wobei 1 Kästchen aufgrund der Skalierung der Achsen dem Wert 20 entspricht, also insgesamt einen Wert von ca. 15,5 · 20 = 310.

❸ Da die Geschwindigkeit in $\frac{km}{h}$ und die Zeit in h angegeben ist, ergibt sich für den Weg die Einheit km. Der Lkw hat in den 5 Stunden insgesamt 311,25 km (bzw. ca. 309 km) zurückgelegt.

❹ a Der ermittelte Wert ist realistisch, da man für einen Lkw auf einer längeren Fahrt eine Durchschnittsgeschwindigkeit von etwa $60\,\frac{km}{h}$ annehmen kann; dies entspricht für 5 Stunden einem zurückgelegten Weg von etwa $60\,\frac{km}{h} \cdot 5\,h = 300\,km$.
Insgesamt ist der Lkw damit sehr gut und ohne größere Verzögerungen vorangekommen.

b Die Betrachtung über die Summation liefert hier eine sehr gute Näherung des stetigen Vorgangs, allerdings ist das Berechnen der durchschnittlichen Geschwindigkeiten für die einzelnen Stunden recht aufwendig. Daher sollte man besser die Integration als Strategie wählen.

Die anderen auf Seite 33 genannten Beispiele lassen sich mit dieser Verfahrensweise für konkrete Fragestellungen folgendermaßen realisieren:

Änderungsrate einer Größe	gesuchte resultierende Größe	Exakte Lösung (Strategie 2)	Näherungslösung (Strategie 1)
Wachstumsgeschwindigkeit eines Baumes als Funktion der Zeit: $w(t) = \frac{1}{\sqrt{t+1}}$ (t in Jahren, w in m pro Jahr)	Gefragt wird nach der in den ersten drei Jahren resultierenden Zunahme der Baumhöhe h (in m).	$h = \int_0^3 w(t)\,dt$ $= \left[2\sqrt{t+1}\right]_0^3$ $= 2\cdot 2 - 2\cdot 1$ $= 2\ (m)$	$\begin{array}{c\|c\|c\|c\|c} t & 0 & 1 & 2 & 3 \\ w(t) & 1 & 0{,}71 & 0{,}58 & 0{,}5 \end{array}$ $\begin{array}{c\|c\|c\|c} t & 0\ldots 1 & 1\ldots 2 & 2\ldots 3 \\ \overline{w} & 0{,}855 & 0{,}645 & 0{,}54 \end{array}$ $h \approx 0{,}855 + 0{,}645 + 0{,}54$ $= 2{,}04\ (m)$ (Tabellenwerte gerundet)
Zuwachsrate von Bakterien als Funktion der Zeit: $f(t) = 50 \cdot e^{0{,}4t}$ (t in Stunden, f in Anzahl pro Stunde)	Wie groß ist die Zunahme Z der Bakterien innerhalb der ersten drei Stunden?	$Z = \int_0^3 f(t)\,dt$ $= \left[125 \cdot e^{0{,}4t}\right]_0^3$ ≈ 290	$\begin{array}{c\|c\|c\|c\|c} t & 0 & 1 & 2 & 3 \\ f(t) & 50 & 75 & 111 & 166 \end{array}$ $\begin{array}{c\|c\|c\|c} t & 0\ldots 1 & 1\ldots 2 & 2\ldots 3 \\ \overline{f} & 62{,}5 & 93 & 138{,}5 \end{array}$ $Z \approx 62{,}5 + 93 + 138{,}5 = 294$ (Tabellenwerte gerundet)
Zerfallsrate bei einem radioaktiven Stoff als Funktion der Zeit: $r(t) = 90 \cdot e^{-0{,}1t}$ (t in Sekunden, r in Zerfälle pro Sekunde)	Zu berechnen ist die Anzahl A der in den ersten drei Sekunden zerfallenen Atome.	$A = \int_0^3 r(t)\,dt$ $= \left[-900 \cdot e^{-0{,}1t}\right]_0^3$ ≈ 233	$\begin{array}{c\|c\|c\|c\|c} t & 0 & 1 & 2 & 3 \\ r(t) & 90 & 81 & 74 & 67 \end{array}$ $\begin{array}{c\|c\|c\|c} t & 0\ldots 1 & 1\ldots 2 & 2\ldots 3 \\ \overline{r} & 85{,}5 & 77{,}5 & 70{,}5 \end{array}$ $A \approx 85{,}5 + 77{,}5 + 70{,}5 = 233{,}5$ (Tabellenwerte gerundet)

Zu derselben Anwendungssituation kann es verschiedene Fragestellungen geben. Z. B. könnte im einführenden Beispiel nicht die Wassermenge in der Badewanne zu einem bestimmten Zeitpunkt interessant sein, sondern vielmehr, zu welchem Zeitpunkt die Badewanne vollgelaufen ist, also eine vorgegebene Wassermenge erreicht wird. Entsprechend abweichende Fragestellungen beruhen grundsätzlich auf derselben Modellierung und unterscheiden sich nur im mathematischen Lösungsansatz.

Ausführliche Musteraufgabe – Variante A (Zeitpunkt)

Der Fahrtenschreiber eines Lkw zeichnet die Geschwindigkeit des Fahrzeugs während einer 5 Stunden langen Fahrt auf.
Der Verlauf der Geschwindigkeit lässt sich näherungsweise beschreiben durch die Funktion v mit
$v(t) = 1,8 \cdot t \cdot (t-3) \cdot (t-6) + 60$,
t in h, v(t) in $\frac{km}{h}$ (s. Bild rechts).
Bestimmen Sie die Zeit, die für die ersten 100 km benötigt wurde.

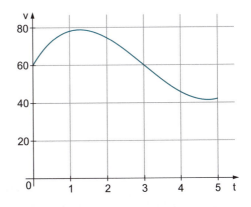

❶ analog zu Grundform

❷ Ermitteln des **Zeitpunktes** mit dem vorgegebenen Bestand:
Strategie 1: Abschätzen der Lösung anhand der Näherungswerte pro Zeiteinheit
Strategie 2: Ermitteln des Zeitpunktes als (obere bzw. untere) Integrationsgrenze zu dem vorgegebenen Bestand durch Lösen der Integralgleichung

❸ Angeben der Lösung im Sachkontext:
Liegt der ermittelte Wert im zulässigen Bereich? Was gibt er an?
Wie lauten ggf. die zugehörigen Einheiten?

❹ analog zu Grundform

❶ a Schlüsselbegriffe: **Geschwindigkeit** v(t), **Zeit für die ersten 100 km**
→ Integrations- bzw. Summationsaufgabe, Zeitpunkt gesucht

b analog zu Grundform

c analog zu Grundform

❷ Bei der Betrachtung mit **Strategie 1 (Summation)** lässt sich anhand der Tabelle mit den Durchschnittsgeschwindigkeiten $\bar{v}$ nur eine sehr ungenaue Aussage über die Zeit, die der Lkw bis zum Erreichen der 100 km benötigt, treffen. Bei durchschnittlich 69 $\frac{km}{h}$ in der ersten Stunde und 76,2 $\frac{km}{h}$ in der zweiten Stunde überschreitet der Lkw die 100 km in der ersten Hälfte der zweiten Stunde (69 km + 0,5 · 76,2 km = 107,1 km), er benötigt also knapp 1,5 Stunden für diese Strecke.

Bei der Betrachtung mit **Strategie 2 (Integration)** gilt für den Zeitpunkt T, an dem der Lkw die 100 km erreicht, der Zusammenhang:

$$s = 100 = \int_0^T v(t)\,dt$$

Die untere Integrationsgrenze ist durch den Beginn der Fahrt zum Zeitpunkt t = 0 vorgegeben, die obere Integrationsgrenze ist der gesuchte Zeitpunkt t = T.

Aus dieser Gleichung ist zur Lösung der Fragestellung die Unbekannte T zu bestimmen:

$$100 = \int_0^T v(t)\,dt = \int_0^T (1{,}8 \cdot t \cdot (t-3) \cdot (t-6) + 60)\,dt$$

$$= \int_0^T (1{,}8t^3 - 16{,}2t^2 + 32{,}4t + 60)\,dt = 0{,}45T^4 - 5{,}4T^3 + 16{,}2T^2 + 60T$$

Von Hand lässt sich diese Gleichung mit Schulmathematik nicht lösen.

Z. B. mit einem GTR oder CAS erhält man als Lösungen der Gleichung:

T ≈ −2,773   oder   T ≈ 1,366

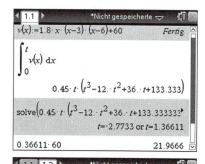

Alternativ kann die Zeit T mit einem GTR auch grafisch bestimmt werden, indem man das Schaubild der Integralfunktion über die Geschwindigkeitsfunktion v mit der Horizontalen y = 100 schneidet.
Man erhält als Schnittstelle:
T ≈ 1,37

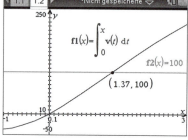

❸ Die Zeit t ist in Stunden seit Beginn der Fahrt angegeben. Da der Beginn der Fahrt dem Zeitpunkt t = 0 entspricht und das Ende der Fahrt t = 5, sind nur Zeitwerte in diesem Intervall als Lösung zulässig. Die mit dem Rechner erhaltene Lösung T ≈ −2,773 der Gleichung liegt somit nicht im zulässigen Bereich; es bleibt die Lösung T ≈ 1,366.

Der Wert T ≈ 1,366 entspricht 1 h und 0,366 · 60 min ≈ 22 min.
Nach ca. 1 Stunde und 22 Minuten ist der Lkw 100 km weit gefahren.

❹ a Der ermittelte Wert ist realistisch, da anhand der Geschwindigkeitskurve zu erkennen ist, dass der Lkw in der ersten Hälfte der Fahrt stets schneller als 60 $\frac{km}{h}$ fährt, durchschnittlich sogar etwa 70 $\frac{km}{h}$.
Deshalb benötigt er weniger als 1,5 Stunden für die ersten 100 km.

b Die Betrachtung mithilfe der Näherungswerte (Durchschnittsgeschwindigkeiten) kann für diese Fragestellung lediglich eine erste grobe Abschätzung der Lösung liefern. Andererseits ist die exakte Bestimmung der Lösung durch Lösen der Integralgleichung nur mit einem Hilfsmittel möglich.

Ausführliche Musteraufgabe – Variante B (Mittelwert)

Der Fahrtenschreiber eines Lkw zeichnet die Geschwindigkeit des Fahrzeugs während einer 5 Stunden langen Fahrt auf.
Der Verlauf der Geschwindigkeit lässt sich näherungsweise beschreiben durch die Funktion v mit
v(t) = 1,8 · t · (t − 3) · (t − 6) + 60,
t in h, v(t) in $\frac{km}{h}$ (s. Bild rechts).
Mit welcher durchschnittlichen Geschwindigkeit fuhr der Lkw in diesen 5 Stunden?

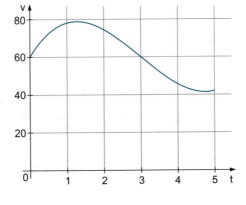

Strategie Variante B

❶ analog zu Grundform

❷ Berechnen des **Mittelwertes** der Größe im betrachteten Zeitraum:
Strategie 1: Bilden des arithmetischen Mittels der Näherungswerte im Zeitraum
Strategie 2: Beschreibt die Funktion f den Wert einer Größe im Lauf der Zeit, gilt für den Mittelwert $\overline{f}$ dieser Größe im Zeitraum [a; b]:

$$\overline{f} = \frac{1}{b-a} \cdot \int_a^b f(t)\, dt$$

❸ analog zu Grundform

❹ analog zu Grundform

Lösung

❶ a Schlüsselbegriffe: v(t), **durchschnittliche** Geschwindigkeit
→ Größen und Änderung, Mittelwert

b analog zu Grundform

c analog zu Grundform

❷ Bei der Betrachtung mit **Strategie 1 (Summation)** ergibt sich die Durchschnittsgeschwindigkeit über den gesamten Zeitraum als arithmetisches Mittel der Durchschnittsgeschwindigkeiten in den einzelnen Stunden:

t	0…1	1…2	2…3	3…4	4…5
$\overline{v}$ in $\frac{km}{h}$	69	76,2	67,2	52,8	43,8

$$\overline{v}_{ges} = \frac{69 + 76{,}2 + 67{,}2 + 52{,}8 + 43{,}8}{5} = \frac{309}{5} = 61{,}8 \left(\frac{km}{h}\right)$$

Bei der Betrachtung mit **Strategie 2 (Integration)** ergibt sich die Durchschnittsgeschwindigkeit als Mittelwert der Geschwindigkeitsfunktion v im Zeitraum [0; 5] mithilfe der Formel:

$$\overline{v} = \frac{1}{5} \cdot \int_0^5 v(t)\, dt = \frac{1}{5} \cdot 311{,}25 = 62{,}25$$

❸ Da die Geschwindigkeit in $\frac{km}{h}$ angegeben ist, ergibt sich für den Lkw eine realistische Durchschnittsgeschwindigkeit von 62,25 $\frac{km}{h}$ (bzw. 61,8 $\frac{km}{h}$).

❹ analog zu Grundform

Übungsaufgaben

10 Ein Porsche 911 Turbo S besitzt folgende Beschleunigungswerte:

0–80 $\frac{km}{h}$	0–100 $\frac{km}{h}$	0–120 $\frac{km}{h}$	0–130 $\frac{km}{h}$	0–160 $\frac{km}{h}$	0–180 $\frac{km}{h}$	0–200 $\frac{km}{h}$
2,1 s	2,9 s	4,0 s	4,6 s	6,5 s	8,2 s	10,2 s

Daten nach: auto motor und sport, Heft 21/2013

a) Bestimmen Sie eine Näherung für den Weg, den dieses Fahrzeug bis zum Erreichen der Geschwindigkeit von 200 $\frac{km}{h}$ zurücklegt.
Legen Sie hierzu für die einzelnen Zeitintervalle eine geeignete Durchschnittsgeschwindigkeit fest und bestimmen Sie hieraus den zurückgelegten Weg.

b) Die Geschwindigkeit des Porsche kann während des Beschleunigungsvorgangs näherungsweise beschrieben werden durch die Funktion v mit
$v(t) = 65 \cdot (1 - e^{-0,19t})$; t in s; v(t) in $\frac{m}{s}$.
Bestimmen Sie hiermit den während der Beschleunigung auf 200 $\frac{km}{h}$ zurückgelegten Weg.

11 Aus einem Pumpspeicherwerk werden im Lauf eines Tages bestimmte Wassermengen zur Stromerzeugung entnommen. Die Entnahmeraten pro Minute für einzelne Zeitpunkte sind nachfolgender Tabelle zu entnehmen.

Zeitpunkt in Minuten	0	30	60	90	120	150	180	210	240
Entnahmerate in $\frac{m^3}{min}$	70	90	105	115	125	128	130	125	120

a) Bestimmen Sie über eine geeignete Summation eine Abschätzung für die Wassermenge, die in den betrachteten vier Stunden entnommen worden ist.

b) Zeigen Sie, dass die Entnahmerate näherungsweise durch die Funktion r mit $r(t) = 100 + \frac{1}{5}t - \frac{(t-120)^2}{500}$ (t in min; r(t) in $\frac{m^3}{min}$) beschrieben werden kann.
Bestimmen Sie hiermit die Wassermenge, die innerhalb der vier Stunden entnommen wurde.

12 Die Tageslänge im Lauf eines Jahres kann modellhaft durch eine Funktion L mit $L(t) = 12 + 4 \cdot \sin\left(\frac{2\pi}{365} t\right)$ beschrieben werden (t in Tagen seit Frühlingsbeginn, L(t) in Stunden).
Bestimmen Sie die nach dieser Modellierung theoretisch maximal mögliche Sonnenscheindauer im Lauf eines Jahres sowie die mittlere Tageslänge.

13 Nach einem Regenschauer wird die Abflussrate des Regenwassers über die Kanalisation in Abhängigkeit von der Zeit gemessen. Diese Abflussrate kann näherungsweise durch die Funktion a mit $a(t) = 50t \cdot e^{-2t}$ (t in Stunden seit Beginn des Regens, a(t) in $\frac{m^3}{h}$) beschrieben werden.

 a) Wie groß ist die Abflussrate maximal? Wann ist dies der Fall?
 b) Bestimmen Sie die mittlere Abflussrate innerhalb der ersten zwei Stunden.
 c) Wie viel Wasser wird durch den Regen abgeführt?

14 In Deutschlands Wäldern werden oft Fichten angepflanzt, weil diese ein besonders schnelles Wachstum zeigen. Die jährliche Wachstumsrate einer Fichte kann durch die Funktion w mit

$w(t) = \dfrac{150}{100 + (t-28)^2}$

(t in Jahren seit der Pflanzung, w(t) in Meter pro Jahr) beschrieben werden.

 a) Bestimmen Sie den Zeitpunkt, zu dem der Baum am schnellsten wächst.
 b) Wie groß ist die Fichte nach 50 Jahren und wie groß kann der Baum nach diesem Modell höchstens werden?
 c) Wann hat die Fichte eine Höhe von 10 m erreicht?

15 Aufgrund eines heftigen Regengusses steigt die Wassermenge, die durch einen Entwässerungskanal abfließt, schnell an. Die Durchflussrate kann in Abhängigkeit von der Zeit beschrieben werden durch die Funktion d mit $d(t) = t^2 \cdot e^{-0,2t}$, t in Stunden seit Beobachtungsbeginn, d(t) in $\frac{m^3}{h}$.
Bestimmen Sie den Zeitpunkt, zu dem am meisten Wasser abfließt.
Wie viel Wasser wird vom Kanal wegen dieses Regengusses insgesamt abtransportiert?

4 Rotationsvolumen

Sie kennen elementare Formeln für die Berechnung des Volumens vieler Körper (Zylinder, Pyramide, Kugel usw.). Manche Körper besitzen jedoch eine Form, für die es keine einfache Formel zur Volumenberechnung gibt. Weist ein solcher Körper jedoch eine Rotationssymmetrie auf (d. h., kann man ihn um eine Achse beliebig drehen, ohne dass sich seine Lage im Raum ändert), lässt sich das Volumen des Körpers mithilfe eines Integrals bestimmen.

Viele in der Anwendung relevante Körper, wie z. B. verschiedene Verpackungen, Vasen, Gläser etc., lassen sich durch einen solchen Rotationskörper beschreiben oder zumindest annähern.

„Legt" man einen **rotationssymmetrischen** Körper so in ein Koordinatensystem, dass sein Längsschnitt im Bereich von $x=a$ bis $x=b$ durch die Randfunktion f beschrieben wird (die x-Achse stellt die Rotationsachse dar), so lässt sich das **Volumen** dieses Körpers berechnen durch:

$$V = \pi \cdot \int_a^b (f(x))^2 \, dx$$

Bemerkung: Der Term $\pi \cdot (f(x))^2$ in der Formel stellt die Querschnittsfläche des Körpers an der Stelle x dar (diese entspricht jeweils einer Kreisfläche). Die Formel lässt sich daher sinngemäß auch auf Körper ohne Rotationssymmetrie erweitern, sofern die Querschnittsfläche in Abhängigkeit von der Stelle x jeweils bekannt ist. Das Volumen eines Körpers, dessen Querschnitt im Bereich von $x=a$ bis $x=b$ der Funktion q genügt, berechnet sich durch:

$$V = \int_a^b q(x) \, dx$$

Ausführliche Musteraufgabe

Rotwein wird oft in eine bauchige Karaffe, einen sog. Dekanter, gefüllt, damit er sein ganzes Aroma entfalten kann. Die Randkurve des Längsschnitts einer solchen (liegenden) Karaffe kann für $0 \leq x \leq 14$ beschrieben werden durch die Funktion f mit $f(x) = 15x \cdot e^{-\frac{x}{2}} + \frac{x^2}{40} + 1$, x und f(x) in cm.

Wie viel Wein befindet sich im Dekanter, wenn er bis zur größten Breite seines „Bauches" gefüllt ist?

Wie hoch steht der Wein in der Karaffe, wenn diese mit 1 Liter Wein gefüllt ist?

Strategie

❶ a Identifizieren des Aufgabentyps anhand von Schlüsselbegriffen, hier Rotationsvolumen

b Identifizieren bzw. Bestimmen der **Randfunktion** und der **Rotationsachse**: Durch welche Funktion wird der Rand des betrachteten Körpers beschrieben? Entsteht der Körper durch Rotation dieser Kurve um die x-Achse? *Allgemeiner:* Lässt sich die Querschnittsfläche des Körpers in jeder Höhe x durch eine Funktion in Abhängigkeit von x angeben?

c Identifizieren der **Integrationsgrenzen**: Welche x-Werte beschreiben Ober- und Unterkante des Körpers bzw. bis zu welcher Höhe soll das Volumen bestimmt werden?

❷ Ermitteln des **Rotationsvolumens** mithilfe der Integralrechnung:
Bei Rotation um die x-Achse gilt für das Volumen eines Körpers, dessen Randkurve im Bereich x = a bis x = b durch die Funktion f beschrieben wird:

$$V = \pi \cdot \int_a^b (f(x))^2 \, dx$$

Allgemeiner: Beschreibt die Funktion q(x) die Querschnittsfläche des Körpers an der Stelle x, gilt für das Volumen des Körpers im Bereich x = a bis x = b:

$$V = \int_a^b q(x) \, dx$$

Ist ein Volumen vorgegeben und eine der Integrationsgrenzen („Höhe") gesucht, so ist die durch die Formel entstehende Gleichung zu lösen.

❸ Angeben der Lösung im Sachkontext:
Welches Volumen gibt der ermittelte Wert an bzw. welche Bedeutung hat die ermittelte Stelle? Wie lauten die zugehörigen Einheiten?

❹ Interpretieren des Ergebnisses:
Ist der ermittelte Wert sinnvoll und realistisch? Welche Bedeutung und ggf. welche Auswirkungen hat das Ergebnis auf die betrachtete Situation?

Kreislauf

1 a Schlüsselbegriffe: **Randkurve** des Längsschnitts, **wie viel** Wein
→ Rotationsvolumen

b Die Randfunktion ist mit f(x) gegeben. Da diese Funktion die Randkurve des Längsschnitts darstellt, entsteht bei Rotation um die x-Achse ein Rotationskörper, der die Form des Dekanters (in „liegender" Form) besitzt.

c Für die erste Frage soll das Volumen bis zur Stelle der größten Breite des Gefäßes bestimmt werden. Dazu ermittelt man das Maximum des Funktionsgraphen im vorgegebenen Bereich $0 \leq x \leq 14$. Man erhält (z. B. mit einem GTR wie im Bild rechts):
Das Maximum liegt bei ca. $x = 2{,}04$.
(Der „Bauch" des Gefäßes ist an dieser Stelle ca. $2 \cdot 12 = 24$ cm dick.)

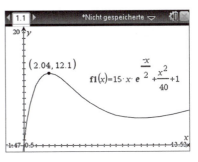

Dementsprechend lauten hier die Integrationsgrenzen $x = 0$ (Boden des Dekanters) und $x = 2{,}04$ (dickste Stelle).

Bei der zweiten Fragestellung ist dagegen das Volumen vorgegeben und die Höhe als unbekannte obere Integrationsgrenze g gesucht. Die untere Integrationsgrenze ist auch hier durch den Boden des Gefäßes gegeben.

2 Mit der Formel für das Rotationsvolumen ergibt sich die Lösung der ersten Fragestellung durch folgende Berechnung:

$$V = \pi \cdot \int_0^{2{,}04} (f(x))^2 \, dx \approx \pi \cdot 186{,}602 \approx 586{,}227 \quad \text{(Berechnung z. B. mit GTR)}$$

Für die zweite Fragestellung ist folgende Gleichung zu lösen (mit $1\,\ell = 1\,000\,\text{cm}^3$; siehe auch **3**):

$$V = \pi \cdot \int_0^g (f(x))^2 \, dx = 1\,000$$

Mit dem GTR erhält man als Lösung dieser Gleichung:
$g \approx 2{,}98$

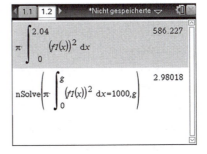

3 Da x und f(x) in cm angegeben sind, beträgt die Einheit des mithilfe der Formel berechneten Volumens jeweils cm^3.
Bis zur dicksten Stelle des Bauches des Gefäßes befinden sich also ca. $586\,\text{cm}^3$, d. h. knapp $600\,\text{cm}^3 = 0{,}6\,\text{dm}^3 = 0{,}6$ Liter Wein im Dekanter.
Das Volumen von 1 Liter $= 1\,000\,\text{cm}^3$ ergibt sich bis zur Höhe 2,98 cm, d. h., bei Füllung mit 1 Liter steht der Wein ca. 3 cm hoch im Dekanter.

❹ Die ermittelten Werte sind realistisch; füllt man eine Flasche Rotwein (0,75 ℓ) in den Dekanter, so füllt diese den Bauch etwas mehr als bis zur dicksten Stelle aus. Bei Füllung mit 1 Liter ist der Bauch fast vollständig gefüllt. Bei einer gesamten Höhe von 14 cm ist die Höhe des Bauches von 3 cm realistisch.

Übungsaufgaben

16 Der (liegende) Längsschnitt einer Blumenvase kann im Bereich $0 \leq x \leq 10$ beschrieben werden durch die Funktion f mit $f(x) = \frac{10x}{x^2+1} + 3$, x und f(x) in cm.
Bestimmen Sie die Breite und das Fassungsvermögen dieser Vase.
Ermitteln Sie die Füllhöhe, wenn die Blumenvase mit einem halben Liter Wasser gefüllt ist.

17 Eine Töpferei möchte eine flache Blumenschale wie im Bild herstellen, die rotationssymmetrisch ist sowie einen parabelförmigen Längsschnitt und eine Höhe von 12 cm besitzt.
Wie breit muss die Schale sein, wenn sie ein Volumen von 5 Litern besitzen soll? Skizzieren Sie den Längsschnitt einer solchen Schale.

18 Eine Eisenhantel besteht aus einem zylinderförmigen Mittelteil mit zwei kugelförmigen Abschlüssen und soll den unten abgebildeten Längsschnitt besitzen. Bestimmen Sie die Masse dieser Hantel, wenn 1 cm³ Eisen eine Masse von 7,9 g besitzt.

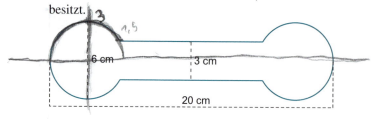

19 Der Querschnitt eines 40 cm hohen Blumentopfes mit einer Form wie im Bild rechts ist quadratisch; der Boden hat innen eine Kantenlänge von 20 cm, die Oberseite ist innen 40 cm breit.
Modellieren Sie den (liegenden) Längsschnitt des Topfes mithilfe einer geeigneten Wurzelfunktion und berechnen Sie näherungsweise das Fassungsvermögen des Blumentopfes.

5 Wachstums- und Abnahmeprozesse

Sehr viele Anwendungen beschäftigen sich mit der zeitlichen Veränderung einer Größe (vgl. auch Kapitel 3). Oft wird dabei ein „Bestand" (von Individuen, Mengen, Werten etc.) betrachtet, der stetig zu- oder abnimmt. Die Beschreibung solcher Wachstums- oder Abnahmeprozesse erfolgt über die zugehörige Änderungsrate, d. h. die Ableitung der eigentlichen Bestandsfunktion. Mathematisch wird die Darstellung der Änderungsrate bezogen auf den Bestand als Differenzialgleichung bezeichnet; die Lösung dieser Gleichung liefert dann die Bestandsfunktion.

Je nachdem, wie sich der Bestand mit der Zeit ändert, werden verschiedene Wachstumsarten unterschieden, die entsprechend durch geeignete Funktionsklassen dargestellt werden können. Im Folgenden werden dabei auch Abnahmeprozesse als „Wachstum" bezeichnet; man kann sagen, bei Abnahmeprozessen liegt „negatives Wachstum" vor.

I Lineare Wachstumsvorgänge

Der einfachste Fall eines Wachstums liegt vor, wenn die Zu- oder Abnahme der betrachteten Größe proportional zur Zeit ist. Fährt z. B. ein Pkw mit gleichbleibender Geschwindigkeit, dann ist die Strecke, die er im Lauf der Zeit zurücklegt, proportional zur Zeit. Die **Änderungsrate** (Geschwindigkeit) bleibt also **konstant** und der Bestand (zurückgelegter Weg) wächst linear mit der Zeit.

Allgemein gilt für den Bestand B in Abhängigkeit von der Zeit t bei linearen Wachstumsvorgängen:

$B'(t) = R = $ konstant   (Differenzialgleichung des linearen Wachstums)

$B(t) = B_0 + R \cdot t$ (Lösung dieser Differenzialgleichung $\stackrel{\wedge}{=}$ Funktionsgleichung bei linearem Wachstum)

Hierbei ist B_0 der Anfangsbestand, also der Bestand zum Zeitpunkt $t = 0$, und R die für den betrachteten Zeitraum stets konstante Änderungsrate (bei der Pkw-Fahrt z. B. die Geschwindigkeit). Das Schaubild einer linearen Bestandsfunktion ist eine Gerade mit der Steigung R. Falls $R > 0$ ist, handelt es sich um lineare Zunahme, für $R < 0$ liegt eine lineare Abnahme des Bestands vor.

II Exponentielle Wachstumsvorgänge

Die meisten Wachstumsvorgänge vollziehen sich nicht linear; oft nimmt ein Bestand umso mehr zu (bzw. ab), je mehr Bestand momentan vorhanden ist. Ein typisches Beispiel ist die Vermehrung von Bakterien. Die **Änderungsrate** (Vermehrungsrate der Bakterien) ist **proportional zum momentanen Bestand**, der Bestand (Bakterienanzahl) wächst dann exponentiell mit der Zeit.

Allgemein gelten in diesem Fall folgende Beziehungen für den Bestand B in Abhängigkeit von der Zeit t:

$B'(t) = k \cdot B(t)$ (Differenzialgleichung des exponentiellen Wachstums)

$B(t) = B_0 \cdot e^{kt}$ (Lösung dieser Differenzialgleichung $\triangleq$ Funktionsgleichung bei exponentiellem Wachstum)

Hierbei ist B_0 der Anfangsbestand, also der Bestand zum Zeitpunkt $t = 0$, und k die Wachstums- bzw. Zerfallskonstante, d. h. der Proportionalitätsfaktor zwischen aktuellem Bestand und Änderungsrate. Bei exponentiellem Wachstum ist $k > 0$, bei exponentiellem Zerfall ist $k < 0$.

III Begrenzte (beschränkte) exponentielle Wachstumsvorgänge

Exponentielle Wachstumsvorgänge haben die Eigenschaft, dass der Bestand über alle Grenzen hinweg „explodiert" oder (beim exponentiellen Zerfall) exponentiell gegen 0 konvergiert. Viele Wachstumsvorgänge in der Natur nähern sich jedoch einem stabilen Grenzbestand an, z. B. weil die Anzahl der Individuen durch die Größe der betrachteten Fläche nach oben begrenzt ist. Oft lassen sich solche Wachstumsvorgänge durch begrenztes exponentielles Wachstum beschreiben.

Die **Änderungsrate** ist hierbei stets **proportional zum noch bestehenden Sättigungsmanko**. Unter Sättigungsmanko versteht man die noch bestehende Differenz zwischen dem momentanen Bestand und dem Grenzbestand, der sich langfristig einstellen soll bzw. durch die betrachtete Situation vorgegeben ist. Diesen Grenzwert nennt man auch Sättigungsgrenze; daher bezeichnet man ihn meist mit S.

Für diese Art des Wachstums gelten folgende Zusammenhänge für den Bestand B in Abhängigkeit von der Zeit t:

$B'(t) = k \cdot (S - B(t))$ (Differenzialgleichung des begrenzten exponentiellen Wachstums)

$B(t) = S - (S - B_0) \cdot e^{-kt}$ (Lösung dieser Differenzialgleichung $\triangleq$ Funktionsgleichung bei begrenztem exponentiellen Wachstum)

Hierbei ist B_0 der Anfangsbestand, also der Bestand zum Zeitpunkt $t = 0$, S der Grenzbestand (die Sättigungsgrenze) und k die Wachstums- bzw. Zerfallskonstante, d. h. der Proportionalitätsfaktor zwischen Sättigungsmanko und Änderungsrate. Bei begrenztem exponentiellen Wachstum ist $k > 0$, bei begrenztem exponentiellen Zerfall ist $k < 0$.

Ausführliche Musteraufgabe – Grundform

In einem Teich mit 400 m² Oberfläche waren zu Beginn der Beobachtung 20 m² mit Seerosen bedeckt. Man nimmt an, dass die jährliche Wachstumsrate der Seerosen 30 % der noch freien Oberfläche beträgt.
Welcher Oberflächenanteil des Teichs ist nach diesem Modell nach 2 Jahren von Seerosen bedeckt?

Wachstums- und Abnahmeprozesse 51

❶ a Identifizieren des Aufgabentyps anhand von Schlüsselbegriffen, hier Wachstums- bzw. Abnahme- oder Zerfallsprozess

b Identifizieren der Wachstums- bzw. Zerfallsgröße:
Der Bestand welcher Größe wird in der zeitlichen Entwicklung betrachtet?

c Identifizieren der Wachstumsart (falls nicht gegeben):
Ist die Änderungsrate konstant?
→ **lineares Wachstum** bzw. **lineare Abnahme**
Ist die Änderungsrate proportional zum momentanen Bestand?
→ **exponentielles Wachstum** bzw. **exponentieller Zerfall**
Ist der Bestand nach oben oder unten beschränkt?
→ **begrenztes Wachstum** bzw. **begrenzter Zerfall**

d Aufstellen der **Differenzialgleichung** für den Bestand B(t) (falls benötigt), je nach Wachstumsart
linear: $B'(t) = R$ mit konstanter Änderungsrate R
exponentiell: $B'(t) = k \cdot B(t)$ mit Wachstums- bzw. Zerfallskonstante k
begrenzt: $B'(t) = k \cdot (S - B(t))$ mit Sättigungsgrenze S und Wachstums- bzw. Zerfallskonstante k

e Aufstellen der **Funktionsgleichung** für den Bestand B(t) (falls nicht gegeben) zum Anfangsbestand B_0, je nach Wachstumsart
linear: $B(t) = B_0 + R \cdot t$
exponentiell: $B(t) = B_0 \cdot e^{kt}$
begrenzt: $B(t) = S - (S - B_0) \cdot e^{-kt}$

❷ Bestimmen des **Bestands** zum vorgegebenen Zeitpunkt als Funktionswert $B(t_0)$

❸ Angeben der Lösung im Sachkontext:
Was gibt der ermittelte Wert an? Wie lauten die zugehörigen Einheiten?

❹ Interpretieren des Ergebnisses:
Ist der ermittelte Wert realistisch? Welche Bedeutung und ggf. welche Auswirkungen hat das Ergebnis auf die betrachtete Situation?

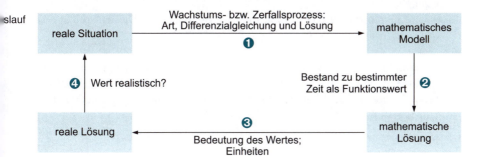

Lösung

① a Schlüsselbegriff: **jährliche Wachstumsrate** → Wachstumsprozess

b Betrachtet wird die zeitliche Entwicklung des „Seerosenbestands", gemessen an dem Teil der Oberfläche des Teichs, der von Seerosen bedeckt ist, d. h., der Bestand B(t) der Seerosen wird als Fläche (in m^2) angegeben.

c Da die jährliche Wachstumsrate der Seerosen 30 % der noch freien Oberfläche des Teichs beträgt, ist sie proportional zum aktuellen Bestand; es liegt also ein exponentielles Wachstum vor. Da das Wachstum der Seerosen zusätzlich durch die Gesamtfläche des Teichs nach oben beschränkt ist, liegt ein **begrenztes exponentielles Wachstum** vor.

d Die zugehörige Differenzialgleichung lautet: $B'(t) = k \cdot (S - B(t))$
Die Sättigungsgrenze für die mit Seerosen bedeckte Fläche ist offensichtlich die Größe des Teichs: $S = 400$
Zu Beginn der Messung waren 20 m^2 mit Seerosen bedeckt, der Anfangsbestand beträgt also: $B_0 = 20$
Die jährliche Wachstumsrate von 30 % der noch freien Oberfläche liefert die Wachstumskonstante: $k = 0{,}3$
Die Differenzialgleichung für den Bestand B(t) der Seerosen lautet damit:
$B'(t) = 0{,}3 \cdot (400 - B(t))$

e Die Funktionsgleichung für begrenztes exponentielles Wachstum lautet:
$B(t) = S - (S - B_0) \cdot e^{-kt}$
Für den Bestand B(t) der Seerosen gilt also:
$B(t) = 400 - (400 - 20) \cdot e^{-0{,}3t} = 400 - 380 \cdot e^{-0{,}3t}$

② Der Bestand an Seerosen im Teich nach 2 Jahren entspricht dem Funktionswert B(2). Man erhält:
$B(2) = 400 - 380 \cdot e^{-0{,}3 \cdot 2} \approx 191{,}5$

③ Da die verwendeten Werte für die Flächen (Größe S des Teichs und Anfangsbestand B_0) in m^2 angegeben sind, ergibt sich als Einheit für den Seerosenbestand ebenfalls m^2. Die Zeit t ist in Jahren seit Beginn der Beobachtung angegeben.
Nach 2 Jahren sind also ca. 190 m^2 mit Seerosen bedeckt. Dies entspricht knapp der Hälfte des Sees.

④ Der ermittelte Wert ist realistisch, da die Seerosen pro Jahr knapp ein Drittel der noch freien Oberfläche neu bedecken, also nach 2 Jahren etwa die Hälfte des Sees bedeckt ist. (Überschlag unter Vernachlässigung des geringen Anfangsbestands: $\frac{1}{3} + \frac{1}{3} \cdot \frac{2}{3} = \frac{5}{9} \approx 0{,}56$)

Ausführliche Musteraufgabe – Variante (Zeitpunkt)

In einem Teich mit 400 m² Oberfläche waren zu Beginn der Beobachtung 20 m² mit Seerosen bedeckt. Man nimmt an, dass die jährliche Wachstumsrate der Seerosen 30 % der noch freien Oberfläche beträgt.
Wann wird die Hälfte des Teichs mit Seerosen bedeckt sein?

❶ analog zu Grundform

❷ Ermitteln des **Zeitpunktes** T, zu dem der vorgegebene Bestand b erreicht wird, durch Lösen der zugehörigen Gleichung: B(T) = b

❸ analog zu Grundform

❹ analog zu Grundform

❶ a Schlüsselbegriffe: jährliche **Wachstumsrate, wann** → Wachstumsprozess, Zeitpunkt
Übrige Teile analog zu Grundform

❷ Die Hälfte des Teichs entspricht einer Fläche von 200 m². Für den Zeitpunkt T, zu dem diese Fläche von Seerosen bedeckt ist, gilt der Zusammenhang:
B(T) = 200
Lösen der Gleichung:
$$B(T) = 400 - 380 \cdot e^{-0,3T} = 200 \iff e^{-0,3T} = \frac{-200}{-380}$$
$$\iff -0,3T = \ln\left(\frac{200}{380}\right)$$
$$\iff T = \frac{\ln\left(\frac{200}{380}\right)}{-0,3} \approx 2,14$$

❸ Die verwendeten Werte für die Flächen und den Seerosenbestand sind in m² angegeben, die Zeit in Jahren seit Beginn der Beobachtung. Die Hälfte des Teichs (200 m²) ist damit nach 2,14 Jahren, also nach 2 Jahren und knapp 2 Monaten (0,14 · 12 = 1,68) mit Seerosen bedeckt.

❹ Der ermittelte Zeitpunkt ist realistisch, da nach 2 Jahren knapp die Hälfte des Sees bedeckt ist (siehe Grundform der Aufgabe).

Musteraufgabe

Beim radioaktiven Zerfall nimmt die Masse des radioaktiven Materials proportional zur derzeit vorhandenen Masse ab. Cäsium-137 hat hierbei eine Zerfallskonstante von −0,0231, d. h., die jährliche Zerfallsrate beträgt 2,31 % des aktuell vorhandenen radioaktiven Materials.
Bestimmen Sie die Halbwertszeit von Cäsium-137. Wie lange dauert es, bis 99 % des Materials zerfallen sind?

Lösung

→ ❶ a, b, c   Betrachtet wird der **radioaktive Zerfall** von Cäsium-137, also die zeitliche Entwicklung des Bestands an Cäsium im Lauf der Jahre. Da die Zerfallsrate beim radioaktiven Zerfall proportional zu der momentan vorhandenen Masse an Cäsium ist, liegt ein exponentieller Zerfall vor. Gesucht ist jeweils ein Zeitpunkt.

→ d, e   Die Differenzialgleichung für den exponentiellen Zerfall lautet mit der Zerfallskonstante von −0,0231:

$$B'(t) = k \cdot B(t) = -0{,}0231 \cdot B(t)$$

Für die Menge des radioaktiven Materials Cäsium-137 gilt dann:

$$B(t) = B_0 \cdot e^{kt} = B_0 \cdot e^{-0{,}0231 t}$$

→ ❷   Die Halbwertszeit ist die Zeit, innerhalb der die Hälfte des Materials zerfallen ist. Für diesen Zeitpunkt $T_{1/2}$ gilt mit einem beliebigen Anfangsbestand B_0:

$$B(T_{1/2}) = \tfrac{1}{2} B_0$$

Man erhält die Gleichung:

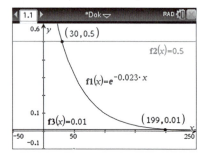

$$B_0 \cdot e^{-0{,}0231 T_{1/2}} = \tfrac{1}{2} B_0$$

$$e^{-0{,}0231 T_{1/2}} = \tfrac{1}{2}$$

$$-0{,}0231 T_{1/2} = \ln\left(\tfrac{1}{2}\right)$$

$$T_{1/2} = \frac{\ln\left(\tfrac{1}{2}\right)}{-0{,}0231} \approx 30{,}0064$$

Für die zweite Fragestellung ist zu beachten, dass B(t) den aktuellen Bestand angibt, d. h., für den Zeitpunkt T, zu dem 99 % des Ausgangsmaterials B_0 zerfallen sind, gilt:

$$B(T) = 0{,}01 \cdot B_0 \quad \text{(noch 1 \% des Anfangsbestands ist vorhanden)}$$

Daraus erhält man die Gleichung:

$$B_0 \cdot e^{-0{,}0231 T} = 0{,}01 \cdot B_0$$

$$e^{-0{,}0231 T} = 0{,}01$$

$$-0{,}0231 T = \ln(0{,}01)$$

$$T = \frac{\ln(0{,}01)}{-0{,}0231} \approx 199{,}358$$

Wachstums- und Abnahmeprozesse 55

❸ Für den Bestand an Cäsium-137 ist keine Einheit vorgegeben, die ermittelte Gleichung gilt allgemein für beliebige Mengenangaben. Da die Änderungsrate als jährliche Zerfallsrate angegeben ist, wird die Zeit t in Jahren angegeben.
Die Halbwertszeit $T_{1/2} \approx 30$ bedeutet also, dass nach ca. 30 Jahren die Hälfte des Cäsium-137 zerfallen ist.
Der zweite ermittelte Wert $T \approx 200$ bedeutet, dass nach etwa 200 Jahren 99 % des Ausgangsmaterials zerfallen sind (unabhängig von der Ausgangsmenge).

❹ Um die Lösungen zu überprüfen, kann das Schaubild dieses radioaktiven Zerfalls für einen beliebigen Anfangsbestand gezeichnet werden.
Mit $B_0 = 100$ erhält man z. B. das Bild rechts. Man erkennt, dass nach 30 Jahren noch etwa die Hälfte des Materials vorhanden ist ($B(30) \approx 50$) sowie nach 200 Jahren fast das gesamte Cäsium-137 zerfallen ist.

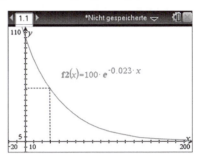

Nicht immer wird die Veränderung einer Größe in Abhängigkeit der Zeit betrachtet. Auch bei allgemeineren Problemstellungen, die sich auf die Zu- bzw. Abnahme einer Größe in Abhängigkeit einer anderen Größe beziehen, lassen sich die zuvor festgehaltenen Vorgehensweisen oft analog anwenden.

Musteraufgabe

Die Intensität des Sonnenlichts nimmt beim Eindringen in Wasser exponentiell in Abhängigkeit von der Wassertiefe ab. Bei einer Messung in 1 m Wassertiefe konnte man noch 92 % der ursprünglichen Intensität ermitteln.
Welche Intensität wird man in 5 m Wassertiefe ermitteln?
In welcher Tiefe sind nur noch 10 % der ursprünglichen Intensität vorhanden?

Lösung Betrachtet wird die verbleibende **Lichtintensität** als Bestand **in Abhängigkeit**
a,   **der Wassertiefe**. Es handelt sich nach Vorgabe um eine exponentielle Abnahme;
b, c   die Lichtintensität wird mit zunehmender Tiefe gegen null konvergieren.
Gesucht sind die verbleibende Lichtintensität („Bestand") in 5 m Tiefe sowie die Tiefe, in der nur noch 10 % der Intensität vorhanden sind.

→ **d, e** Als Ansatz für die restliche Lichtintensität I in Abhängigkeit der Tiefe T eignet sich die Funktion $I(T) = 100 \cdot e^{kT}$ (mit $k < 0$), wobei die Restintensität I ausgehend vom „Anfangsbestand" 100 % in Prozent angegeben ist.

Mit der Vorgabe $I(1) = 92$ (92 % Restintensität in 1 m Tiefe) lässt sich die Zerfallskonstante k bestimmen:

$I(1) = 100e^{k \cdot 1} = 92 \Leftrightarrow e^k = \frac{92}{100} \Leftrightarrow k = \ln\left(\frac{92}{100}\right) \approx -0{,}0834$

Die Funktionsgleichung für die verbleibende Lichtintensität I in Abhängigkeit der Wassertiefe T lautet also:

$I(T) = 100e^{-0{,}0834T}$

→ ❷ Für die Restintensität in 5 m Wassertiefe erhält man:
$I(5) = 100e^{-0{,}0834 \cdot 5} \approx 65{,}9$

Um die Tiefe T zu bestimmen, in der nur noch 10 % der ursprünglichen Lichtintensität vorhanden sind, löst man die Gleichung:

$I(T) = 100e^{-0{,}0834T} = 10 \Leftrightarrow e^{-0{,}0834T} = \frac{1}{10} \Leftrightarrow -0{,}0834T = \ln\left(\frac{1}{10}\right)$

$\Leftrightarrow T = \frac{\ln\left(\frac{1}{10}\right)}{-0{,}0834} \approx 27{,}6$

Lösungsunterstützung durch GTR/CAS:
Mit einem GTR/CAS lassen sich die Restintensität in 5 m Wassertiefe als Funktionswert $I(5) \approx 66$ und die Tiefe, in der nur noch 10 % der ursprünglichen Lichtintensität vorhanden sind, als Lösung der Gleichung $I(T) = 10$ bestimmen.

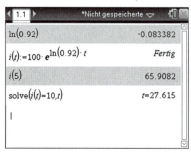
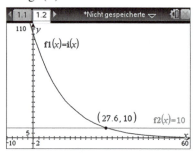

→ ❸ Die Wassertiefe T ist in Meter angegeben, die verbleibende Lichtintensität in % ausgehend von 100 % anfänglicher Intensität.
In 5 Meter Tiefe sind noch ca. 66 % der ursprünglichen Intensität vorhanden.
In einer Wassertiefe von ca. 28 m beträgt die Lichtintensität nur noch 10 % der ursprünglichen Intensität.

Übungsaufgaben

20 Bakterien vermehren sich exponentiell, vorausgesetzt sie finden genügend Nahrung und geeignete Umwelteinflüsse vor. Für eine Messreihe wurden 20 000 Bakterien in einer Nährlösung kultiviert. Nach 4 Stunden hatten sich diese Bakterien auf 30 000 Individuen vermehrt.
Wie viele Bakterien werden nach 7 Stunden vorhanden sein?
Wie lange dauert es, bis eine Million Bakterien vorhanden sind?

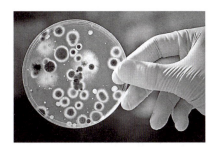

21 In einer Zisterne haben sich 2 000 Liter Wasser angesammelt. Für die Bewässerung eines Parks wird kontinuierlich Wasser entnommen. Innerhalb eines Tages fließen somit 400 Liter Wasser ab.
Wie viel Wasser befindet sich nach 3 Tagen noch in der Zisterne?

22 Radioaktives Jod hat eine Halbwertszeit von 8 Tagen.
Wie lange dauert es, bis 99 % des Ausgangsmaterials zerfallen sind?

23 Beim radioaktiven Zerfall von 80 mg radioaktivem Material sind nach 30 Minuten noch 96 % der ursprünglichen Menge vorhanden.
Wie viel radioaktives Material wird nach einem Tag noch vorhanden sein?
Wann wird die Menge radioaktiven Materials unter 1 mg liegen?

24 Heißes Wasser wird in einen Kühlschrank gestellt, der auf 8 °C eingestellt ist.
Die Änderungsrate der Wassertemperatur ist bei diesem Abkühlvorgang stets proportional zur noch bestehenden Temperaturdifferenz zur Umgebungstemperatur.
Nach 5 Minuten hat sich das Wasser von 100 °C bereits auf 77 °C abgekühlt.
Welche Temperatur hat das Wasser nach 10 Minuten?
Wann wird eine Wassertemperatur von 10 °C erreicht?

6 Stochastische Vorgänge

Häufig geht es bei Anwendungsaufgaben um Fragestellungen nach der Funktionalität oder Qualität bestimmter Produkte. Da z. B. in der Industrie eine große Zahl an Teilen in kurzer Zeit geprüft werden müsste, behilft man sich oft mit der Prüfung einer kleineren Stichprobe, um mithilfe der Wahrscheinlichkeitsrechnung Rückschlüsse auf die gesamte Menge zu ziehen. Die Fragestellungen lassen sich dabei meist auf einfache Grundmodelle zurückführen, z. B. kann die einwandfreie Funktion eines sensiblen Bauteils, die erfahrungsgemäß mit einer Wahrscheinlichkeit von 60 % gegeben ist, interpretiert werden als das Ergebnis des Wurfs einer Reißzwecke mit entsprechenden Häufigkeiten.

Wenn man eine Reißzwecke auf den Tisch fallen lässt, kann sie in zwei Positionen (Kopflage ⌁ oder Spitzenlage ⌁) liegen bleiben. Die Fragestellung, wie wahrscheinlich es ist, dass von 10 untersuchten Bauteilen genau 4 nicht einwandfrei funktionieren, kann dann im Modell z. B. folgendermaßen interpretiert werden: Wie hoch ist die Wahrscheinlichkeit, dass beim 10-maligen Werfen einer Reißzwecke genau viermal die Kopflage erreicht wird?

Für die Untersuchung solcher Zufallsexperimente sind nachfolgend wichtige Grundbegriffe und Formeln am Beispiel des Werfens der Reißzwecke zusammengestellt:

Bernoulli-Experiment	Ein Zufallsexperiment, das genau zwei mögliche Ergebnisse besitzt, nennt man Bernoulli-Experiment.	Das Werfen der Reißzwecke und Feststellen der Lage ⌁ bzw. ⌁ ist ein Bernoulli-Experiment.
Treffer bzw. Niete	Eines der beiden möglichen Ergebnisse eines Bernoulli-Experiments bezeichnet man als „Treffer", das andere als „Niete".	Da das Auftreten der Kopflage ⌁ untersucht wird, bezeichnet man dies als „Treffer" und die Spitzenlage ⌁ als „Niete".
Trefferwahrscheinlichkeit	Das Eintreten des „Treffers" bei einem Bernoulli-Experiment besitzt eine bestimmte Wahrscheinlichkeit; diese wird üblicherweise mit p bezeichnet. Für die Gegenwahrscheinlichkeit – also das Eintreten der „Niete" – verwendet man meist die Variable $q = 1 - p$.	Durch eine Testreihe kann man die Wahrscheinlichkeit p bestimmen, dass eine Reißzwecke in Kopflage ⌁ (Treffer) liegen bleibt. Man erhält z. B. $p = 0,4$ und entsprechend die Wahrscheinlichkeit für die Spitzenlage ⌁ (Niete) von $q = 0,6$.
Bernoulli-Kette	Wird ein Bernoulli-Experiment mehrmals hintereinander (bei gleichbleibender Wahrscheinlichkeit für den „Treffer") ausgeführt, spricht man von einer Bernoulli-Kette.	Bei jedem der 10 Würfe besteht dieselbe Wahrscheinlichkeit $p = 0,4$ für Kopflage. Es handelt sich um eine Bernoulli-Kette mit 10 Stufen (10 Wiederholungen des Bernoulli-Experiments).

Zufalls-variable	Eine Zufallsvariable X ordnet jedem Ergebnis eines Zufallsexperiments eine reelle Zahl zu. Bei einer Bernoulli-Kette beschreibt die Zufallsvariable X meist die Anzahl der Treffer.	Von Interesse ist die Zahl X der Kopflagen beim 10-maligen Werfen der Reißzwecke. Jedem Ergebnis der 10-stufigen Bernoulli-Kette wird die Zahl der auftretenden Kopflagen zugeordnet.
Binomial-verteilung	Für die Anzahl k der Treffer bei einer n-stufigen Bernoulli-Kette gibt es genau die Möglichkeiten $k=0, k=1, \ldots, k=n$. Die zugehörigen Wahrscheinlichkeiten $P(X=0), P(X=1), \ldots, P(X=n)$ bilden als Wahrscheinlichkeitsverteilung die Binomialverteilung.	Gesucht ist im Beispiel nach der Wahrscheinlichkeit, dass genau 4-mal Kopflage auftritt, also $P(X=4)$ (sprich: Wahrscheinlichkeit, dass die Zufallsvariable X den Wert 4 besitzt) bei der 10-stufigen Bernoulli-Kette mit Trefferwahrscheinlichkeit $p=0{,}4$.
Bernoulli-Formel	Die Zahl der Treffer bei einer n-stufigen Bernoulli-Kette ist binomialverteilt; für die Wahrscheinlichkeit für k Treffer bei Trefferwahrscheinlichkeit p gilt: $$P(X=k) = \binom{n}{k} \cdot p^k \cdot (1-p)^{n-k}$$	Für die Wahrscheinlichkeit, dass beim 10-maligen Werfen der Reißzwecke mit $p=0{,}4$ genau 4-mal Kopflage auftritt, gilt: $$P(X=4) = \binom{10}{4} \cdot 0{,}4^4 \cdot 0{,}6^6 \approx 0{,}25$$

Ausgehend von einer Anwendungssituation können mit demselben Grundmodell viele verschiedene Fragestellungen behandelt werden. Im Folgenden werden einige davon vorgestellt; weitere Varianten finden Sie in den Übungsaufgaben.

Ausführliche Musteraufgabe – Grundform

Zur Computerherstellung bezieht ein Hersteller Computerchips von einem Großhändler. Erfahrungsgemäß funktionieren 10 % dieser Chips nicht einwandfrei.
Bestimmen Sie die Wahrscheinlichkeit, dass von 110 bezogenen Computerchips mindestens 100 einwandfrei funktionieren.

60 Anwendungsgebiete

Strategie Grundform

❶ a Identifizieren des Aufgabentyps anhand von Schlüsselbegriffen, hier stochastischer Vorgang, speziell Bestimmung von Wahrscheinlichkeiten

b Prüfen, ob eine **Bernoulli-Kette** vorliegt:
Gibt es pro Experiment genau zwei mögliche Ergebnisse? Bleibt die Wahrscheinlichkeit für einen Ausgang jeweils gleich?

c Identifizieren der zwei Ausgänge: Was ist ein **Treffer**, was eine Niete?

d Definieren der **Zufallsvariable** X:
Welche Stichprobe wird betrachtet? Welche Anzahl ist von Interesse?

e Identifizieren der Parameter:
Stichprobenlänge n, **Trefferwahrscheinlichkeit** p, **Trefferanzahl** k

❷ Berechnen der gesuchten Wahrscheinlichkeit mithilfe der **Binomialverteilung**:
„genau k Treffer": $P(X=k)$
„mindestens k Treffer": $P(X \geq k)$
„höchstens k Treffer": $P(X \leq k)$
„mehr als k Treffer": $P(X > k)$
„weniger als k Treffer": $P(X < k)$

❸ Angeben der Lösung im Sachkontext:
Was gibt die berechnete Wahrscheinlichkeit (in %) an?

❹ Interpretieren des Ergebnisses:
Ist der ermittelte Wert realistisch? Welche Bedeutung und ggf. welche Auswirkungen hat das Ergebnis auf den untersuchten Vorgang?

Kreislauf

Lösung **❶ a** Schlüsselbegriffe: Erfahrungsgemäß 10 %, **Wahrscheinlichkeit**
→ stochastischer Vorgang, Bestimmen von Wahrscheinlichkeiten

b Jeder Computerchip kann entweder einwandfrei funktionieren oder nicht; es gibt also bei der Betrachtung eines Chips genau zwei mögliche Ergebnisse. Die Funktion eines Computerchips stellt deshalb ein Bernoulli-Experiment dar. Zudem wird davon ausgegangen, dass die Wahrscheinlichkeit für einen nicht einwandfreien Chip jeweils gleich 10 % ist, also gleich bleibt. Der Bezug mehrerer Computerchips ist eine Bernoulli-Kette.

c Der Computerhersteller interessiert sich für die Zahl der einwandfreien Computerchips. Die einwandfreie Funktion eines Computerchips wird somit als „Treffer" bezeichnet, ein fehlerhafter Chip entsprechend als Niete.

d Die Zufallsvariable X gibt die Zahl der einwandfreien Computerchips (Treffer) an.

e Es werden 110 Computerchips bezogen, d. h. Stichprobenlänge $n=110$. Die Wahrscheinlichkeit für einen nicht einwandfreien Chip (Niete) beträgt nach Aufgabenstellung 10 %, entsprechend gilt für die Trefferwahrscheinlichkeit (Wahrscheinlichkeit für einen einwandfreien Chip): $p = 1 - 0{,}1 = 0{,}9$

❷ Gefragt ist nach der Wahrscheinlichkeit, dass **mindestens** 100 Computerchips einwandfrei funktionieren, also $P(X \geq 100)$, wobei X binomialverteilt mit $n = 110$ und $p = 0{,}9$ ist (kurz: $B_{110;\,0{,}9}$-verteilt).

Um diese Wahrscheinlichkeit bestimmen zu können, ist je nach Hilfsmittel (stochastische Tabelle oder geeigneter Rechner) eine Umformung nötig:
$P(X \geq 100) = 1 - P(X \leq 99)$
$= 1 - 0{,}546448$
$= 0{,}453552$

binomCdf(110,0.9,100,110)	0.453552
1−binomCdf(110,0.9,0,99)	0.453552

❸ Die Wahrscheinlichkeit, dass unter den 110 bezogenen Computerchips mindestens 100 Chips einwandfrei funktionieren, beträgt ca. 0,454, also etwa 45 %.

❹ Die ermittelte Wahrscheinlichkeit erscheint niedrig, ist aber realistisch, wenn man bedenkt, dass etwa jeder 10. Chip nicht einwandfrei funktioniert.
Der Computerhersteller muss damit rechnen, dass er bei einer Bestellung von 110 Chips nicht einmal 100 einwandfreie erhält (die Wahrscheinlichkeit dafür liegt unter 50 %). Falls er also tatsächlich 100 einwandfreie Chips benötigt, sollte er besser eine größere Menge beziehen, um bei Bedarf eine Reserve zu haben.

Ausführliche Musteraufgabe – Variante A (Erwartungswert)

Zur Computerherstellung bezieht ein Hersteller Computerchips von einem Großhändler. Erfahrungsgemäß funktionieren 10 % dieser Chips nicht einwandfrei. Wie viele einwandfreie Computerchips kann der Hersteller unter 110 erworbenen Chips im Mittel erwarten?

Strategie Variante A

❶ analog zu Grundform

❷ Ermitteln des **Erwartungswertes** E(X) der binomialverteilten Zufallsvariable: $E(X) = n \cdot p$

❸ Angeben der Lösung im Sachkontext: Was gibt der berechnete Wert an?

❹ analog zu Grundform

Lösung

❶ a Schlüsselbegriffe: Erfahrungsgemäß 10 %, wie viele ... **erwarten**
→ stochastischer Vorgang, Erwartungswert
Übrige Teile analog zu Grundform

❷ Für die Bestimmung des Erwartungswertes E(X) einer binomialverteilten Zufallsvariable X genügt die Kenntnis von n und p; X ist $B_{110;\,0,9}$-verteilt, also:
$E(X) = n \cdot p = 110 \cdot 0{,}9 = 99$

❸ Im Mittel sind unter 110 erworbenen Computerchips 99 einwandfreie Chips zu erwarten.

❹ Wenn die Wahrscheinlichkeit für einen funktionsfähigen Chip 0,9 beträgt, heißt das, dass ca. 9 von 10 Chips einwandfrei sein werden. Entsprechend erwartet man bei $110 = 11 \cdot 10$ Chips etwa $11 \cdot 9 = 99$ einwandfreie Chips. Die Rechnung entspricht folglich der anschaulichen Erwartung.

Ausführliche Musteraufgabe – Variante B („3-Mindestens-Aufgabe")

Zur Computerherstellung bezieht ein Hersteller Computerchips von einem Großhändler. Erfahrungsgemäß funktionieren 10 % dieser Chips nicht einwandfrei. Wie viele Computerchips muss der Computerhersteller mindestens erwerben, um mit mindestens 99 %iger Sicherheit mindestens 100 einwandfreie Computerchips zu erhalten?

Stochastische Vorgänge 63

❶ analog zu Grundform

❷ a Aufstellen der geforderten **„Mindestens"-Bedingung**, etwa:
P(X≥k)≥x mit der gegebenen Mindestwahrscheinlichkeit x

b Ermitteln der **kleinsten Anzahl** n anhand der aufgestellten Bedingung, je nach Hilfsmittel durch Umformen und Ablesen aus einer stochastischen Tabelle oder Herantasten mit einem geeigneten Rechner

❸ Angeben der Lösung im Sachkontext: Was gibt der ermittelte Wert an?

❹ analog zu Grundform

❶ a Schlüsselbegriffe: **mindestens** …, um mit **mindestens** … **mindestens**
→ stochastischer Vorgang, „3-Mindestens-Aufgabe"

b, c, d analog zu Grundform

e Die Anzahl der bezogenen Chips ist jetzt nicht bekannt (sie soll ermittelt werden), die Bernoulli-Kette wird geändert auf eine unbekannte Länge n. Die Trefferwahrscheinlichkeit beträgt weiterhin p=0,9; die Trefferanzahl soll mindestens 100 betragen.

❷ a Die Wahrscheinlichkeit, dass mindestens k=100 Chips einwandfrei funktionieren, soll mindestens 99 % betragen. Diese Bedingung entspricht der Ungleichung:
P(X≥100)≥0,99 bzw. 1−P(X≤99)≥0,99, wobei X $B_{n;\,0,9}$-verteilt ist
Gesucht ist die Länge n der Bernoulli-Kette mit der Trefferwahrscheinlichkeit p=0,9, für die diese Bedingung erstmals erfüllt ist.

b An dieses gesuchte n tastet man sich mit einem geeigneten Taschenrechner heran, indem man, z. B. ausgehend von n=110, die Werte für n so lange variiert, bis sich erstmals eine Wahrscheinlichkeit über 99 % ergibt. Um den Wert aus einer stochastischen Tabelle ablesen zu können, schreibt man die Ungleichung in der Form P(X≤99)≤0,01.

1.1 ▶	*Nicht gespeicherte ▽
1−binomCdf(110,0.9,0,99)	0.453552
1−binomCdf(115,0.9,0,99)	0.88999
1−binomCdf(120,0.9,0,99)	0.992059
1−binomCdf(119,0.9,0,99)	0.985537

Als kleinstes n, für das die Ungleichung erfüllt ist, erhält man n=120.

❸ Der Computerhersteller muss mindestens 120 Computerchips erwerben, damit er darunter mit mindestens 99 %iger Sicherheit mindestens 100 einwandfreie Chips erhält.

❹ Da unter 110 bezogenen Chips im Mittel nur mit 99 einwandfreien gerechnet werden kann (vgl. Variante A), erscheint es realistisch, dass 120 Chips bezogen werden müssen, um mit fast 100 % Wahrscheinlichkeit mindestens 100 einwandfreie Chips zu erhalten.

Ausführliche Musteraufgabe – Variante C (Trefferwahrscheinlichkeit)

Zur Computerherstellung bezieht ein Hersteller Computerchips von einem Großhändler. Erfahrungsgemäß funktioniert ein bestimmter Anteil dieser Chips nicht einwandfrei. Der Computerhersteller benötigt nur 20 Computerchips und erwirbt wegen des bekannten Fehlerrisikos vorsichtshalber 21 Stück.
Wie hoch muss die Wahrscheinlichkeit für einen einwandfreien Computerchip mindestens sein, wenn der Hersteller bei seiner Bestellung mit 95 %iger Sicherheit mindestens 20 funktionsfähige Chips erhalten möchte?

Strategie Variante C

❶ analog zu Grundform

❷ a Aufstellen der geforderten **Bedingung**, etwa:
$P(X \geq k) \geq x$ mit der gegebenen Mindestwahrscheinlichkeit x

b Ermitteln der **Trefferwahrscheinlichkeit** p anhand der aufgestellten Bedingung durch Herantasten mit einem geeigneten Rechner oder Lösen der zur Ungleichung gehörenden Gleichung (nur mit GTR/CAS möglich)

❸ analog zu Grundform

❹ analog zu Grundform

Lösung ❶ a Schlüsselbegriffe: **Wahrscheinlichkeit** für **einwandfreien** Computerchip
→ stochastischer Vorgang, Trefferwahrscheinlichkeit

b, c, d analog zu Grundform

e Der Hersteller bezieht 21 Computerchips, die Stichprobenlänge beträgt also nun n = 21, es handelt sich somit um eine 21-stufige Bernoulli-Kette. Die Wahrscheinlichkeit für das Funktionieren eines einzelnen Chips (Treffer) ist unbekannt; die Trefferwahrscheinlichkeit p ist also gesucht. Die Trefferanzahl soll mindestens 20 betragen.

❷ a Die Wahrscheinlichkeit, dass mindestens k = 20 Chips einwandfrei funktionieren, soll mindestens 95 % betragen. Diese Bedingung entspricht der Ungleichung:
$P(X \geq 20) \geq 0{,}95$, wobei X $B_{21;\,p}$-verteilt ist

Gesucht ist die Trefferwahrscheinlichkeit p für die Bernoulli-Kette mit der Länge n = 21, für die diese Bedingung erstmals erfüllt ist.

b Die Lösung der Aufgabe ist nur mit einem GTR oder CAS als Hilfsmittel gut möglich; hierfür gibt es zwei denkbare Wege:

1. Möglichkeit:
Man tastet sich an das gesuchte p mit einem geeigneten Taschenrechner heran, indem man, z. B. ausgehend von p = 0,95, die Werte für p so lange variiert, bis sich erstmals eine Wahrscheinlichkeit über 95 % ergibt.

binomCdf(21,0.98,20,21)	0.934651
binomCdf(21,0.99,20,21)	0.981488
binomCdf(21,0.985,20,21)	0.960877
binomCdf(21,0.983,20,21)	0.950988
binomCdf(21,0.9825,20,21)	0.948386

Als kleinstes p, für das die Ungleichung erfüllt ist, erhält man p ≈ 0,983.
(Für p = 0,983 gilt $P(X \geq 20) \approx 0{,}951$, für p = 0,9825 ist $P(X \geq 20)$ kleiner als 0,95, also ist der Wert p = 0,983 die korrekt gerundete Wahrscheinlichkeit.)

2. Möglichkeit:
Für die Wahrscheinlichkeit $P(X \geq 20)$ aus der Bedingung mit der $B_{21;\,p}$-verteilten Zufallsvariable X gilt nach der Bernoulli-Formel:

$$P(X \geq 20) = P(X = 20) + P(X = 21) = \binom{21}{20} \cdot p^{20} \cdot (1-p)^1 + \binom{21}{21} \cdot p^{21} \cdot (1-p)^0$$
$$= 21 \cdot p^{20} \cdot (1-p) + p^{21}$$

Die zur Ungleichung $P(X \geq 20) \geq 0{,}95$ gehörende Gleichung $P(X \geq 20) = 0{,}95$ entspricht also der Gleichung
$21 \cdot p^{20} \cdot (1-p) + p^{21} = 0{,}95$.
Diese Gleichung kann numerisch oder grafisch mit einem geeigneten Rechner gelöst werden.
Der Rechner liefert als Lösung für die Wahrscheinlichkeit (neben zwei nicht im Intervall [0; 1] liegenden Werten) den Wert p ≈ 0,983.

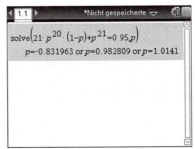

❸ Die Wahrscheinlichkeit für das Funktionieren eines einzelnen Computerchips muss mindestens 0,983, also 98,3 % betragen, damit der Hersteller unter 21 bestellten Chips mit 95 %iger Sicherheit mindestens 20 einwandfreie findet.

❹ Der erhaltene hohe Wert für die nötige „Trefferwahrscheinlichkeit" erscheint durchaus plausibel, da unter den 21 bestellten Chips höchstens 1 fehlerhafter sein darf. Man kann den Wert durch Probe z. B. mithilfe der Binomialverteilung überprüfen.

Übungsaufgaben

25 Nach den Mendelschen Regeln beträgt bei der sogenannten intermediären Vererbung die Wahrscheinlichkeit, dass bei Hunden ein Nachkomme in der zweiten Generation das reinerbige Merkmal (in der Grafik: aa, z. B. das Merkmal „Fellfarbe Weiß") des Rüden erhält, ein Viertel.

Bestimmen Sie jeweils die Wahrscheinlichkeit, dass von 8 Nachkommen

a) alle das reinerbige Merkmal des Rüden erhalten.
b) keiner das reinerbige Merkmal des Rüden erhält.
c) höchstens ein Viertel das reinerbige Merkmal des Rüden erhält.
d) mindestens ein Viertel das reinerbige Merkmal des Rüden erhält.
e) nur die ersten drei das reinerbige Merkmal des Rüden erhalten.

26 Bei einem Eignungstest werden einem Kandidaten 30 Multiple-Choice-Fragen gestellt, bei denen immer genau eine von 3 vorgeschlagenen Antworten richtig ist.

a) Berechnen Sie die Wahrscheinlichkeit, dass der Kandidat bei zufälligem Ankreuzen jeweils einer Antwort mindestens die Hälfte der Fragen richtig beantwortet.

b) Die Wahrscheinlichkeit, den Test trotz zufälligen Ankreuzens der Antworten zu bestehen, soll bei höchstens 1 % liegen. Wie viele richtige Antworten müssen zum Bestehen des Tests hierfür gefordert werden?

27 Beim Lotto „6 aus 49" beträgt die Wahrscheinlichkeit für die unterste Gewinnklasse 9 (zwei Richtige plus Superzahl) $p_9 \approx 1{,}3$ %. In dieser Gewinnklasse erhält man bei einem Einsatz von 1 € einen Gewinn von 5 € ausbezahlt.

a) Wie oft muss man mindestens spielen, um mit mindestens 95 %iger Wahrscheinlichkeit mindestens einmal die unterste Gewinnklasse zu erreichen?
b) Bei wie vielen Spielen kann man im Mittel mit einem Erreichen der untersten Gewinnklasse rechnen, wenn man 250-mal spielt? Geben Sie den Verlust an, den man in diesem Fall macht, wenn man nur diese Gewinnklasse betrachtet.

7 Testen von Hypothesen

Bei Qualitätskontrollen oder Auswertungen von Statistiken geht es oft darum, eine bestehende Behauptung auf ihre Richtigkeit zu untersuchen. Die beurteilende Statistik nutzt dazu die Wahrscheinlichkeitsrechnung, um bei einer Entscheidung zu helfen und das Risiko anzugeben, mit dem diese Entscheidung falsch ist.

Wenn man vor der Entscheidung steht, eine im Raum stehende Behauptung als wahr oder falsch anzusehen, kann man entweder die richtige Entscheidung treffen oder zwei verschiedene Fehler machen. Ist die Behauptung richtig und man entscheidet sich, die Behauptung nicht abzulehnen, hat man genauso richtig entschieden, wie wenn die Behauptung falsch ist und man sie auch korrekterweise ablehnt. Wenn jedoch die Behauptung richtig ist und man sie (fälschlicherweise) ablehnt, dann begeht man einen **Fehler 1. Art**. Umgekehrt liegt ein **Fehler 2. Art** vor, wenn die Behauptung falsch ist, man diese jedoch (fälschlicherweise) nicht ablehnt:

	Die im Raum stehende **Behauptung ist wahr**.	Die im Raum stehende **Behauptung ist falsch**.
Man trifft die Entscheidung, die **Behauptung** als wahr anzusehen und **nicht abzulehnen**.	Die getroffene Entscheidung ist richtig.	**Fehler 2. Art:** Man sieht die Behauptung als wahr an, obwohl sie in Wirklichkeit falsch ist.
Man trifft die Entscheidung, die **Behauptung** als falsch anzusehen und **abzulehnen**.	**Fehler 1. Art:** Man lehnt die Behauptung ab, obwohl sie in Wirklichkeit wahr ist.	Die getroffene Entscheidung ist richtig.

Dies lässt sich am einfachsten an einem konkreten Beispiel nachvollziehen:

Peter behauptet, er habe für die nächste Klassenarbeit gelernt und könne bei einem Test durchschnittlich 80 % der Aufgaben richtig lösen.
Leider hatte er bei dem Test letztendlich nur 6 von 10 Aufgaben richtig gelöst.

Die im Raum stehende Behauptung lautet hier:
„Peter hat gelernt und kann daher durchschnittlich 80 % der Aufgaben, also durchschnittlich 8 von 10 Aufgaben, fehlerfrei lösen."

Als Entscheidung nach dem real durchgeführten Test kann man die Behauptung, dass Peter gelernt hat, akzeptieren oder ablehnen.

	Die **Behauptung ist richtig**; Peter hat gelernt und kann durchschnittlich 8 von 10 Aufgaben lösen.	Die **Behauptung ist falsch**; Peter hat nicht gelernt und kann durchschnittlich keine 8 von 10 Aufgaben lösen.
Man entscheidet sich dafür, Peters Behauptung, gelernt zu haben, zu glauben und **lehnt die Behauptung nicht ab**.	Die getroffene Entscheidung ist richtig.	**Fehler 2. Art:** Man akzeptiert Peters Behauptung, gelernt zu haben, obwohl sie falsch ist.
Man entscheidet sich dafür, Peter nicht zu glauben, und **lehnt die Behauptung ab**.	**Fehler 1. Art:** Man lehnt Peters Behauptung ab, obwohl er recht hat.	Die getroffene Entscheidung ist richtig.

Um einen für die jeweilige Fragestellung passgenauen Test zur Überprüfung einer Behauptung (Hypothese) zu konstruieren, wird mithilfe der beurteilenden Statistik bereits vor der Durchführung des Tests untersucht, wie wahrscheinlich die beiden Fehlentscheidungen (Fehler 1. Art bzw. Fehler 2. Art) jeweils sind. So können die Parameter des Tests ggf. noch angepasst werden. Meist ist es wünschenswert, die Wahrscheinlichkeit für einen Fehler 1. Art möglichst gering zu halten; diese Irrtumswahrscheinlichkeit wird deshalb das **Signifikanzniveau** des Tests genannt.

Ausführliche Musteraufgabe

Eine Firma stellt Muttern maschinell her. Vor dem Verkauf der frisch hergestellten Muttern werden diese einer Qualitätskontrolle unterzogen. Dabei mussten bisher erfahrungsgemäß 15 % der hergestellten Muttern wegen eines fehlerhaften Gewindes aussortiert werden.

Der Geschäftsführer der Firma erwägt daher, eine neue Fertigungsmaschine anzuschaffen, von der der Hersteller behauptet, dass nur noch höchstens 5 % der hergestellten Muttern fehlerhaft sein werden. Insgeheim vermutet der Geschäftsführer jedoch, dass auch die neue Maschine nicht besser sein wird als die bisher eingesetzte. Vor der Neuanschaffung erhält die Firma die Gelegenheit, die neue Maschine mit 1 000 Muttern zu testen.

Nehmen Sie jeweils den Standpunkt des Maschinen-Herstellers bzw. des Muttern-Produzenten ein und formulieren Sie eine geeignete Entscheidungsregel, die dem Maschinen-Hersteller bzw. dem Muttern-Produzenten mit 90 %iger Sicherheit eine richtige Entscheidung bei diesem Test ermöglicht.

❶ a Identifizieren des Aufgabentyps anhand von Schlüsselbegriffen, hier Testen von Hypothesen

  b Definieren der **Zufallsvariable** X:
    Welche Stichprobe wird betrachtet? Welche Anzahl soll getestet werden?

  c Identifizieren der Stichprobenlänge n:
    Wie viele Gegenstände sollen überprüft bzw. wie viele Aussagen ausgewertet werden?

  d Gegenüberstellen der beiden möglichen Alternativen/Hypothesen:
    Welche Behauptungen sollen überprüft werden?

  e Einnehmen einer der beiden Sichtweisen; Aufstellen der **Nullhypothese** H_0:
    Welche Behauptung soll möglichst widerlegt werden?

  f Entscheiden der Art des Signifikanztests (links- bzw. rechtsseitig) und Festlegen des **Ablehnungsbereichs** A mit zunächst noch unbekannter Grenze k:
    Sprechen große oder kleine Testergebnisse gegen die Nullhypothese?

❷ a Ermitteln der **Grenze k des größtmöglichen Ablehnungsbereichs** mithilfe des Signifikanzniveaus α aus der Ungleichung $P(X \in A) \leq \alpha$, wobei X entsprechend der Nullhypothese binomialverteilt ist, entweder mithilfe eines Rechners oder durch Ablesen aus einer stochastischen Tabelle

  b Angeben des konkreten Ablehnungsbereichs

  c Ggf. Bestimmen der sich daraus ergebenden Irrtumswahrscheinlichkeit (Fehler 1. Art)

  d Ggf. Bestimmen der Wahrscheinlichkeit für den Fehler 2. Art, falls die Wahrscheinlichkeit für die Alternativ-Hypothese gegeben ist

❸ Angeben der Lösung im Sachkontext:

  a Formulieren der **Entscheidungsregel** aufgrund des ermittelten Ablehnungsbereichs

  b Welche Bedeutung hat ein bestimmtes (evtl. gegebenes) Testergebnis?

❹ Überprüfen und Interpretieren des Ergebnisses:
  Ist der ermittelte Ablehnungsbereich realistisch (Überprüfung z. B. mithilfe des Erwartungswertes)? Welche Bedeutung und ggf. welche Auswirkungen hat das Ergebnis auf die betrachtete Situation?

70 | Anwendungsgebiete

Kreislauf

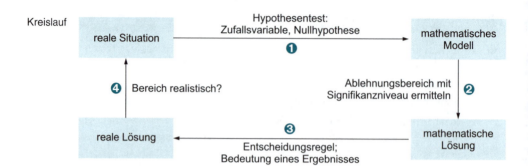

Lösung ❶ **a** Schlüsselbegriffe: Qualitätskontrolle, Hersteller **behauptet**, Maschine **testen** → Testen von Hypothesen

b Bei der Herstellung von Muttern mit einer Maschine wird die Anzahl der Muttern mit einem fehlerhaften Gewinde betrachtet. Die Zufallsvariable X gibt also die **Anzahl der fehlerhaften Muttern** an.

c Die neue Maschine wird überprüft durch die testweise Herstellung von 1 000 Muttern, d. h. **n = 1 000**.

d In der Aufgabe stehen zwei Behauptungen gegeneinander:

Behauptung des Maschinen-Herstellers: „Die neue Maschine ist besser und liefert höchstens 5 % fehlerhafte Muttern."
Wenn diese Behauptung zutrifft, dann ist die Zahl der fehlerhaften Muttern bei einem Test mit n = 1 000 Muttern binomialverteilt mit (höchstens) p = 0,05. Für die Anzahl der fehlerhaften Muttern wird sich daher eine Binomialverteilung mit dem Maximum bei dem Erwartungswert von $E(X) = n \cdot p = 1\,000 \cdot 0{,}05 = 50$ fehlerhaften Muttern ergeben. Eine solche Verteilung ist im linken Teil des Bildes auf der nächsten Seite dargestellt.

Vermutung des Muttern-Produzenten: „Die neue Maschine ist nicht besser als die alte und liefert weiterhin 15 % fehlerhafte Muttern."
Wenn diese Vermutung zutrifft, dann ist die Zahl der fehlerhaften Muttern bei einem Test mit n = 1 000 Muttern ebenfalls binomialverteilt, jedoch mit p = 0,15. Für die Anzahl der fehlerhaften Muttern wird sich dann eine Binomialverteilung mit dem Maximum bei dem Erwartungswert von $E(X) = n \cdot p = 1\,000 \cdot 0{,}15 = 150$ fehlerhaften Muttern ergeben. Diese Verteilung ist im rechten Teil des Bildes auf der nächsten Seite dargestellt.

Wenn bei einem Test mit 1 000 Muttern nun eine Anzahl fehlerhafter Muttern entdeckt wird, die nahe bei 50 liegt, dann spricht dies eher für die Aussage des Maschinen-Herstellers. Erhält man jedoch eine Zahl fehlerhafter Muttern, die eher in Richtung 150 deutet, dann spricht dies eher für die Vermutung des Muttern-Produzenten.

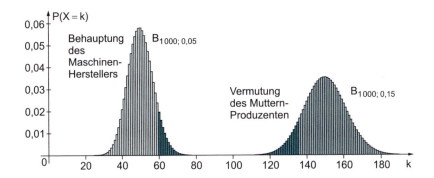

Signifikanztest aus der Sicht des Maschinen-Herstellers

① e Der Maschinen-Hersteller ist der Meinung, dass seine neue Maschine besser als die alte arbeitet. Er möchte daher die Vermutung des Muttern-Produzenten, die neue Maschine wäre nicht besser als die alte, widerlegen. Er wählt diese Vermutung daher als zu untersuchende Nullhypothese H_0: „Die Wahrscheinlichkeit für fehlerhafte Muttern beträgt bei der neuen Maschine weiterhin wie bei der alten Maschine 15 %" bzw. **H_0: p = 0,15** und legt die entsprechende Wahrscheinlichkeitsverteilung (rechter Teil der Abbildung oben) für die Untersuchung zugrunde.

f Die Nullhypothese H_0 wird der Maschinen-Hersteller nur dann ohne allzu großes Risiko zugunsten seiner Behauptung ablehnen können, wenn bei dem Test tatsächlich *deutlich weniger* als die erwartete Anzahl von 150 fehlerhaften Muttern entdeckt werden. Er legt bei seinem Test also den Ablehnungsbereich für die Anzahl fehlerhafter Muttern zwischen 0 und eine gewisse Anzahl k, also **A = {0; ...; k}**. Ein solcher Bereich fehlerhafter Muttern ist im Bild oben bei der $B_{1000;\,0,15}$-Verteilung dunkel markiert. Da der linke Ast dieser Binomialverteilung betrachtet wird, spricht man von einem **linksseitigen Signifikanztest**.

② a Um bei dem Test eine 90 %ige Sicherheit zu erreichen, muss der Maschinen-Hersteller die Grenze k des Ablehnungsbereichs so wählen, dass die Wahrscheinlichkeit, unter der als wahr angenommenen Nullhypothese H_0 eine im Bereich A = {0; ...; k} liegende Anzahl fehlerhafter Muttern zu finden, gerade noch höchstens 10 % beträgt. Dies beschreibt die Wahrscheinlichkeit, die Nullhypothese abzulehnen, obwohl sie tatsächlich wahr ist, also einen Fehler 1. Art zu begehen, und entspricht dem Signifikanzniveau $\alpha = 10\,\%$ des Tests.

Anders ausgedrückt: Die Wahrscheinlichkeit dafür, dass im Test höchstens k fehlerhafte Muttern gefunden werden, obwohl weiterhin die Annahme p = 0,15 gilt, soll höchstens 10 % betragen. Dies entspricht der Ungleichung: $P(X \in A) \leq \alpha$ bzw. **$P(X \leq k) \leq 0{,}10$**, wobei X $B_{1000;\,0,15}$-verteilt ist

Den passenden Wert für k kann man aus einer entsprechenden stochastischen Tabelle ablesen.

Mit einem geeigneten Taschenrechner tastet man sich an die Grenze k durch systematisches Probieren heran; vgl. Bild rechts.

Man erhält: k = 135

(Bei k = 136 werden die 10 % bereits überschritten.)

binomCdf(1000,0.15,0,100)	0.000002
binomCdf(1000,0.15,0,120)	0.00369
binomCdf(1000,0.15,0,140)	0.200915
binomCdf(1000,0.15,0,130)	0.040144
binomCdf(1000,0.15,0,135)	0.098288
binomCdf(1000,0.15,0,136)	0.114992

b Wenn die Nullhypothese H_0 mit p = 0,15 richtig ist, dann werden in weniger als 10 % der Fälle höchstens 135 fehlerhafte Muttern gefunden werden. Als Ablehnungsbereich für den Test mit dem Signifikanzniveau von 10 % legt der Maschinen-Hersteller daher den Bereich A = {0; ...; 135} fest.

c Die Wahrscheinlichkeit, höchstens 135 defekte Muttern vorzufinden, wenn X tatsächlich $B_{1000;\,0,15}$-verteilt ist, beträgt ca. 9,83 % (vgl. Rechnerbild oben); dies entspricht der Irrtumswahrscheinlichkeit (Wahrscheinlichkeit für einen Fehler 1. Art) bei diesem Test.

d Ein Fehler 2. Art tritt ein, wenn die Behauptung des Maschinen-Herstellers richtig ist (die neue Maschine also wirklich besser ist und nur noch mit 5 % Fehlerquote produziert), im Test jedoch die Nullhypothese (p = 0,15) nicht abgelehnt werden konnte, weil zufällig mehr als 135 fehlerhafte Muttern entdeckt worden sind und daher der Ablehnungsbereich nicht getroffen wurde. Der Fehler 2. Art besitzt hier jedoch nahezu die Wahrscheinlichkeit 0.

Bemerkung: Dass die Wahrscheinlichkeit für den Fehler 2. Art hier nahezu 0 beträgt, liegt an der hohen Trennschärfe des Tests: Die beiden alternativen Binomialverteilungen $B_{1000;\,0,05}$ und $B_{1000;\,0,15}$ überlappen sich so gut wie nicht (vgl. Abbildung auf S. 71). Würde man den Test jedoch z. B. nur mit 50 Muttern durchführen, ergäbe sich ein größerer Überschneidungsbereich der beiden Verteilungen und damit auch eine größere Wahrscheinlichkeit für einen Fehler 2. Art.

❸ a Entscheidungsregel des Maschinen-Herstellers:
Der Maschinen-Hersteller kann nur bei Auffinden von bis zu 135 fehlerhaften Muttern die Vermutung des Muttern-Produzenten (Nullhypothese) ablehnen und dabei mit der Wahrscheinlichkeit von höchstens 10 % eine falsche Entscheidung treffen (Fehler 1. Art). Wenn beim Test die Zahl fehlerhafter Muttern in den Ablehnungsbereich A = {0; …; 135} fällt, verwirft er die Nullhypothese zugunsten seiner eigenen Behauptung; bei Auffinden von 136 oder mehr fehlerhaften Muttern unter den 1 000 geprüften kann er die Nullhypothese nicht mit 90 %iger Sicherheit ablehnen und muss damit der Vermutung des Muttern-Produzenten zustimmen.

Signifikanztest aus der Sicht des Muttern-Produzenten

❶ e Der Muttern-Produzent vermutet, dass die neue Maschine nicht besser ist, und möchte daher die Behauptung des Maschinen-Herstellers „nur 5 % fehlerhafte Muttern" widerlegen. Er legt seinem Signifikanztest also die als wahr angenommene Behauptung des Maschinen-Herstellers als Nullhypothese **H_0: p = 0,05** zugrunde und betrachtet die zugehörige Binomialverteilung mit n = 1 000 und p = 0,05 (linker Teil der Abbildung auf S. 71).

f Die Behauptung des Maschinen-Herstellers wird der Muttern-Produzent nur dann ohne großes Risiko ablehnen können, wenn *deutlich mehr* als die erwarteten 50 fehlerhaften Muttern im Test festgestellt werden. Er legt als Ablehnungsbereich der Nullhypothese daher einen Bereich von einer gewissen Anzahl k bis 1 000 fehlerhaften Muttern fest, also **A = {k; …; 1 000}**; ein solcher Bereich betrifft den rechten Ast der $B_{1\,000;\,0,05}$-Verteilung. Hier spricht man daher auch von einem **rechtsseitigen Signifikanztest**.

❷ a Um bei dem Test eine 90 %ige Sicherheit zu erreichen, soll die Wahrscheinlichkeit, die Nullhypothese abzulehnen, obwohl sie tatsächlich wahr ist, also einen Fehler 1. Art zu begehen, höchstens 10 % betragen (Signifikanzniveau α = 10 % des Tests).
Anders ausgedrückt: Die Wahrscheinlichkeit dafür, dass im Test mindestens k fehlerhafte Muttern gefunden werden, obwohl die Annahme p = 0,05 gilt, soll höchstens 10 % betragen. Dies entspricht der Ungleichung:
$P(X \in A) \leq \alpha$ bzw. **$P(X \geq k) \leq 0,10$**, wobei X $B_{1\,000;\,0,05}$-verteilt ist
Um den passenden Wert für k aus einer entsprechenden stochastischen Tabelle ablesen zu können, formt man Letzteres um in:
$1 - P(X \leq k-1) \leq 0,10$ bzw. $P(X \leq k-1) \geq 0,90$

Mit einem geeigneten Taschenrechner tastet man sich an die Grenze k durch systematisches Probieren heran; vgl. Bild rechts.

Man erhält: k = 60

(Bei k = 59 werden die 10 % bereits überschritten.)

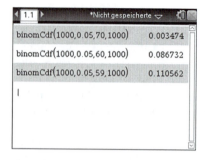

b Unter der Annahme, dass die Nullhypothese H_0 mit p = 0,05 richtig ist, wird der Muttern-Produzent in weniger als 10 % der Fälle mindestens 60 fehlerhafte Muttern vorfinden. Der Ablehnungsbereich für die Nullhypothese lautet mit dem Signifikanzniveau von 10 % somit:
A = {60; ...; 1 000}

c Die Wahrscheinlichkeit, mindestens 60 defekte Muttern vorzufinden, wenn X tatsächlich $B_{1\,000;\,0,05}$-verteilt ist, beträgt ca. 8,67 % (vgl. Rechnerbild oben); dies entspricht der Irrtumswahrscheinlichkeit (Wahrscheinlichkeit für einen Fehler 1. Art) bei diesem Test.

d Ein Fehler 2. Art tritt ein, wenn die eigene Vermutung des Muttern-Produzenten richtig ist (die neue Maschine also auch mit 15 % Fehlerquote produziert), der Muttern-Produzent die Nullhypothese (p = 0,05) jedoch nicht ablehnen kann, weil im Test weniger als 60 fehlerhafte Muttern entdeckt worden sind und daher der Ablehnungsbereich nicht getroffen wurde. Der Fehler 2. Art besitzt hier aber nahezu die Wahrscheinlichkeit 0 (vgl. Bemerkung auf S. 72).

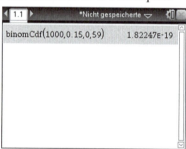

❸ a Entscheidungsregel des Muttern-Produzenten:
Der Muttern-Produzent kann die Behauptung des Maschinen-Herstellers nur dann zugunsten seiner eigenen Vermutung ablehnen, wenn er bei dem Test mindestens 60 fehlerhafte Muttern findet, und irrt sich dabei mit einer Wahrscheinlichkeit von weniger als 10 % (Fehler 1. Art). Bei Auffinden von weniger als 60 fehlerhaften Muttern kann er die Nullhypothese nicht mit 90 %iger Sicherheit ablehnen und muss damit der Behauptung des Maschinen-Herstellers zustimmen.

Beide Sichtweisen

❸ b Werden bei dem durchgeführten Test tatsächlich z. B. 100 fehlerhafte Muttern gefunden, so lehnt nach den Entscheidungsregeln sowohl der Muttern-Produzent als auch der Maschinen-Hersteller seine Nullhypothese (d. h. die Behauptung der jeweils anderen Partei) ab.
In der Konsequenz bedeutet ein solches Testergebnis, dass die tatsächliche Fehlerquote der neuen Maschine höchstwahrscheinlich irgendwo zwischen beiden Behauptungen liegt, die neue Maschine also etwas besser ist als die alte, aber auch nicht so gut wie vom Hersteller behauptet.

❹ Der Erwartungswert beträgt im Fall der Nullhypothese p=0,15 des Maschinen-Herstellers $E(X) = n \cdot p = 1000 \cdot 0,15 = 150$, im Fall der Nullhypothese p=0,05 des Muttern-Produzenten $E(X) = n \cdot p = 1000 \cdot 0,05 = 50$.
In beiden Fällen liegt der Erwartungswert nicht im jeweiligen Ablehnungsbereich, sondern dieser umfasst einen entsprechenden Bereich weiter links bzw. rechts davon (vgl. Abbildung der Verteilungen auf S. 71), und die Bereiche sind damit realistisch.

Übungsaufgaben

28 Viele Verbraucher beklagen, dass die Haltbarkeit von Spülmaschinen in den letzten Jahren deutlich abgenommen hat, und führen oft die geringere Qualität von Verschleißteilen als Grund an.
Dies bestreiten die Hersteller energisch.
Früher konnte beobachtet werden, dass mindestens 90 % aller Spülmaschinen eine Lebensdauer von 8 Jahren (bzw. 1 000 Spülgängen) besitzen.
Ein Institut für Qualitätssicherung beabsichtigt, insgesamt 30 Spülmaschinen einem Test zu unterziehen und jeweils 1 000 Spülgänge durchzuführen.
Wie viele Geräte müssen während dieses Tests mindestens ausfallen, damit das Institut die Behauptung der Hersteller mit einer Sicherheit von mindestens 95 % ablehnen kann?
Wie groß ist dabei die zugehörige Irrtumswahrscheinlichkeit?

29 Bis Anfang März 2016 wurde im Rahmen der Ziehung der Lottozahlen bisher insgesamt 2 062-mal eine Superzahl gezogen. Diese Superzahl ist eine der Zahlen von 0 bis 9.

a) Bestimmen Sie die Wahrscheinlichkeit, dass bei 2 062 Ziehungen der Superzahl mindestens 229-mal die Zahl 4 gezogen wird.

b) Ein Mathematiker vermutet, dass die Superzahl 4 mit einer höheren Wahrscheinlichkeit als die anderen Superzahlen gezogen wird, und beschließt, die nächsten 40 Ziehungen für einen Test zu verwenden. Dazu will er jeweils die gezogene Superzahl notieren.
Bestimmen Sie den Ablehnungsbereich für diesen Test, wenn eine Irrtumswahrscheinlichkeit von höchstens 5 % angesetzt werden soll.

30 Für die bevorstehende Landtagswahl wird behauptet, dass die ABC-Partei mindestens 20 % der Wählerstimmen erhalten wird. Dies wird von anderer Seite angezweifelt; daher soll diese Behauptung mithilfe einer repräsentativen Umfrage unter 200 Wahlberechtigten überprüft werden. Die Irrtumswahrscheinlichkeit soll dabei höchstens 5 % betragen.

Bestimmen Sie den größtmöglichen Ablehnungsbereich und geben Sie die zugehörige Irrtumswahrscheinlichkeit an.

8 Bewegungen im dreidimensionalen Raum

In der dreidimensionalen Welt ist der Mensch ständig mit Objekten konfrontiert, die sich in seiner Umwelt bewegen. Die Position und die Bewegung solcher Objekte lassen sich mithilfe von Vektoren in Abhängigkeit der Zeit beschreiben.

Um eine Bewegung mit konstanter Geschwindigkeit im Raum beschreiben zu können, benötigt man entweder die Positionen des bewegten Objekts zu zwei verschiedenen Zeitpunkten oder die Position zu einem Zeitpunkt und die Geschwindigkeit dieses Körpers.

Befindet sich z. B. ein Objekt in einem geeigneten Koordinatensystem zu Beginn der Beobachtung im Punkt $P_0(2|4|-1)$ und nach 3 Zeiteinheiten (z. B. Minuten) im Punkt $P_3(11|-2|5)$, so hat das Objekt in diesen 3 Zeiteinheiten den Weg $\vec{w} = \overrightarrow{P_0P_3} = \begin{pmatrix} 9 \\ -6 \\ 6 \end{pmatrix}$ zurückgelegt. Hat sich das Objekt in dieser Zeit mit derselben Geschwindigkeit (d. h. mit konstantem Tempo und in gleichbleibender Richtung) bewegt, so hat es in einer Zeiteinheit den Weg $\vec{v} = \frac{1}{3}\overrightarrow{P_0P_3} = \begin{pmatrix} 3 \\ -2 \\ 2 \end{pmatrix}$ zurückgelegt.

Dieser Vektor stellt auch die Geschwindigkeit des Objekts dar.
Die gesamte Bewegung des Objekts lässt sich somit durch folgende Geradengleichung beschreiben:

$g: \vec{x} = \overrightarrow{OP_0} + t \cdot \vec{v} = \begin{pmatrix} 2 \\ 4 \\ -1 \end{pmatrix} + t \cdot \begin{pmatrix} 3 \\ -2 \\ 2 \end{pmatrix}$

Der Parameter t steht hierbei für die Zeit. Setzt man z. B. t = 5, dann erhält man mit $\vec{p}_5 = \begin{pmatrix} 2 \\ 4 \\ -1 \end{pmatrix} + 5 \cdot \begin{pmatrix} 3 \\ -2 \\ 2 \end{pmatrix} = \begin{pmatrix} 17 \\ -6 \\ 9 \end{pmatrix}$ die Position nach 5 Zeiteinheiten: $P_5(17|-6|9)$

Häufig geht es bei entsprechenden Fragestellungen darum, den Abstand bzw. die geringste Entfernung eines bewegten Objekts zu einem festen Objekt oder zweier bewegter Objekte zu ermitteln.

Ausführliche Musteraufgabe – Grundform

Ein Hubschrauber startet um 8.00 Uhr vom Flughafen F zu einem Übungsflug. Er gewinnt gleichbleibend an Höhe und fliegt zugleich direkt in östliche Richtung. Bei gleichbleibender Geschwindigkeit (Tempo und Flugrichtung) befindet er sich nach 4 Minuten 4 km östlich des Flughafens und in einer Höhe von 800 m. 600 m östlich des Flughafens verläuft in einer Höhe von 50 m eine Hochspannungsleitung in Nord-Süd-Richtung.
Wie nahe kommt der Hubschrauber während seines Flugs der Hochspannungsleitung und wann erreicht er diese geringste Entfernung?

Strategie Grundform

❶ a Identifizieren des Aufgabentyps anhand von Schlüsselbegriffen, hier dreidimensionale Bewegung, Abstand

b Festlegen eines **Koordinatensystems** (falls nicht gegeben):
Welcher feste Punkt eignet sich als Koordinatenursprung?
In welche Richtungen zeigen die drei Achsen?

c Festhalten der beteiligten Objekte und deren Lage bzw. deren Bewegung im festgelegten Koordinatensystem:
Handelt es sich um ein festes punktförmiges Objekt?
→ **Punktkoordinaten** im Koordinatensystem angeben
Handelt es sich um ein bewegtes Objekt?
→ **Geradengleichung** mit Zeitparameter aus 2 bekannten Positionen oder einer Position und gegebener Richtung aufstellen
Handelt es sich um ein festes ausgedehntes Objekt?
→ **Geradengleichung** aus 2 bekannten Punkten oder einem Punkt und gegebener Richtung aufstellen, ggf. Parameterbereich einschränken

❷ a Ermitteln des **Abstands** der relevanten Objekte mit den Mitteln der Analytischen Geometrie

b Ggf. Berechnen des **Zeitpunktes**, zu dem diese geringste Entfernung eintritt

❸ Angeben der Lösung im Sachkontext:
Welche Bedeutung haben die berechneten Werte? Wie lauten die zugehörigen Einheiten?

❹ Interpretieren des Ergebnisses:
Liegen die Werte im zulässigen Bereich? Sind die ermittelten Werte sinnvoll und realistisch? Welche Bedeutung und ggf. welche Auswirkungen hat das Ergebnis auf die betrachtete Situation?

Kreislauf

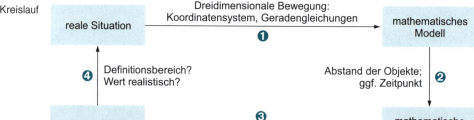

Bewegungen im dreidimensionalen Raum | 79

1 a Schlüsselbegriffe: Hubschrauber, **Flug**, wie nahe, **geringste Entfernung**
→ dreidimensionale Bewegung, Abstand

b Die beteiligten Objekte werden in ein dreidimensionales Koordinatenkreuz gelegt. Als Koordinatenursprung bietet sich der feste Ort des Flughafens (idealisiert auf einen Punkt) an: F(0|0|0)
Die x_1-Achse zeigt nach Süden, die x_2-Achse nach Osten und die x_3-Achse gibt die Höhe gegenüber dem Erdboden an. Der Erdboden liegt in der x_1x_2-Ebene.
Die Einheiten auf den Achsen werden in km angegeben.

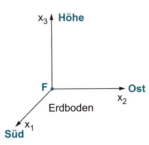

c Der Hubschrauber (bewegtes Objekt) startet um 8.00 Uhr vom Flughafen, also vom Punkt F(0|0|0). Nach 4 Minuten befindet er sich 4 km östlich des Flughafens in einer Höhe von 800 m; diese Position entspricht dem Punkt P(0|4|0,8) im festgelegten Koordinatensystem. Da er bis zu dieser Position mit gleichbleibender Geschwindigkeit (Tempo und Richtung) geflogen ist, befindet er sich nach 1 Minute an der Position Q(0|1|0,2) (1 km östlich des Flughafens und 200 m hoch).
Für die Flugbahn des Hubschraubers ergibt sich folgende Geradengleichung:

$$h: \vec{x} = \begin{pmatrix} 0 \\ 0 \\ 0 \end{pmatrix} + t \cdot \begin{pmatrix} 0 \\ 1 \\ 0,2 \end{pmatrix}; \text{ Zeit t in min seit 8.00 Uhr}$$

Die Hochspannungsleitung (festes ausgedehntes Objekt) verläuft in Nord-Süd-Richtung, also im Koordinatensystem parallel zur x_1-Achse; ihre Richtung ist damit durch den Vektor $\begin{pmatrix} 1 \\ 0 \\ 0 \end{pmatrix}$ gegeben. Die Leitung verläuft 600 m östlich des Flughafens, also $x_2=0,6$, in einer Höhe von 50 m, also $x_3=0,05$. Ein Punkt der Leitung lautet z. B. L(0|0,6|0,05). Man erhält folgende (idealisierte) Geradengleichung für die Hochspannungsleitung:

$$g: \vec{x} = \begin{pmatrix} 0 \\ 0,6 \\ 0,05 \end{pmatrix} + k \cdot \begin{pmatrix} 1 \\ 0 \\ 0 \end{pmatrix}$$

2 a Die geringste Entfernung des Hubschraubers zur Hochspannungsleitung ergibt sich als Abstand der Flugbahn des Hubschraubers zur Geraden der Leitung. Zur Berechnung des Abstands der beiden (offensichtlich windschiefen) Geraden g und h eignet sich u. a. folgendes Vorgehen, vgl. Skizze:

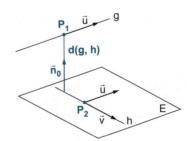

Man bestimmt zunächst einen Normaleneinheitsvektor $\vec{n}_0$, der orthogonal auf den Richtungsvektoren $\vec{u}$ und $\vec{v}$ der beiden Geraden steht. Der Abstand der beiden Geraden kann dann mit deren Stützvektoren $\vec{p}_1$ bzw. $\vec{p}_2$ als Abstand des Punktes P_1 von der Ebene E berechnet werden durch die Formel:

$$d = \left| (\vec{p}_1 - \vec{p}_2) \circ \vec{n}_0 \right|$$

Im vorliegenden Fall ist ein Normalenvektor, der auf den Richtungsvektoren der beiden Geraden orthogonal steht, z. B. gegeben durch

$\vec{n} = \begin{pmatrix} 0 \\ -0{,}2 \\ 1 \end{pmatrix}$, da $\begin{pmatrix} 0 \\ -0{,}2 \\ 1 \end{pmatrix} \circ \begin{pmatrix} 0 \\ 1 \\ 0{,}2 \end{pmatrix} = 0$ und $\begin{pmatrix} 0 \\ -0{,}2 \\ 1 \end{pmatrix} \circ \begin{pmatrix} 1 \\ 0 \\ 0 \end{pmatrix} = 0$ gilt.

Die minimale Entfernung der beiden Geraden beträgt somit:

$$d = \left| \left(\begin{pmatrix} 0 \\ 0{,}6 \\ 0{,}05 \end{pmatrix} - \begin{pmatrix} 0 \\ 0 \\ 0 \end{pmatrix} \right) \circ \frac{\vec{n}}{|\vec{n}|} \right| = \left| \begin{pmatrix} 0 \\ 0{,}6 \\ 0{,}05 \end{pmatrix} \circ \frac{\begin{pmatrix} 0 \\ -0{,}2 \\ 1 \end{pmatrix}}{\sqrt{(-0{,}2)^2 + 1^2}} \right| = \left| \frac{-0{,}12 + 0{,}05}{\sqrt{1{,}04}} \right| \approx 0{,}0686$$

b Da in der Aufgabenstellung auch gefragt ist, **wann** die geringste Entfernung erreicht wird, ist zudem der Zeitpunkt gesucht.

Die ermittelte geringste Entfernung zwischen Hubschrauber und Hochspannungsleitung wird genau dann erreicht, wenn der Verbindungsvektor von einem Punkt der Hochspannungsleitung zur aktuellen Hubschrauberposition senkrecht zu beiden Geraden, also ein Vielfaches des Normalenvektors $\vec{n}$ ist (vgl. Skizze zu ❷ a). Somit muss für diesen Zeitpunkt t gelten:

$$\begin{pmatrix} 0 \\ 0 \\ 0 \end{pmatrix} + t \cdot \begin{pmatrix} 0 \\ 1 \\ 0{,}2 \end{pmatrix} - \left(\begin{pmatrix} 0 \\ 0{,}6 \\ 0{,}05 \end{pmatrix} + k \cdot \begin{pmatrix} 1 \\ 0 \\ 0 \end{pmatrix} \right) = s \cdot \begin{pmatrix} 0 \\ -0{,}2 \\ 1 \end{pmatrix}$$

Umgeformt ergibt sich daraus:

$\begin{pmatrix} 0t - 1k - 0s \\ 1t - 0k + 0{,}2s \\ 0{,}2t - 0k - 1s \end{pmatrix} = \begin{pmatrix} 0 \\ 0{,}6 \\ 0{,}05 \end{pmatrix}$

bzw. $\begin{pmatrix} -k \\ t + 0{,}2s \\ 0{,}2t - s \end{pmatrix} = \begin{pmatrix} 0 \\ 0{,}6 \\ 0{,}05 \end{pmatrix}$

Die Lösung des zugrunde liegenden linearen Gleichungssystems liefert $t \approx 0{,}59$.

❸ Da die Einheiten auf den Koordinatenachsen in km angegeben sind, ergibt sich auch die berechnete Entfernung d der Geraden in km. Der Hubschrauber fliegt also in einer minimalen Entfernung von $0{,}0686$ km ≈ 69 m an der Hochspannungsleitung vorbei.

Die Zeit als Parameter t in der Fluggleichung des Hubschraubers ist in Minuten seit 8.00 Uhr angegeben. Das Ergebnis $t \approx 0{,}59$ bedeutet also, dass der Hubschrauber $0{,}59$ min ≈ 35 s nach Start vom Flughafen in der geringsten Entfernung an der Hochspannungsleitung vorbeifliegt.

Die geringste Entfernung besteht dabei zum Punkt L(0|0,6|0,05) der Hochspannungsleitung, da sich aus dem Gleichungssystem in ❷ b auch k = 0 ergibt.

❹ Da der Hubschrauber direkt in östliche Richtung fliegt, sich also während des gesamten Fluges in der x_2x_3-Ebene befindet, wird die geringste Entfernung zur Hochspannungsleitung in deren Schnittpunkt mit der x_2x_3-Ebene erreicht. Dies bestätigt das berechnete Ergebnis.

Bei der Frage nach dem Abstand bzw. der Entfernung zweier bewegter Objekte muss man zwischen zwei ähnlich klingenden Fragestellungen unterscheiden:
1. Fragestellung: Welchen Abstand besitzen die beiden Bewegungsbahnen?
2. Fragestellung: Wie groß ist die geringste Entfernung, die die beiden Objekte während ihrer (zeitgleichen) Bewegung erreichen?

Die erste Fragestellung kann analog zur Grundform der Musteraufgabe gelöst werden; der Abstand der Bewegungsbahnen zweier Objekte (z. B. Flugbahnen zweier Flugzeuge) entspricht dem Abstand der zugehörigen Geraden. Bei der zweiten Fragestellung geht es allerdings um die geringste Entfernung der beiden bewegten Objekte während ihrer Bewegung, d. h. um den Abstand der bewegten Objekte zu einem bestimmten Zeitpunkt. Dies führt auf ein Optimierungsproblem.
Achtung: Selbst wenn sich die Bewegungsbahnen zweier Objekte schneiden, müssen sich die Objekte während ihrer Bewegung nicht unbedingt treffen! Die minimale Entfernung der Objekte kann also durchaus größer als der Abstand der beiden Bahnen sein!

Ausführliche Musteraufgabe – Variante (Abstand während Bewegung)

Ein Hubschrauber startet um 8.00 Uhr vom Flughafen F zu einem Übungsflug. Er gewinnt gleichbleibend an Höhe und fliegt zugleich direkt in östliche Richtung. Bei gleichbleibender Geschwindigkeit (Tempo und Flugrichtung) befindet er sich nach 4 Minuten 4 km östlich des Flughafens und in einer Höhe von 800 m.
Ein Flugzeug, das auf dem Flughafen landen will, befindet sich um 8.00 Uhr 20 km östlich des Flughafens in einer Höhe von 5 km. Es steuert den Flughafen auf direktem Weg an und soll dort um 8.05 Uhr landen.
Wie nahe kommen sich Hubschrauber und Flugzeug auf ihrem Flug?
Zu welchem Zeitpunkt tritt dies ein?

Strategie Variante

❶ analog zu Grundform

❷ a Ermitteln des **Abstands** der beiden bewegten Objekte zu einem **festen Zeitpunkt** als Betrag des Differenzvektors

b Bestimmen des **Minimums** dieses Abstands mit den Mitteln der Differenzialrechnung

❸ analog zu Grundform

❹ analog zu Grundform

Lösung

❶ a Schlüsselbegriffe: Hubschrauber, Flugzeug, **wie nahe, auf ihrem Flug**
→ dreidimensionale Bewegung, Abstand bei gleichzeitigem Flug

b analog zu Grundform

c Für die Flugbahn des Hubschraubers ergibt sich folgende Geradengleichung (s. Grundform):

$$h: \vec{x} = \begin{pmatrix} 0 \\ 0 \\ 0 \end{pmatrix} + t \cdot \begin{pmatrix} 0 \\ 1 \\ 0{,}2 \end{pmatrix}; \text{ Zeit t in min seit 8.00 Uhr}$$

Das Flugzeug befindet sich um 8.00 Uhr 20 km östlich des Flughafens in einer Höhe von 5 km, also im Punkt (0|20|5). Es fliegt auf direktem Weg zum Flughafen F(0|0|0) und soll dort um 8.05 Uhr landen. In 5 min legt das Flugzeug dafür den Weg $\begin{pmatrix} 0 \\ -20 \\ -5 \end{pmatrix}$ zurück, in 1 min den Weg $\begin{pmatrix} 0 \\ -4 \\ -1 \end{pmatrix}$.

Geht man vereinfachend davon aus, dass das Flugzeug den Flughafen mit gleichbleibender Geschwindigkeit anfliegt, erhält man folgende Geradengleichung für die Flugbahn des Flugzeugs:

$$f: \vec{x} = \begin{pmatrix} 0 \\ 20 \\ 5 \end{pmatrix} + t \cdot \begin{pmatrix} 0 \\ -4 \\ -1 \end{pmatrix}; \text{ Zeit t in min seit 8.00 Uhr}$$

❷ a Da der Zeitparameter t in beiden Geradengleichungen dieselbe Zeit angibt (Zeit t in min seit 8.00 Uhr), lässt sich zu jedem festen Zeitpunkt t (im betrachteten Zeitraum zwischen 8.00 Uhr und 8.05 Uhr) der Differenzvektor $\vec{d}$ berechnen, der von der aktuellen Position des einen Objekts zur zeitgleichen Position des anderen Objekts zeigt. Der Betrag dieses Vektors gibt dann den Abstand d zwischen Flugzeug und Hubschrauber zu einem festen Zeitpunkt t an:

$$\vec{d} = \begin{pmatrix} 0 \\ 0 \\ 0 \end{pmatrix} + t \cdot \begin{pmatrix} 0 \\ 1 \\ 0{,}2 \end{pmatrix} - \left(\begin{pmatrix} 0 \\ 20 \\ 5 \end{pmatrix} + t \cdot \begin{pmatrix} 0 \\ -4 \\ -1 \end{pmatrix} \right) = \begin{pmatrix} 0 \\ -20 \\ -5 \end{pmatrix} + t \cdot \begin{pmatrix} 0 \\ 5 \\ 1{,}2 \end{pmatrix} = \begin{pmatrix} 0 \\ -20+5t \\ -5+1{,}2t \end{pmatrix}$$

$$d(t) = |\vec{d}| = \sqrt{0^2 + (-20+5t)^2 + (-5+1{,}2t)^2} = \sqrt{26{,}44t^2 - 212t + 425}$$

b Das Minimum der Abstandsfunktion d(t) kann mit einem geeigneten Rechner oder über die Ableitung bestimmt werden.
Die Wurzelfunktion d(t) wird dabei (aufgrund der strengen Monotonie) minimal, wenn die Radikandenfunktion r(t) minimal wird:

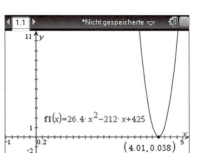

$r(t) = 26{,}44t^2 - 212t + 425$

$r'(t) = 52{,}88t - 212$

$r'(t) = 0 \Leftrightarrow 52{,}88t = 212 \Leftrightarrow t \approx 4{,}0$

$d_{min} \approx d(4) = \sqrt{0{,}04} = 0{,}2$

❸ Da die Einheiten auf den Koordinatenachsen in km angegeben sind, ergibt sich auch die berechnete Entfernung der beiden Flugobjekte in km. Flugzeug und Hubschrauber nähern sich bis auf 0,2 km = 200 m.

Da die Zeit als Parameter t in den beiden Fluggleichungen in Minuten seit 8.00 Uhr angegeben ist, bedeutet das Ergebnis t = 4, dass diese geringste Entfernung 4 min nach 8.00 Uhr, also um 8.04 Uhr eintritt.

❹ Der ermittelte Zeitpunkt liegt im betrachteten Zeitraum zwischen dem Start des Hubschraubers um 8.00 Uhr und der Landung des Flugzeugs um 8.05 Uhr. Die minimale Entfernung von 200 m zu diesem Zeitpunkt ist sehr gering; aus Sicherheitsgründen sollte deshalb der Pilot des Hubschraubers seine Position bzw. Flugrichtung ändern.

Übungsaufgaben

31 In einem geeigneten Koordinatensystem (Koordinatenangaben in Kilometer; Geschwindigkeit in $\frac{km}{min}$) befindet sich ein Flugzeug zu Beobachtungsbeginn im Punkt $F_0(3|5|2)$ und fliegt von dort mit dem Geschwindigkeitsvektor $\vec{v}_F = \begin{pmatrix} 4 \\ -3 \\ 2 \end{pmatrix}$, ein Hubschrauber befindet sich zu Beobachtungsbeginn im Punkt $H_0(16|-11|1)$ und erreicht bei gleichbleibender Geschwindigkeit nach zwei Minuten den Punkt $H_2(8|-5|3)$.

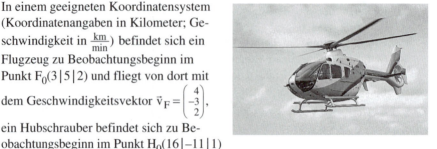

a) Welchen Abstand besitzen die Flugbahnen der beiden Flugobjekte?
b) Wie nahe kommen sich die beiden Objekte während des Flugs?

32 Ein Kreuzfahrtschiff befindet sich um 8.00 Uhr im Punkt $P(20|40|0)$ eines geeigneten Koordinatensystems (Koordinatenangaben in Kilometer) und um 12.00 Uhr im Punkt $Q(80|60|0)$. Während der Fahrt mit gleichbleibender Geschwindigkeit (Tempo und Richtung) passiert das Schiff einen Leuchtturm, der sich an der Position $L(60|50|0,1)$ befindet.
Wann hat das Kreuzfahrtschiff die geringste Entfernung vom Leuchtturm und wie groß ist diese Minimalentfernung?

33 Eine Fähre fährt mit einer konstanten Geschwindigkeit von 20 $\frac{km}{h}$ in nördliche Richtung. Um 14.00 Uhr ortet sie in Richtung 330° (s. Kompass) in 18 km Entfernung einen Öltanker, der mit der Geschwindigkeit von 15 $\frac{km}{h}$ in östliche Richtung fährt.

a) Bestimmen Sie die minimale Entfernung der beiden Schiffe, wenn Kurs und Tempo jeweils beibehalten werden.
b) Unter welchem Winkel sieht die Fähre den Tanker zu dem Zeitpunkt, an dem die minimale Entfernung erreicht wird?

Aufgabensammlung

Auf den folgenden Seiten finden Sie gemischte, umfangreichere Aufgaben zu verschiedenen Themengebieten. Die einzelnen Fragestellungen gehen dabei teilweise über die in den vorherigen Kapiteln behandelten konkreten Aufgabenformen hinaus, bleiben aber im entsprechenden Kontext.

Um den realistischen Problemstellungen Rechnung zu tragen und die oft komplexen Sachzusammenhänge abbilden zu können, sind die nötigen Berechnungen großteils nicht ohne Hilfsmittel durchführbar. Da es aber bei Anwendungsaufgaben in erster Linie darum geht, den Aufgabentext und die Fragestellung richtig zu interpretieren und geeignet in ein mathematisches Modell zu übersetzen, eignen sich alle Aufgaben zur Übung.

Falls Sie insbesondere bei Aufgaben aus dem Bereich Analysis kein Hilfsmittel zur grafischen Darstellung von Funktionen einsetzen (können), sind zu den relevanten Funktionen die zugehörigen Funktionsgraphen gesammelt im Anschluss an die Aufgabenstellungen abgebildet (ab S. 104). So können z. B. Funktions- und Extremwerte auch aus den Graphen abgelesen werden, nachdem Sie die Fragestellung entsprechend übersetzt haben. Auf diese Weise können Sie die meisten Aufgaben auch anhand der grafischen Darstellung lösen. Überlegen Sie aber stets zuerst, was genau gefragt ist, und ziehen Sie erst dann die Abbildungen zurate.

Aufgabe 1

Ein Bauer möchte ein neues Düngemittel verwenden, um den Ertrag seiner Ernte zu steigern. Der Ertragszuwachs in % ist abhängig von der eingesetzten Düngemittelmenge x in kg pro 100 m².
Die Funktion E mit
$E(x) = -0{,}01x^4 + 0{,}21x^3 - 1{,}9x^2 + 7{,}8x$
beschreibt näherungsweise diesen Zusammenhang bei einem herkömmlichen chemischen Düngemittel.

a) Bei welcher Menge des Düngers ist der Ertragszuwachs am größten? Wie hoch ist dieser maximale Ertragszuwachs?

b) Der Düngereinsatz ist nur dann wirtschaftlich sinnvoll, wenn der Ertragszuwachs mehr als 8 % betragen wird. Entscheiden Sie, ob der Einsatz für den Bauern infrage kommt. Begründen Sie.

c) Ab welcher Düngermenge sinkt der Ernteertrag? Erklären Sie den Sachverhalt.

d) Der Bauer überlegt, alternativ ein biologisches Düngemittel einzusetzen. Der Zusammenhang zwischen Düngemitteleinsatz und Ertragszuwachs kann hier näherungsweise durch die Funktion B mit $B(x) = -0{,}01x^4 + 0{,}24x^3 - 2{,}2x^2 + 7{,}5x$, x in kg pro 100 m², B(x) in %, beschrieben werden.
Vergleichen Sie die beiden Düngemittel in Bezug auf den jeweils maximalen Ertragszuwachs sowie die dazu erforderliche Düngermenge.

Der Bauer entschließt sich, den herkömmlichen chemischen Dünger einzusetzen. Die Kosten K (in €) der Bewirtschaftung der landwirtschaftlichen Fläche in Abhängigkeit vom Düngemitteleinsatz x (in kg pro 100 m²) können näherungsweise mit der Funktionsgleichung $K(x) = 0{,}45x^3 + 10x^2 + 31x + 50$ beschrieben werden. Die beim Verkauf seiner geernteten Erzeugnisse erzielten Umsätze U (in €) in Abhängigkeit vom Düngemitteleinsatz x (in kg pro 100 m²) lassen sich mit der Funktionsgleichung $U(x) = -3x^3 + 45x^2$ darstellen.

e) Bei welchem Düngemitteleinsatz erzielt der Bauer den maximalen Gewinn? Wie hoch ist dieser?

f) Wie hoch ist der Ertragszuwachs beim gewinnmaximalen Düngemitteleinsatz? Entscheiden Sie, ob dieser Düngemitteleinsatz für den Bauern infrage kommt. Begründen Sie.

g) Auf wie viel Prozent Gewinn verzichtet der Bauer, wenn er statt der Gewinnmaximierung seinen Ertragszuwachs maximiert?

Aufgabe 2

Die Niederschlagsrate von Regen wird häufig in der Einheit $\frac{mm}{h}$ angegeben. $1 \frac{mm}{h}$ bedeutet dabei, dass nach einer Stunde Niederschlag das Wasser in einem offenen Behältnis 1 mm hoch steht. Dies ist gleichbedeutend damit, dass in einer Stunde 1 Liter Regen pro m² gefallen ist.

In einer Stadt wurde am 14.08.2013 ab 15.00 Uhr die Niederschlagsrate auf diese Art bestimmt. Diese kann näherungsweise durch eine Funktion N mit
$N(x) = \frac{9}{(x-3{,}7)^2 + 3{,}8}$, x in Stunden seit Beginn der Messung, N(x) in $\frac{mm}{h}$, beschrieben werden.

a) Wie hoch war die Niederschlagsrate zu Beginn der Messung?
   Zu welcher Uhrzeit war die Rate am höchsten und wie hoch war sie zu diesem Zeitpunkt?

b) Bestimmen Sie die Zeitpunkte, zu denen sich die Niederschlagsrate am stärksten verändert hat.
   Nahm die Rate zu diesen Zeitpunkten zu oder ab?

c) Ermitteln Sie die Niederschlagsmenge, die bis 24.00 Uhr erreicht wurde.
   Wie hoch würde zu diesem Zeitpunkt das Wasser in einem quaderförmigen Behältnis mit einer Grundfläche von 1 dm² stehen, wenn in ihm zuvor bereits 1,5 Liter Wasser waren?

d) Wie lange würde es bei dieser Niederschlagsrate dauern, bis ein leerer zylinderförmiger Becher mit 0,8 cm Höhe überläuft?

e) Begründen Sie ohne weitere Rechnung, warum diese Funktion nur für einen begrenzten Zeitraum sinnvoll die Niederschlagsrate beschreiben kann.

Aufgabe 3

Der Luftdruck auf Meereshöhe beträgt 1 bar. Alle 5,2 km in der Höhe halbiert sich der Luftdruck.

Welcher Luftdruck herrscht auf dem Feldberg (1493 m über dem Meeresspiegel), welcher in der Flughöhe eines Linienflugzeugs (14 000 m über dem Meeresspiegel)?
In welcher Höhe ist nur noch 1 % des Luftdrucks auf Meereshöhe vorhanden?

Aufgabe 4

Zur Zubereitung von Tee wird ein mit Wasser gefüllter Topf auf einen Herd gestellt und erhitzt. Die Erwärmungsrate des Wassers nach dem Einschalten des Herdes wird durch die Funktion f mit

$f(x) = 0{,}13x^2 \cdot 2{,}3^{2-0{,}26x}$

beschrieben, x in Minuten ab dem Einschalten des Herdes, f(x) in $\frac{°C}{min}$.

Zu Beginn des Erwärmungsvorgangs hat das Wasser eine Temperatur von 20 °C.

a) Nach wie vielen Minuten ist die Erwärmungsrate am größten und wie groß ist die Rate zu diesem Zeitpunkt?
   Nach wie vielen Minuten ist die stärkste Zunahme der Erwärmungsrate zu beobachten?

b) Begründen Sie, dass das Wasser immer wärmer wird.

 c) Welche Temperatur hat das Wasser nach 10 Minuten?

d) Es wird von einer normalen Siedetemperatur des Wassers von 100 °C ausgegangen. Nach wie vielen Minuten ist die Siedetemperatur erreicht?

Nach der Zubereitung einer Tasse Tee mit dem erhitzten Wasser lässt man den heißen Tee abkühlen, bis er eine gute Trinktemperatur erreicht hat. Die Temperatur des Tees nähert sich dabei im Lauf der Zeit exponentiell der Umgebungstemperatur von 22 °C an.
Nach 3 Minuten hat sich der heiße Tee bereits von 85 °C auf 45 °C abgekühlt.

e) Bestimmen Sie die Temperatur des Tees nach 5 Minuten.

f) Wie lange dauert es, bis der Tee nur noch die Temperatur 30 °C besitzt?

Aufgabe 5

Ein Hersteller von Pflegecreme kalkuliert seine Herstellungskosten folgendermaßen: Wenn monatlich 10 000 Dosen hergestellt werden, sind hierfür ca. 72 000 € erforderlich, bei einer monatlichen Produktion von 20 000 Dosen wird mit ca. 120 000 € gerechnet.
Eine einzelne Dose wird also bei erhöhter Produktion günstiger, da Fixkosten, wie z. B. für Produktionsgeräte oder Raumheizung, dabei nicht ansteigen.

Der übliche Abgabepreis an den Einzelhandel beträgt 9 € für eine Dose und es werden mit diesem Preis gewöhnlich monatlich 8 000 Dosen abgesetzt.
In einem früheren Werbemonat bot die Firma die Dose für 8 € an und erreichte dadurch einen Absatz von 16 000 Dosen. Um den optimalen Absatz zu finden, wurde ein weiterer Werbemonat mit einem Dosenpreis von 7 € durchgeführt; dies führte zu 20 000 verkauften Dosen.

a) Betrachten Sie zunächst die Herstellungskosten und ermitteln Sie eine geeignete Funktion H, die der monatlichen Produktionszahl x die Herstellungskosten pro Dose zuordnet.
Bewerten Sie die Eignung der gefundenen Funktion im Sachverhalt.

b) Verwenden Sie nun die Daten für die Verkaufszahlen mit und ohne Werbepreis und erstellen Sie eine quadratische Funktion, die dem Dosenpreis p die entsprechende Verkaufszahl V zuordnet.
Bewerten Sie wieder die Eignung der gefundenen Funktion im Sachverhalt.

c) Maximieren Sie unter Verwendung der Funktionen H und V aus den Teilaufgaben a und b den Gewinn, den der Hersteller beim Verkauf der Creme erzielt.

Hinweis: Der Gewinn ergibt sich aus den Einnahmen abzüglich der Herstellungskosten.

Aufgabe 6

Die Firma NETBOX beabsichtigt, ihr neues Smartphone SP1 auf den Markt zu bringen.

Nach Analysen der letzten Jahre haben Produkte dieser Art einen „Lebenszyklus" (bezogen auf die Verkaufszahlen), der sich für das Smartphone SP1 mit der Funktion f mit der Gleichung

$$f(x) = \frac{5x}{0{,}01x^2 + 0{,}1x + 5}$$

beschreiben lässt. x steht dabei für die Anzahl der Tage ab Beginn der Vermarktung; f(x) beschreibt, wie viele Einheiten pro Tag abgesetzt werden, wobei eine Einheit 1 000 Smartphones entspricht.

a) Beschreiben Sie den Verlauf des Lebenszyklus für die ersten 180 Tage ab Beginn der Vermarktung hinsichtlich Zeitpunkt und Menge des maximalen Absatzes sowie der langfristigen Entwicklung der Absatzzahlen.

b) Wie viele Geräte des Modells SP1 werden in den ersten 100 Tagen abgesetzt werden?
Mit welchem Umsatz kann man in diesem Zeitraum rechnen, wenn das Smartphone SP1 für 300 € angeboten wird?

c) Wann lässt sich die größte Zunahme der abgesetzten Menge feststellen, wann deren größte Abnahme?

d) Das Unternehmen will das Modell SP1 durch ein Nachfolgemodell SP2 ersetzen, sobald der tägliche Absatz auf unter 5 000 Smartphones sinken wird. Ermitteln Sie den Zeitpunkt, zu dem dies der Fall sein wird.
Wann werden zum ersten Mal 5 000 Smartphones abgesetzt werden?

Aufgabe 7

Im Herbst werfen viele Bäume ihr Laub ab.

Auf einer Rasenfläche, auf der nur ein Baum steht, wird die Abwurfrate des Laubes für diesen Baum bestimmt. Eine Messung ergibt, dass diese Rate durch eine Funktion f mit
$f(x) = \dfrac{a \cdot x^2}{x^3 + b}$
beschrieben werden kann.

Dabei gibt x die Zeit in Tagen seit Beginn der Messung an und f(x) die Rate der auf dem Rasen landenden Blätter in $\frac{\text{Blätter}}{\text{Tag}}$.

a) Bestimmen Sie die Parameter a und b, wenn die Abwurfrate nach einem Tag 50 $\frac{\text{Blätter}}{\text{Tag}}$ und nach zwei Tagen 60 $\frac{\text{Blätter}}{\text{Tag}}$ beträgt.

In den folgenden Aufgabenteilen gilt für die Abwurfrate $f(x) = \dfrac{150x^2}{x^3 + 2}$.

b) Beschreiben Sie den Verlauf der Rate hinsichtlich maximaler Abwurfrate, Zeitpunkt der stärksten Zunahme sowie langfristige Entwicklung.

c) Wie viele Blätter liegen nach 7 Tagen auf dem Rasen?
Wie viele Blätter fallen vom 5. bis zum 8. Tag auf den Rasen?

d) Wie lange dauert es, bis 300 Blätter auf dem Rasen liegen?

Aufgabe 8

In einem Wasserspeicher befinden sich zu Beginn der Beobachtung 4 000 m³ Wasser.

Dieser Wasserspeicher wird gleichbleibend mit einer Zuflussrate von 80 $\frac{\text{m}^3}{\text{Tag}}$ gefüllt, außerdem wird zur Stromerzeugung täglich Wasser mit einer Abflussrate von 10 % des momentanen Inhalts entnommen.

a) Ermitteln Sie, wie viel Wasser sich langfristig im Speicher befinden wird.

b) Wie viel Wasser befindet sich nach 3 Tagen noch im Speicher?

c) Wann enthält der Speicher nur noch 2 000 m³?

Aufgabe 9

Die Skizze unten zeigt den Schienenverlauf einer Modelleisenbahn. Bezogen auf ein kartesisches Koordinatensystem kann der Schienenverlauf achsensymmetrisch zur x-Achse dargestellt werden.

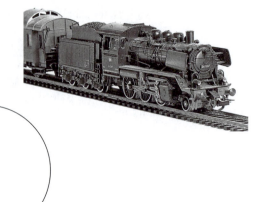

Der obere Teil des Schienenverlaufs kann dann als Schaubild einer Funktion f aufgefasst werden. Mit x und f(x) in Meter gilt für diese Funktion f:

$$f(x) = \begin{cases} \sqrt{x} & \text{für } 0 \leq x \leq 4 \\ \frac{5}{16}x^3 - \frac{19}{4}x^2 + \frac{93}{4}x - 35 & \text{für } 4 \leq x \leq 6 \\ \sin\left(\frac{\pi}{2}(x-3)\right) + 2 & \text{für } 6 \leq x \leq 8 \\ \sqrt{9-(x-8)^2} & \text{für } 8 \leq x \leq 11 \end{cases}$$

a) Eine Modelllok fährt die Bahnstrecke ab. Bestimmen Sie die Punkte, in denen die Räder der Lok parallel zum Fahrzeug stehen.

b) Die durch den Schienenverlauf eingeschlossene Fläche soll begrünt werden. Für wie viel m² ist Material zu kaufen?

Das Gelände der Modelleisenbahn wird auf einem rechteckigen Tisch mit den Seitenlängen 8 m und 12 m aufgebaut. Bezogen auf das Koordinatensystem hat die hintere linke Ecke des Tisches die Koordinaten A(0|4); die Tischkanten verlaufen parallel zu den Koordinatenachsen. Die Ecke A soll zugleich Eckpunkt eines quadratischen Parkplatzes auf dem Gelände mit Flächeninhalt 4 m² sein.

c) Welchen minimalen Abstand hat dieser Parkplatz zu den Schienen?

d) Auf dem Parkplatz steht im Punkt P(1|3) ein Mast der Höhe 1,20 m. Der Tisch hat eine Höhe von 1 m. Ein Kind mit Augenhöhe 90 cm steht in Verlängerung der rechten Tischkante 3 Meter vom Tisch entfernt vor dem Tisch. Untersuchen Sie, ob das Kind die Spitze des Mastes sehen kann.

Aufgabe 10

Die Veränderung des Pegelstandes des Wassers in einem Jachthafen im Lauf des Tages kann modellhaft durch eine Funktion f mit

$$f(t) = 1{,}52 \cdot \cos\left(\tfrac{5}{29}\pi(t-6{,}2)\right) + 8{,}2$$

beschrieben werden.
Die Zeit t wird dabei in Stunden ab dem Beginn der Aufzeichnung um 12.00 Uhr und der Pegelstand f(t) in Meter angegeben.

a) Welche Werte kann der Pegelstand nach dieser Modellierung annehmen?

b) Welcher zeitlichen Periode unterliegt der Pegelstand?

c) Wie hoch ist der Pegelstand um 13.15 Uhr?

d) Es werden Messungen durchgeführt, die den mittleren Pegelstand ab Beginn der Aufzeichnung bis um 12.00 Uhr am nächsten Tag bestimmen sollen. Zu welchem Ergebnis werden die Messungen kommen?

In einem Nachbarort befindet sich ebenfalls ein Jachthafen.
Messungen haben ergeben, dass sich die Veränderung des Pegelstandes hier etwa alle 12,5 Stunden wiederholt und der Wasserstand zwischen den Werten 9,3 und 11,4 Meter schwankt. Zu Beginn der Messung betrug der Wasserstand 10,2 Meter und stieg danach zunächst bis zum höchsten Wert an.

e) Bestimmen Sie die Gleichung einer Funktion, die diesen Sachverhalt richtig beschreibt.

Aufgabe 11

Eine Bergbahn startet um 8.15 Uhr an der Talstation und legt während ihrer in östliche Richtung führenden 10-minütigen gleichförmigen Bergfahrt insgesamt eine Fahrtstrecke von 1,3 km und einen Höhenunterschied von 500 m zurück.
Ebenfalls um 8.15 Uhr befindet sich ein Hubschrauber 4 km südlich und 800 m östlich der Talstation in einer Höhe von 400 m über der Talstation und fliegt mit einer gleichbleibenden Geschwindigkeit von 30 $\tfrac{km}{h}$ in nördliche Richtung.

a) Bestimmen Sie den geringsten Abstand der beiden Routen.

b) Wie nahe kommen sich Hubschrauber und Bergbahn?

Aufgabe 12

In einer Stadt wird zur Entlastung der Hauptdurchfahrtsstraße eine Ortsumgehung geplant. Diese soll durch einen bestehenden Wald führen; Naturschützer führen deshalb eine Umfrage durch.
Nach der Auswertung behaupten sie, dass 60 % aller Einwohner gegen die geplante Umgehungsstraße sind, und fordern somit, die Ortsumgehung nicht zu bauen.

a) Wie hoch ist nach diesem Umfrageergebnis die Wahrscheinlichkeit, dass
   - von 20 Einwohnern genau 12 gegen die Ortsumgehung sind?
   - von 100 Einwohnern mehr als 30, aber weniger als 70 dagegen sind?
   - von 200 Einwohnern mindestens 130 gegen die Ortsumgehung sind?

Der Stadtrat zweifelt das Umfrageergebnis an und behauptet, der Anteil der Gegner der Umgehungsstraße sei kleiner als 60 %. Sollte sich jedoch die Behauptung der Naturschützer bestätigen, wird sich der Stadtrat gegen den Bau der geplanten Straße aussprechen und eine Alternative erarbeiten, die den Wald umfahren soll. Stichprobenhaft werden deshalb 1 000 Stadtbewohner befragt.

b) Erstellen Sie eine Entscheidungsregel für den Stadtrat, wenn die Irrtumswahrscheinlichkeit höchstens 5 % betragen soll.

Der Rand des Stadtteils, der durch die Umgehungsstraße umfahren werden soll, kann für positive Funktionswerte durch das Schaubild der Funktion f mit $f(x) = -1{,}2x^6 + 2{,}2x^4 + 0{,}6x + 0{,}4$ (x und f(x) in km) beschrieben werden.

c) Wie viele Menschen leben in diesem Teil der Stadt, wenn man von einer Bevölkerungsdichte von 2 346 $\frac{\text{Personen}}{\text{km}^2}$ ausgeht?

Nach einigen Jahren wird die Ortsumgehung gebaut. Diese kann für $g(x) \geq 0$ als Schaubild der Funktion g mit $g(x) = -0{,}6x^2 + 3{,}7$ (x und f(x) in km) aufgefasst werden. Mithilfe des Integrals $\int_a^b \sqrt{1+(h'(x))^2}\, dx$ kann allgemein die Länge des von der Funktion h erzeugten Kurvenstücks im Intervall [a; b] berechnet werden.

d) Berechnen Sie die Länge der Umgehungsstraße.

Aufgabe 13

Die Gesamtkosten eines Herstellers
von hochwertigen LED-Taschen-
lampen lassen sich beschreiben durch
eine Funktion K mit der Gleichung:
$K(x) = 0{,}5x^3 - 3x^2 + 8x + 12$

Dabei gibt x die produzierte Menge
in 1000 Taschenlampen an und K(x)
die Kosten der Produktion in 1000 €.
Die Produktion ist auf 10 000 Stück beschränkt.

Ein Elektromarkt ist bereit, die Taschenlampen zu einem Stückpreis von 17,50 €
zu kaufen. Daraus ergibt sich für den Hersteller eine Gewinnfunktion mit der
Gleichung $G(x) = -0{,}5x^3 + 3x^2 + 9{,}5x - 12$.

a) Begründen Sie die Richtigkeit der Gleichung der Gewinnfunktion.

b) Bestimmen Sie die Anzahl an produzierten Taschenlampen, bei der der Hersteller die höchsten Gesamtkosten hat. Geben Sie das Kostenmaximum an. Begründen Sie, dass es im möglichen Produktionsbereich keine weiteren Kostenmaxima gibt.
Wie hoch sind die Kosten pro Stück, wenn 3 000 Taschenlampen produziert werden?

c) Begründen Sie, dass der Hersteller nur bei einer Produktion zwischen 1 000 und 8 000 Taschenlampen Gewinn erzielt.
Bei welcher Produktionsmenge ist der Gewinn am größten? Wie hoch ist dieser maximale Gewinn?

d) Die Belegschaft fordert, die Produktion auf 9 000 Stück zu erhöhen, um Kurzarbeit zu vermeiden. Dazu soll der Verkaufspreis der Taschenlampen auf 18 € pro Stück erhöht werden. Prüfen Sie, ob die Unternehmensleitung diesem Vorschlag zustimmen kann.

Aufgabe 14

Sophie balanciert mit einer Kugel auf einer Wippe. Dazu bewegt sie die Wippe so, dass die Kugel hin- und herrollt und dabei möglichst lange auf der Wippe bleibt. Die Wippe ist insgesamt 40 cm lang.

Die Entfernung der Kugel zur Mitte der Wippe wird in Abhängigkeit von der Zeit t während des Balancierens beschrieben durch eine

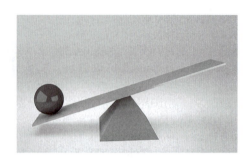

Funktion f mit $f(t) = t^6 - 9{,}8t^5 + 35{,}13t^4 - 55{,}59t^3 + 36{,}74t^2 - 7{,}81t + 0{,}32$.
Dabei entspricht eine Zeiteinheit 10 s und der Abstand der Kugel zur Mitte der Wippe wird in dm gemessen.

a) Wie weit war die Kugel zu Beginn des Balancierens von der Mitte entfernt? Zu welchen Zeitpunkten läuft die Kugel über die Mitte der Wippe hinweg? Wie weit entfernt sich die Kugel zwischen diesen Zeitpunkten höchstens von der Mitte?

b) Zu welchem Zeitpunkt ist die Geschwindigkeit der Kugel innerhalb der ersten 30 Sekunden am höchsten?

c) Bestimmen Sie den mittleren Abstand, den die Kugel innerhalb der ersten 20 Sekunden von der Mitte der Wippe hat, sowie den in dieser Zeitspanne von der Kugel zurückgelegten Weg.

d) Wann rollt die Kugel über ein Ende der Wippe hinweg und fällt herunter?

Aufgabe 15

Folgende Skizze zeigt den halben Rand des Miniaturmodells eines liegenden Pokals. Der Pokal besteht aus einem Standfuß, einem zylinderförmigen Schaft und einer oben offenen Schale; er entsteht durch Rotation des abgebildeten Randes um die x-Achse, wobei der Boden des Standfußes auf der y-Achse liegt. Die Einheiten sind in cm angegeben.

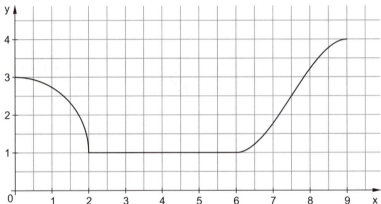

a) Bestimmen Sie entsprechend der obigen Zeichnung einen Term einer in drei Abschnitten definierten Funktion, deren Schaubild die Randkurve des halben Längsschnitts dieses Pokals beschreibt.
   Der Rand der oberen Schale des Pokals soll dabei durch eine ganzrationale Funktion dritten Grades beschrieben werden.

b) Ermitteln Sie den Inhalt der Querschnittsfläche des gesamten Pokals.

c) Der untere Teil des Pokals (Fuß und Schaft) soll ausschließlich aus Metall bestehen, wobei das verwendete Metall eine Dichte von $4\,\frac{g}{cm^3}$ hat.
   Wie schwer ist dieser Teil des Pokals?

   Welches Volumen fasst die oben offene Schale des Pokals, wenn die Dicke des Randes vernachlässigt wird?

d) Der Pokal soll aus einem massiven Stück Metall geschliffen werden, das die Form eines Kegelstumpfes hat.
   Ermitteln Sie die Höhe sowie die beiden Radien des Metallrohlings, sodass der entstehende Abfall bei der Herstellung des Pokals am geringsten ist.

Aufgabe 16

Die Funktion f mit $f(t) = 0{,}09\,t^2 \cdot e^{2-0{,}24t}$ beschreibt modellhaft die momentane Änderungsrate der Innentemperatur einer Sauna. Dabei wird t in Minuten nach dem Einschalten der Sauna und f(t) in $\frac{°C}{\min}$ beschrieben.

Vor dem Einschalten entspricht die Temperatur in der Sauna der Zimmertemperatur von 20 °C.

a) Zu welchem Zeitpunkt nimmt die Temperatur in der Sauna am stärksten zu? Wie groß ist die Änderungsrate zu diesem Zeitpunkt?

b) Um wie viel °C verändert sich die Temperatur innerhalb der ersten 4 Minuten?
Wie groß ist die durchschnittliche Änderungsrate der Innentemperatur der Sauna zwischen der 6. und der 10. Minute?

c) Nach welcher Zeit würde bei Fortführen der Erwärmung nach dem beschriebenen Modell eine Innentemperatur von 100 °C erreicht werden?

Eine andere Sauna, ebenfalls mit anfänglicher Innentemperatur von 20 °C, erwärmt sich pro Minute um 3 °C. Nach dem Einschalten der Sauna wurde vergessen, die Saunatür zu schließen; somit geht Wärme verloren. Dieser Wärmeverlust (in $\frac{°C}{\min}$) beträgt 2,5 % der aktuellen Temperatur.

d) Zeigen Sie, dass dieser Erwärmungsvorgang durch folgende Differenzialgleichung beschrieben werden kann:
$g'(t) = 0{,}025 \cdot (120 - g(t))$
Welche Temperatur wird im Inneren der Sauna nicht überschritten werden? Begründen Sie.

Aufgabe 17

Ein Autohändler möchte zu Jahresbeginn ein neu entwickeltes preiswertes Elektroauto (E-Auto) Typ 1 auf den Markt bringen und es für 15 000 € anbieten.

Erfahrungen bei vergleichbaren Händlern haben gezeigt, dass pro Monat mit einer Nachfrage zu rechnen ist, die näherungsweise durch die Funktion f mit der Gleichung
$f(t) = 0{,}01t^4 - 0{,}5t^3 + 4t^2$

dargestellt werden kann. Dabei bezeichnen t die Anzahl der Monate seit Jahresbeginn (Verkaufsstart) und f(t) die Anzahl der abgesetzten E-Autos pro Monat.

a) Der Händler will das Auto so lange anbieten, bis kein Kunde mehr zum Kauf des E-Autos Typ 1 bereit ist. Wann muss er den Verkauf einstellen?

b) Wie viele E-Autos werden in den ersten 10 Monaten insgesamt abgesetzt? Geben Sie auch den in dieser Zeit erzielten Umsatz an.

c) In welchem Monat ergibt sich der größte Absatz und wie hoch ist dieser? In welchem Monat wird der Absatz besonders stark steigen?

Dem Händler entstehen beim Verkauf der E-Autos Gesamtkosten K, die mit der Funktionsgleichung $K(x) = 0{,}4x^3 - 90x^2 + 12\,250x + 62\,500$ beschrieben werden können. Der Gewinn beim Verkauf der Autos wird beschrieben durch die Funktion G mit der Gleichung $G(x) = -0{,}4x^3 + 90x^2 + 2\,750x - 62\,500$.
Dabei gibt x jeweils die Anzahl der verkauften E-Autos an und K(x) bzw. G(x) beschreiben die Kosten bzw. den Gewinn in €.

d) Berechnen Sie den Gewinn, den der Händler durch den Verkauf der E-Autos in den ersten 8 Monaten erzielt.

e) Bestimmen Sie, für welche Verkaufsmengen der Händler Gewinn erzielt, wenn er bei 250 verkauften E-Autos die Gewinngrenze erreicht.

f) Ermitteln Sie die Absatzmenge, bei der der maximale Gewinn erzielt wird. Wie hoch ist der maximale Gewinn?
Wie hoch sind bei dieser Verkaufsmenge die Kosten für ein E-Auto?

g) Wie hoch fällt der Verlust aus, wenn der Händler statt einer Gewinnmaximierung alle nachgefragten Autos der ersten 10 Monate verkaufen will?

Aufgabe 18

Michael liegt im Garten und beobachtet am Himmel drei Flugzeuge. Dabei konnte er das Foto rechts schießen.

Die Flugbahnen der drei Flugzeuge können in einem geeigneten Koordinatensystem durch folgende Gleichungen beschrieben werden:

Flugzeug 1: $f_1: \vec{x} = \begin{pmatrix} 1 \\ 5 \\ 7 \end{pmatrix} + t \cdot \begin{pmatrix} -5 \\ 1 \\ 6 \end{pmatrix}$

Flugzeug 2: $f_2: \vec{x} = \begin{pmatrix} -2 \\ 2 \\ 5 \end{pmatrix} + t \cdot \begin{pmatrix} 4 \\ 1 \\ -2 \end{pmatrix}$

Flugzeug 3: $f_3: \vec{x} = \begin{pmatrix} 4 \\ -1 \\ -5 \end{pmatrix} + t \cdot \begin{pmatrix} -1 \\ 2 \\ 4 \end{pmatrix}$

Dabei entspricht eine Längeneinheit 1 km und die Zeit t wird in Minuten ab dem Beginn der Beobachtung gemessen. Die x_3-Achse gibt die Höhe gegenüber dem Erdboden an, der in der $x_1 x_2$-Ebene liegt.

a) Entscheiden Sie, ob die Flugzeuge auf- oder absteigen.

b) Untersuchen Sie für je zwei der Flugzeuge, ob sich deren Flugbahnen überkreuzen, und bestimmen Sie ggf. die Koordinaten der Schnittpunkte.

c) Wie nahe kommen sich je zwei Flugzeuge tatsächlich?

Durch die Flugbahnen und die durch die Flugzeuge hinterlassenen Kondensstreifen entsteht ein großes Dreieck am Himmel (vgl. Foto).

d) Bestimmen Sie die Innenwinkel dieses Dreiecks. Welches besondere Dreieck entsteht?

e) Berechnen Sie den Flächeninhalt dieses Dreiecks.

Aufgabe 19

Eine langfristige Untersuchung des Zusammenhangs zwischen Einkommen und Ausgaben für bestimmte Güter hat Folgendes festgestellt: Der Anteil der Ausgaben für Körperpflegemittel und Schmuck ändert sich mit zunehmendem Einkommen und lässt sich näherungsweise durch eine Funktion f mit $f(x) = 15e^{\frac{-2}{x}}$ beschreiben.

Dabei gibt x das Jahreseinkommen in 10 000 € an und f(x) den Anteil der Ausgaben für Körperpflegemittel und Schmuck in % des Jahreseinkommens.

a) Berechnen Sie den Anteil der Ausgaben für Körperpflegemittel und Schmuck, wenn das Jahreseinkommen 60 000 € beträgt.
   Von welchem Jahreseinkommen ist auszugehen, wenn der Anteil 12 % beträgt?

b) Bei welchem Einkommen wächst der Anteil der Ausgaben am stärksten?

c) Berechnen Sie den Grenzwert der Funktion für $x \to \infty$.
   Was bedeutet das Ergebnis für den Anteil der Ausgaben für Körperpflegemittel und Schmuck am Jahreseinkommen? Wie lässt sich das erklären?

Aufgabe 20

In einem Krankenhaus wird einem Patienten durch eine Infusion gleichmäßig ein Medikament zugeführt. Pro Stunde erhält der Patient hierdurch 4 mg des Wirkstoffs. Gleichzeitig scheidet sein Körper den Wirkstoff über die Nieren wieder aus. Hierbei beträgt die stündliche Ausscheidungsrate 5 % des momentan im Blut vorhandenen Wirkstoffs.

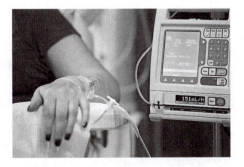

a) Welche Wirkstoffmenge würde sich langfristig im Blut des Patienten einstellen, wenn man die Medikation auf diese Weise fortsetzt?

b) Wie lange muss die Infusion angelegt werden, damit sich 80 % der langfristigen Wirkstoffmenge aus Teilaufgabe a im Blut befinden?
   Auf welche Dosierung muss dann die Infusion gedrosselt werden, damit die zu diesem Zeitpunkt im Blut befindliche Wirkstoffmenge gleich bleibt?

Aufgabe 21

An einem Gymnasium kann die Ankunftsrate der ankommenden Schüler auf dem Schulhof vor dem Unterrichtsbeginn um 7.45 Uhr durch die Funktion f mit $f(x) = 3{,}6 \cdot e^{-0{,}2x} \cdot x^2$ beschrieben werden.
Dabei ist x die Zeit in Minuten ab 7.00 Uhr und f(x) die Anzahl der pro Minute auf dem Schulhof ankommenden Personen.

a) Um wie viel Uhr kommen die meisten Schüler auf dem Schulhof an, wie viele Schüler sind das?
Ab welcher Uhrzeit kommen weniger als 10 Schüler pro Minute an?

b) Wie viele Schüler stehen um 7.20 Uhr auf dem Schulhof?
Um wie viel Uhr stehen 700 Schüler auf dem Schulhof?

c) Um 7.30 Uhr wird das Schulgebäude geöffnet. Die durchschnittliche Einlasszeit für 100 Schüler beträgt etwa 20 Sekunden.
Lara kommt genau um 7.30 Uhr auf dem Schulhof an. Wie lange muss sie warten, bis sie in das Schulgebäude eintreten kann, wenn sie alle vor ihr eingetroffenen Schüler vorher eintreten lässt?

Die SMV spricht sich für einen späteren Unterrichtsbeginn aus. Um die Schulleitung zu überzeugen, führt sie eine Umfrage in der Schülerschaft durch. Die Umfrage ergibt, dass 70 % der Schüler für einen späteren Unterrichtsbeginn sind.

d) Wie hoch ist nach diesem Umfrageergebnis die Wahrscheinlichkeit, dass
- von 50 Schülern genau 40 Schüler für den späteren Unterrichtsbeginn sind?
- von 60 Schülern kein Schüler für den späteren Unterrichtsbeginn ist?
- von 70 Schülern alle für den späteren Unterrichtsbeginn sind?

Die SMV konnte die Schulleitung noch nicht überzeugen, da diese mit einem höheren Interesse an einem späteren Unterrichtsbeginn gerechnet hat. Auch Schüler der Kursstufe 1 wundern sich, dass „nur" 70 % der Schüler einen späteren Unterrichtsbeginn bevorzugen, und zweifeln das Ergebnis an.

e) Die Schüler der Kursstufe 1 führen eine Umfrage mit 200 Schülern durch. Der Schulleiter wäre verhandlungsbereit, sollte sich dabei zeigen, dass der Anteil der Befürworter doch größer als 70 % ist. Hierbei akzeptiert er eine Irrtumswahrscheinlichkeit von höchstens 5 %.
Formulieren Sie eine Entscheidungsregel für den Schulleiter.

Aufgabe 22

Ein Unternehmen der Zementindustrie produziert Spezialzement für die Restaurierung antiker Gebäude.
Das Unternehmen kann aus produktionstechnischen Gründen höchstens 70 t dieses Zements herstellen. Bei einer Produktion von 45,5 t erreicht das Unternehmen sein Gewinnmaximum.
Näherungsweise lässt sich der Gewinn des Unternehmens darstellen mit der Funktionsgleichung
$G(x) = ax^3 + 120x^2 + 1500x - 20000$.
Dabei gibt x die produzierte Menge in Tonnen und G(x) den Gewinn in € an.

a) Bestimmen Sie mithilfe der gewinnmaximalen Menge den Wert von a.

Im Folgenden wird angenommen, dass die Gewinnfunktion G die Gleichung
$G(x) = -2x^3 + 120x^2 + 1500x - 20000$ hat.

b) Bestimmen Sie den maximalen Gewinn.

c) Zur besseren Auslastung der Produktionskapazitäten produziert das Unternehmen 60 t statt der gewinnmaximalen Menge. Um wie viel Prozent verändert sich dadurch der Gewinn?
Der Betriebsrat fordert, die produktionstechnisch höchstmögliche Tonnenzahl herzustellen, um die Beschäftigung zu sichern. Sollte die Unternehmensleitung der Forderung nachgeben? Begründen Sie.

Die Kosten pro hergestellter Tonne Zement (Stückkosten) lassen sich durch eine Funktion k mit $k(x) = 2x^2 - 120x + 2000 + \frac{20000}{x}$ darstellen.

d) Wie hoch sind die Kosten pro Tonne und der Gewinn pro Tonne, wenn die gewinnmaximale Menge produziert wird?
Zu welchem Preis pro Tonne wird der Spezialzement angeboten?

e) Das Unternehmen will die Kosten pro Tonne minimieren.
Berechnen Sie das Kostenminimum der Kosten pro Tonne.
Wie hoch ist bei der zugehörigen Produktionsmenge der Gewinn pro Tonne?

Graphen zu den Aufgaben

Aufgabe 1

Graph der Ertragszuwachsfunktion E:

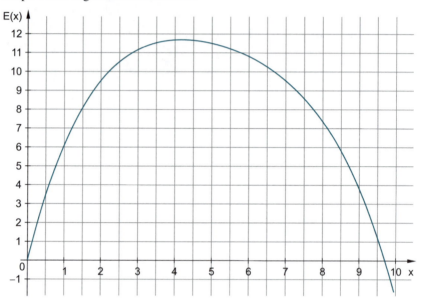

Teilaufgabe d, Graph der Ertragszuwachsfunktion B:

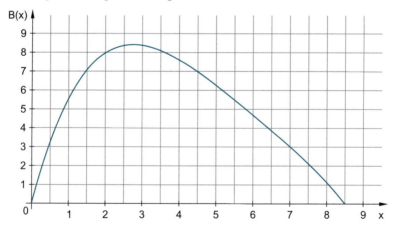

Ab Teilaufgabe e, Graph der Gewinnfunktion G:

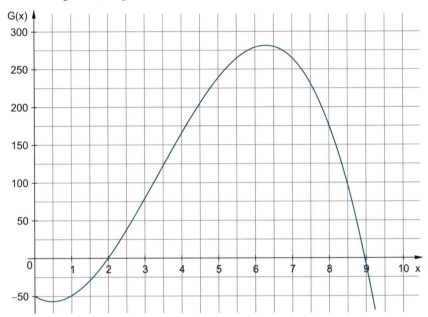

Aufgabe 2

Graph der Funktion N:

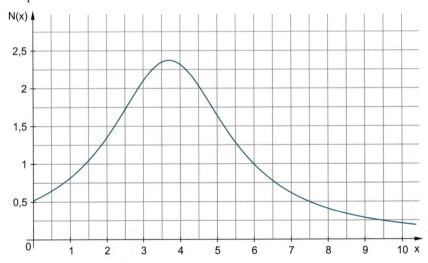

Aufgabe 4

Graph der Funktion f:

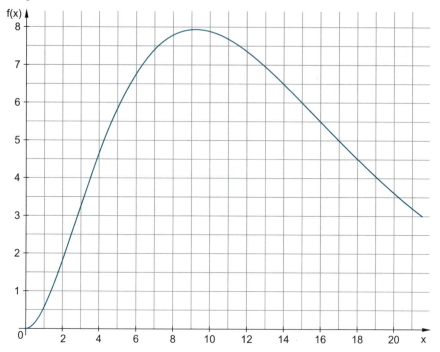

Aufgabe 6

Graph der Funktion f:

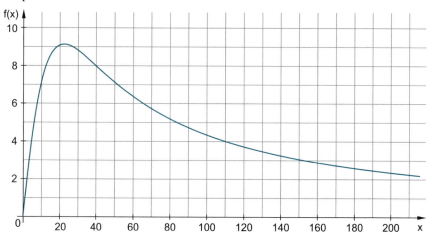

Aufgabe 7

Ab Teilaufgabe b, Graph der Funktion f:

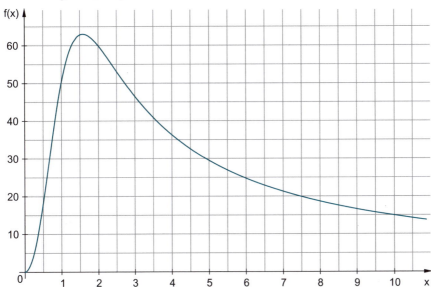

Aufgabe 16

Graph der Funktion f:

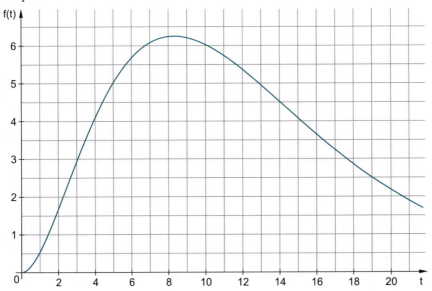

Aufgabe 21

Graph der Funktion f:

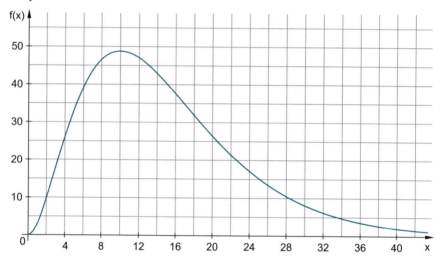

Lösungen

Auf den folgenden Seiten finden Sie ausführliche Lösungsvorschläge zu allen Aufgaben des Buches.

Lösungen: Anwendungsgebiete

1 Zunächst überlegt man sich, wie der Stollenquerschnitt durch eine Funktion zweiten Grades dargestellt werden kann.

Der Einfachheit halber legt man das Koordinatensystem so, dass der Ursprung in der Mitte des Bodens des Stollenquerschnitts liegt (vgl. Skizze rechts), und gibt die Koordinaten in Meter an (1 LE ≙ 1 m). Die Parabel zweiter Ordnung hat dann wegen der Achsensymmetrie zur y-Achse und mit dem Scheitel S(0|2) (Stollenhöhe von 2,0 m) die Gleichung $f(x) = -ax^2 + 2$.

Skizze:

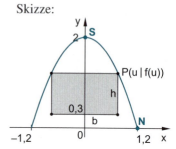

Die Breite des Stollens von 2,40 m liefert die Nullstelle N(1,2|0); Punktprobe:
$f(1,2) = -a \cdot 1,2^2 + 2 = 0 \iff a = \frac{2}{1,44} = \frac{25}{18}$

Die Funktion, die den Stollenquerschnitt modelliert, lautet also:
$f(x) = -\frac{25}{18}x^2 + 2$

→ a Schlüsselbegriff: **möglichst viel** Erz transportiert → Optimierungsaufgabe

→ b, c Die zu optimierende Größe ist das Erzvolumen, das im Wagen transportiert werden kann. Da die Wagen quaderförmig sein sollen, wird ihr Volumen maximal, wenn ihre (rechteckige) Querschnittsfläche maximal ist. Diese wird beeinflusst durch die (variable) Breite b und Höhe h der Wagen.

→ d, e Für den Flächeninhalt A der rechteckigen Querschnittsfläche der Wagen gilt:
$A = b \cdot h$
Um möglichst viel Erz abtransportieren zu können, wählt man die Wagen so groß, dass sie gerade eben in den Stollen passen, also ein Eckpunkt der rechteckigen Querschnittsfläche des Wagens die Wand berührt. Dies bedeutet, dass ein Eckpunkt des Rechtecks auf der Parabel liegt. Mit dem Kurvenpunkt P(u|f(u)) gilt für die Breite und die Höhe des Rechtecks (vgl. Skizze oben):
b = 2u und h = f(u) − 0,3 (da die Ladefläche 30 cm = 0,3 m über dem Boden liegt)
Für den Flächeninhalt gilt dann:
$A(u) = 2u \cdot (f(u) - 0,3)$
Als Definitionsmenge dieser Zielfunktion kann man D =]0; 1,2[festlegen, da der Eckpunkt P(u|f(u)) auf dem „rechten" Teil der Parabel gewählt wurde.

→ ❷ Gesucht ist der Kurvenpunkt P(u|f(u)), für den die Fläche des Rechtecks maximal wird, also das Maximum der Zielfunktion A(u).

Lösung mit GTR/CAS:
Gezeichnet sind im Bild rechts die Schaubilder der Parabel f (Bezeichnung f1) sowie der Flächenfunktion A (Bezeichnung f2). Das Schaubild der Flächenfunktion besitzt etwa im Punkt H(0,64 | 1,45) seinen Hochpunkt.
Das Maximum der Zielfunktion liegt also bei u ≈ 0,64 mit A(0,64) ≈ 1,45.

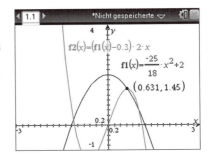

Lösung ohne GTR/CAS:
Gesucht ist das Maximum der Funktion:
$A(u) = 2u \cdot \left(f(u) - \frac{3}{10}\right) = 2u \cdot \left(-\frac{25}{18}u^2 + 2 - \frac{3}{10}\right) = -\frac{25}{9}u^3 + \frac{17}{5}u$

Die maximale Fläche in Abhängigkeit von u wird über die Ableitung bestimmt:
$A'(u) = -\frac{25}{3}u^2 + \frac{17}{5} = 0 \iff \frac{25}{3}u^2 = \frac{17}{5} \iff u^2 = \frac{51}{125}$

$\iff u_{1/2} = \pm\sqrt{\frac{51}{125}} \approx \pm 0{,}639$

Über die zweite Ableitung A" erhält man mit $A''(u) = -\frac{50}{3}u$ nur für $u_1 \approx +0{,}64$ einen negativen Wert und damit ein Maximum der Funktion A mit A(0,64) ≈ 1,45.

3④ Der Flächeninhalt des rechteckigen Querschnitts wird maximal, wenn der Eckpunkt P bei u ≈ 0,64 liegt. Für die Breite und Höhe des Rechtecks gilt dann:
b = 2 · 0,64 = 1,28   und   h = f(0,64) − 0,3 ≈ 1,13
Da die Koordinatenangaben in m sind, hat der Wagen die größte Kapazität, wenn er eine Breite von ca. 1,28 m und eine Höhe der Ladefläche von ca. 1,13 m besitzt, also insgesamt ca. 1,43 m hoch ist.

Der ermittelte Wert u ≈ 0,64 liegt im zulässigen Bereich]0; 1,2[; der maximal mögliche Flächeninhalt des Wagenquerschnitts beträgt ca. 1,45 m².

2 a) Geschwindigkeit 100 $\frac{km}{h}$:
Der Pkw verbraucht hierbei 8 Liter Benzin pro 100 km Fahrstrecke, also für die 600 km insgesamt 6 · 8 Liter = 48 Liter. Diese Benzinmenge kostet 48 · 1,50 € = 72 €.
Bei einer Geschwindigkeit von 100 $\frac{km}{h}$ nimmt die 600-km-Fahrt insgesamt $\frac{600}{100}$ = 6 Stunden in Anspruch, die einen Geldwert von 6 · 20 € = 120 € darstellen.
Bei einer Durchschnittsgeschwindigkeit von 100 $\frac{km}{h}$ kostet die Fahrt somit insgesamt 72 € + 120 € = 192 €.

Lösungen: Anwendungsgebiete

Geschwindigkeit 50 $\frac{km}{h}$:
Der Benzinverbrauch steigt quadratisch mit der Geschwindigkeit. Bei doppelter Geschwindigkeit ist der Verbrauch somit viermal so hoch. Entsprechend verbraucht der Pkw bei halber Geschwindigkeit pro 100 km Fahrstrecke nur noch ein Viertel und somit pro 100 km nur noch 2 Liter, also für die 600 km insgesamt $6 \cdot 2$ Liter = 12 Liter. Diese Benzinmenge kostet $12 \cdot 1{,}50 \,€ = 18\,€$.
Bei einer Geschwindigkeit von 50 $\frac{km}{h}$ nimmt die 600-km-Fahrt insgesamt $\frac{600}{50} = 12$ Stunden in Anspruch, die einen Geldwert von $12 \cdot 20\,€ = 240\,€$ darstellen.
Bei einer Durchschnittsgeschwindigkeit von 50 $\frac{km}{h}$ kostet die Fahrt somit insgesamt $18\,€ + 240\,€ = 258\,€$.

→ ❶
→ a, b, c

b) Es soll die Reisegeschwindigkeit so optimiert werden, dass die Kosten minimal sind (**möglichst kostengünstig**). Da die Kosten über den Benzinverbrauch und die Fahrzeit von der Reisegeschwindigkeit abhängen, wählt man die Kosten als Zielgröße. Die Geschwindigkeit v wird dann als Funktionsvariable gewählt.

→ d, e

Die Kosten für die Fahrt hängen davon ab, wie viel Benzin verbraucht wird und wie hoch der Benzinpreis ist. Zudem wird die Fahrzeit in die Kosten mit eingerechnet:
Gesamtkosten G = Benzinkosten K + Gegenwert W der Fahrzeit
Diese Einflussgrößen lassen sich mithilfe der Angaben im Text durch die Reisegeschwindigkeit v ausdrücken.

- Die Benzinkosten ergeben sich aus dem Benzinverbrauch für die Strecke und dem Benzinpreis. Der quadratische Zusammenhang zwischen v (in $\frac{km}{h}$) und dem Benzinverbrauch B in Liter pro 100 km lässt sich durch eine Gleichung $B = c \cdot v^2$ ausdrücken. Hierbei ist c eine Konstante, die über die Angabe „8 Liter pro 100 km bei 100 $\frac{km}{h}$" bestimmt werden kann:
$$8 = c \cdot 100^2 \Leftrightarrow c = \frac{8}{100^2} = \frac{8}{10\,000} = \frac{1}{1\,250}$$
Somit ergibt sich für den Benzinverbrauch in Abhängigkeit von v:
$B(v) = \frac{1}{1\,250} v^2$ (in Liter pro 100 km)
Bei einem Literpreis von 1,50 € erhält man daraus für die 600 zu fahrenden Kilometer folgende Benzinkosten in Abhängigkeit von v:
$K(v) = 6 \cdot \frac{1}{1\,250} v^2 \cdot 1{,}50 = 0{,}0072 v^2$ (in €)

- Die Wegstrecke 600 km ist das Produkt aus der gefahrenen Durchschnittsgeschwindigkeit v und der Fahrzeit T (Weg-Zeit-Gesetz):
$600 = v \cdot T \Leftrightarrow T = \frac{600}{v}$
Bei der Geschwindigkeit v beträgt die Fahrzeit München–Berlin somit:
$T(v) = \frac{600}{v}$ (in Stunden)

Bei einem Stunden-Geldwert von 20 € ergibt sich daher als Gegenwert der Fahrzeit:

$W(v) = \frac{600}{v} \cdot 20 = \frac{12\,000}{v}$ (in €)

Als Gesamtkosten (Zielfunktion) erhält man insgesamt:

$G(v) = K(v) + W(v) = 0{,}0072v^2 + \frac{12\,000}{v}$ (in €)

Da die Reisegeschwindigkeit v positiv sein muss, ergibt sich als Definitionsmenge dieser Zielfunktion: $D = \mathbb{R}^+$

→ ❷ Für die Gesamtkosten soll nun das Minimum bestimmt werden, um die optimale Reisegeschwindigkeit zu ermitteln.

Lösung mit GTR/CAS:
Das Schaubild der Zielfunktion G besitzt seinen Tiefpunkt bei T(94,1 | 191). Das Minimum der Zielfunktion liegt also bei $v \approx 94$ mit $G(94) \approx 191$.

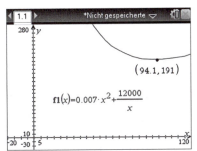

Lösung ohne GTR/CAS:
Das Minimum der Funktion G wird mithilfe der Ableitung bestimmt:

$G(v) = 0{,}0072v^2 + \frac{12\,000}{v}$

$G'(v) = 0{,}0144v - \frac{12\,000}{v^2} = 0 \overset{v \neq 0}{\Longleftrightarrow} 0{,}0144v^3 = 12\,000$

$\Longleftrightarrow v^3 = \frac{2\,500\,000}{3} \Longleftrightarrow v = \sqrt[3]{\frac{2\,500\,000}{3}} \approx 94{,}1$

Da die Funktion G für $v \to 0$ und $v \to \infty$ jeweils beliebig groß wird, liegt an der Stelle $v \approx 94$ ein Minimum vor.

❸❹ Die Einheit der Geschwindigkeit ist $\frac{km}{h}$, die Einheit für die Kosten €.
Der Kurier kann die Kosten der Fahrt minimieren, wenn er die Strecke durchschnittlich mit der optimalen Geschwindigkeit von ungefähr 94 $\frac{km}{h}$ zurücklegt.
Die (minimalen) Kosten der Reise betragen dann etwa 191 € und die Fahrt dauert knapp 6,5 Stunden. Die ermittelte Reisegeschwindigkeit ist realistisch.

3 a) Beim Verkauf mit dem Originalpreis von 399 € ergibt sich pro verkaufte Spielkonsole ein Gewinn von 399 € − 240 € − 10 € = 149 €.
Bei derzeit wöchentlich 800 verkauften Geräten ergibt sich somit ein wöchentlicher Gewinn von 800 · 149 € = 119 200 €.

Wird der Preis um 10 % gesenkt, dann beträgt der Verkaufspreis nur noch
399 € · 90 % = 359,10 €. Daher ergibt sich pro verkauftes Gerät nur noch ein
Gewinn von 359,10 € – 240 € – 10 € = 109,10 €.
Da nun aber 4 · 10 % = 40 % mehr Geräte verkauft werden können, werden
800 · 40 % = 320 Geräte mehr, also insgesamt 1 120 Geräte verkauft. Somit
wird der Markt einen Gewinn von 1 120 · 109,10 € = 122 192 € erzielen.

→ ❶ b) Der Gewinn beim Verkauf der Spielkonsole soll maximiert werden, indem die optimale Preisreduktion gefunden wird. Dabei wird der Gewinn für eine ganze Woche betrachtet. Als Zielgröße wählt man deshalb den Gewinn pro Woche, der sich ergibt aus dem Gewinn pro verkaufte Spielkonsole multipliziert mit der verkauften Stückzahl:

Gesamtgewinn G_{ges} = Stückzahl Z · Gewinn G pro Stück   (pro Woche)

Diese Einflussgrößen hängen wiederum ab von der durchgeführten Preisreduktion. Man wählt deshalb die Prozentpunkte P der Preisreduktion als Funktionsvariable.

- Der Gewinn pro verkaufte Konsole ist abhängig von den Einnahmen durch den Verkauf sowie den Kosten für Einkauf und Angebot der Konsole:
  Gewinn G pro Stück = Einnahmen E – Kosten K

  Die Einnahmen E für den Verkauf einer Konsole entsprechen dem reduzierten Preis R pro Konsole; dieser ergibt sich ausgehend vom Grundpreis 399 € in Abhängigkeit der Prozentpunkte P der Preisreduktion:
  $$R(P) = 399 \cdot \left(1 - \frac{P}{100}\right) \quad (\text{in } €)$$

  Die Kosten K pro Gerät setzen sich zusammen aus den Kosten für den Einkauf der Konsole zum Preis von 240 € und den Fixkosten von 10 €:
  $$K = 240 + 10 = 250 \quad (\text{in } €)$$

  Dadurch kann der Gewinn pro Gerät in Abhängigkeit von P bestimmt werden:
  $$G(P) = R(P) - K = 399 \cdot \left(1 - \frac{P}{100}\right) - 250 \quad (\text{in } €)$$

- Durch die Preisreduktion erhöht sich die Zahl Z der verkauften Geräte pro Woche in Abhängigkeit von P, und zwar ausgehend von den bisher verkauften 800 Stück um je 4 Prozentpunkte pro Prozentpunkt Preisreduktion:
  $$Z(P) = 800 \cdot \left(1 + \frac{4P}{100}\right)$$

Somit erhält man als Gewinn pro Woche (Zielfunktion) in Abhängigkeit von P:
$$G_{ges}(P) = Z(P) \cdot G(P) = 800 \cdot \left(1 + \frac{4P}{100}\right) \cdot \left(399 \cdot \left(1 - \frac{P}{100}\right) - 250\right) \quad (\text{in } €)$$

Da P die Prozentpunkte der Preisreduktion darstellt, ergibt sich als sinnvolle Definitionsmenge dieser Zielfunktion: $D = [0; 100]$

→ ❷ Für den Gewinn pro Woche soll nun das Maximum bestimmt werden, um die optimale Preisreduktion zu ermitteln.

$G_{ges}(P) = (800 + 32P) \cdot (149 - 3{,}99P) = -127{,}68P^2 + 1576P + 119\,200$

Lösung ohne GTR/CAS:
Das Schaubild dieser Gewinnfunktion ist eine nach unten geöffnete Parabel. Um ihr Maximum zu erhalten, setzt man die erste Ableitung der Gewinnfunktion gleich 0:

$G'_{ges}(P) = -255{,}36P + 1576 = 0 \Leftrightarrow P = \frac{1576}{255{,}36} \approx 6{,}17$

$G_{ges}(6{,}17) \approx 124\,063$

Lösung mit GTR/CAS:
Mit einem CAS bzw. GTR lässt sich die optimale Preisreduktion grafisch bestimmen.
Das Schaubild der Zielfunktion besitzt etwa im Punkt H(6,17 | 124 000) seinen Hochpunkt. Das Maximum der Zielfunktion liegt also bei P ≈ 6,17 mit $G_{ges}(6{,}17) \approx 124\,000$.

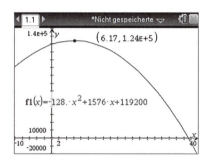

❸❹ Bei einer optimalen Preisreduktion von etwa 6 % ergibt sich der größtmögliche wöchentliche Gewinn von etwa 124 000 € und somit ein zusätzlicher Gewinn von ca. 5 000 € gegenüber dem Gewinn bei Beibehaltung des Normalpreises (vgl. Teilaufgabe a).
Der optimale Verkaufspreis beträgt dann 399 € · 94 % ≈ 375 €.

4
→ ❶ Zunächst kann man sich den Sachverhalt z. B. mithilfe eines GTR veranschaulichen, vgl. Bild rechts.
Die Kugel mit dem Durchmesser 3,6 m hat einen Radius von 1,8 m und kann deshalb als Kreis mit Mittelpunkt M(0 | 1,8) in den Tunnelquerschnitt eingezeichnet werden.

Anhand der Zeichnung allein kann man nicht entscheiden, ob die Kugel durch den Tunnel gerollt werden kann bzw. ob der Kreis vollständig unterhalb der Kosinuskurve liegt.

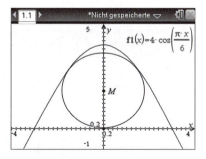

Der Kreis passt vollständig unter die Kosinuskurve, wenn jeder Punkt der Kosinuskurve vom Mittelpunkt M des Kreises eine größere Entfernung als 1,8 aufweist. Dies ist gleichbedeutend damit, dass die kleinste Entfernung zwischen dem Kreismittelpunkt M und einem Punkt Q der Kosinuskurve größer als 1,8 ist.

Zu bestimmen ist also das Minimum des Abstands des Mittelpunktes M(0|1,8) zu einem (beliebigen) Punkt Q(u|f(u)) der Kosinuskurve.

Diese Entfernung beträgt nach dem Satz des Pythagoras:

$$d(u) = \sqrt{(u-0)^2 + (f(u)-1,8)^2} = \sqrt{u^2 + \left(4\cos\left(\frac{\pi}{6}u\right)-1,8\right)^2}$$

Der Definitionsbereich dieser Zielfunktion ist durch das Intervall D=[−3; 3] vorgegeben.

→ ❷ Mit dem CAS/GTR kann man diese Funktion grafisch minimieren.

Das Schaubild der Zielfunktion besitzt etwa in den Punkten T_1(−1,51|1,82) und T_2(1,51|1,82) jeweils einen Tiefpunkt. Das Minimum der Zielfunktion beträgt also d(−1,51)=d(1,51) ≈ 1,82.

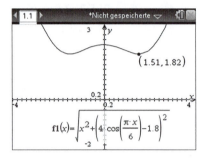

→ ❸❹ Die Koordinaten sind jeweils in Meter angegeben, also ergibt sich auch die Entfernung in Meter.

Die kleinste Entfernung eines Kurvenpunktes vom Mittelpunkt der Kugel beträgt ca. 1,82 m (in den Punkten Q_1(−1,51|f(−1,51)) und Q_2(1,51|f(1,51))) und ist damit größer als der Kugelradius von 1,8 m.

Die Kugel lässt sich also durch den Tunnel rollen und hat an der kritischsten Stelle noch einen Abstand von ca. 2 cm zur Tunnelwand.

5 a) Um die Messergebnisse zu beschreiben, stellt man die Daten zunächst grafisch dar, z. B. mit einem GTR:

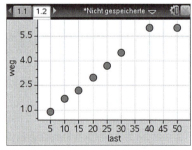

An den Messpunkten erkennt man deutlich, dass zunächst eine näherungsweise lineare Zunahme des Federwegs bei Erhöhung der Belastung vorliegt. Allerdings weicht der letzte Messpunkt deutlich von diesem linearen Verlauf ab. Dies spricht dafür, dass die Federgabel einen maximalen Federweg von 6 cm besitzt (größtmögliche Stauchung der Feder).

1 b) Modelliert werden soll der Zusammenhang zwischen Belastung b der Federgabel in kg und entsprechender Stauchung s der Feder in cm.

Anhand der Darstellung in Teilaufgabe a vermutet man einen **linearen Zusammenhang** zwischen diesen beiden Größen.

Ansatz: $s(b) = m \cdot b + t$

Für die Bestimmung der Parameter m und t benötigt man 2 Messpaare. Der Messwert bei 50 kg Belastung sollte nicht verwendet werden, da dieser einen „Ausreißer" vom linearen Verlauf darstellt (vgl. Teilaufgabe a). Verwendet man z. B. die Messpaare (5|0,9) und (40|6,0), ergibt sich als Steigung m:

$m = \dfrac{6,0 - 0,9}{40 - 5} = \dfrac{5,1}{35} \approx 0,146$

Mit (5|0,9) erhält man dann: $0,9 = 0,146 \cdot 5 + t \Rightarrow t = 0,17$

Insgesamt ergibt sich als Funktion für den Zusammenhang zwischen Belastung b in kg und Stauchung s in cm:
$s(b) = 0,146b + 0,17$

Um die Messpunkte durch eine lineare Regression zu modellieren, wird ebenfalls der Messpunkt des „Ausreißers" bei 50 kg ignoriert.

Man erhält hier als näherungsweisen linearen Zusammenhang zwischen Belastung b und Stauchung s:
$s(b) \approx 0,145b + 0,14$

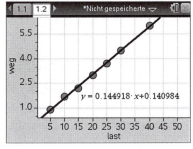

4 Eigentlich wäre zu erwarten, dass die Gerade durch den Ursprung verläuft, da ohne Belastung die Feder eigentlich entspannt sein muss. Bei Federgabeln drückt jedoch in der Realität bereits die Masse des Lenkers die Feder etwas zusammen. Zudem ist oft eine Reibung vorhanden, die ein Schwingen der Federung dämpfen soll. Die Modellierung wurde bei der ersten Variante so gewählt, dass die Gerade die beiden Messpunkte (bei Auslenkung 5 und 40) genau trifft, die anderen Messpunkte können dann aber nur näherungsweise beschrieben werden.

6
1 Gesucht ist der funktionale Zusammenhang zwischen der Ausgangsgeschwindigkeit v und der Länge des Anhaltewegs A, also eine Funktion A(v).
Laut Vorgabe lässt sich dieser Zusammenhang durch eine **ganzrationale Funktion zweiten Grades** modellieren.

Da genau 3 Messpaare angegeben sind, lässt sich die quadratische Funktion exakt mithilfe eines linearen Gleichungssystems bestimmen.

→ ❷ Ansatz: $A(v) = av^2 + bv + c$

Gegeben sind die Messwerte:
$(50 \frac{km}{h} | 27,5 \text{ m})$; $(80 \frac{km}{h} | 56 \text{ m})$; $(100 \frac{km}{h} | 80 \text{ m})$

Mit diesen 3 Messpaaren erhält man folgendes lineares Gleichungssystem:

I $2\,500a + 50b + c = 27,5$
II $6\,400a + 80b + c = 56$
III $10\,000a + 100b + c = 80$

Als Lösung dieses Gleichungssystems erhält man:
$a = 0,005$; $b = 0,3$; $c = 0$

Führt man in diesem Fall eine quadratische Regression durch, ergibt sich:

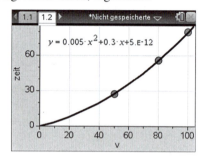

→ ❸ Man erhält bei beiden Varianten die Funktion $A(v) = 0,005v^2 + 0,3v$, die den Zusammenhang zwischen der Ausgangsgeschwindigkeit v in $\frac{km}{h}$ und der Länge des Anhaltewegs A(v) in m beschreibt.

→ ❹ Da die 3 vorgegebenen Messpunkte die quadratische Funktion eindeutig bestimmen, liefert in diesem Fall auch die Regression den exakten Zusammenhang.

7 a) Zu bestimmen ist der funktionale Zusammenhang zwischen der Eindringtiefe x
→ ❶ des Laserstrahls in das Material in mm und der Restintensität I des Laserstrahls in %.

Laut Aufgabentext liegt eine **exponentielle Abnahme** vor, der gesuchte Zusammenhang genügt also einer Funktionsgleichung der Form:
$I(x) = a \cdot e^{-kx}$

Da die Intensität des Laserstrahls vor Eindringen in das Material 100 % beträgt, kann man zusätzlich zu den in der Tabelle angegebenen Messwerten das Paar (0|100) verwenden.

Mit den Werten (0|100) und z. B. (3|45) erhält man:

$I(0) = a \cdot e^0 = a = 100$ und $I(3) = a \cdot e^{-3k} = 100 \cdot e^{-3k} = 45$

$$\Leftrightarrow e^{-3k} = 0{,}45$$
$$\Leftrightarrow -3k = \ln(0{,}45)$$
$$\Leftrightarrow k = \frac{\ln(0{,}45)}{-3} \approx 0{,}266$$

Die Funktion $I(x) = 100e^{-0{,}266x}$ beschreibt den Zusammenhang zwischen der Eindringtiefe x in mm und der Restintensität I des Laserstrahls in %.

Für die Bestimmung des Zusammenhangs mittels Regression erfasst man die Messwerte (zusammen mit dem Startwert (0|100)) im Rechner und führt die exponentielle Regression durch:

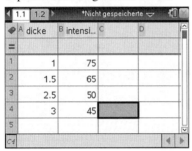 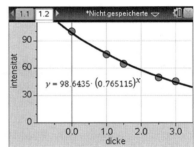

Man erhält als näherungsweise Funktion für den Zusammenhang zwischen der Eindringtiefe x in mm und der Restintensität I des Laserstrahls in %:

$I(x) \approx 99 \cdot 0{,}765^x = 99 \cdot e^{\ln(0{,}765) \cdot x} \approx 99 e^{-0{,}268x}$

④ Beide Verfahren führen zu einer Funktion, die die Messwerte und deren Verlauf sehr gut abbildet; die Funktionsbestimmung anhand zweier Messpunkte bildet den Startwert 100 % exakt ab, während die Regressionskurve die Werte zwischen dem ersten und dem letzten Wert etwas besser annähert.

b) Wenn der Laserstrahl 85 % an Intensität verloren hat, beträgt die verbleibende Intensität noch 100 % – 85 % = 15 %. Gesucht ist also der x-Wert zum Intensitätswert $I(x) = 15$.

Diesen ermittelt man rechnerisch durch Lösen der Gleichung mithilfe des Logarithmus oder grafisch durch Schnitt des Graphen von I mit der Geraden $y = 15$.

Man erhält bei Verwendung der berechneten Funktion $x \approx 7{,}13$, mit der Regressionsfunktion $x \approx 7{,}03$.

Das Material hatte also eine Dicke von etwa 7 mm.

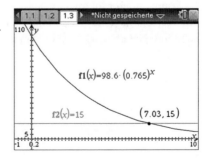

8 Gesucht ist eine Funktion, die die Tageslänge in Abhängigkeit von der Zeit innerhalb des Jahres beschreibt. Um sich ein Bild vom Verlauf der Werte zu machen, erweitert man zunächst die gegebene Tabelle um die Sonnenscheindauer D an den einzelnen Tagen (in Stunden und Minuten bzw. umgerechnet in Dezimalzahlen):

→ ❶

	22.1.	22.2.	22.3.	22.4.	22.5.	22.6.	22.7.	22.8.	22.9.	22.10.	22.11.	22.12.
SA	7:35	6:50	5:54	4:53	4:08	3:54	4:17	4:58	5:40	6:24	7:11	7:43
SU	16:37	17:27	18:09	18:55	19:35	19:59	19:44	18:56	17:53	16:54	16:09	16:03
D h:min	9:02	10:37	12:15	14:02	15:27	16:05	15:27	13:58	12:13	10:30	8:58	8:20
D dezimal	9,03	10,62	12,25	14,03	15,45	16,08	15,45	13,97	12,22	10,50	8,97	8,33

Diese Werte (Zeit in Monaten ab 22. Januar und Sonnenscheindauer in Dezimaldarstellung) werden in den GTR eingegeben und grafisch dargestellt.

Da sich die tägliche Sonnenscheindauer im Jahresverlauf immer ungefähr wiederholt, also ein periodischer Vorgang vorliegt, und die Grafik einer Sinuskurve ähnelt, bietet sich eine **trigonometrische Funktion** für die Modellierung an.

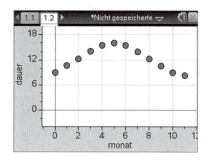

→ ❷❸ Die trigonometrische Regression mittels Sinusfunktion liefert die Funktion

$$D(t) \approx 3{,}78 \cdot \sin(0{,}509t - 0{,}965) + 12{,}14$$

zur Beschreibung der Sonnenscheindauer pro Tag im Verlauf des Jahres, t in Monaten seit 22. Januar, D in Stunden.

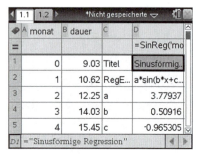

→ ❹ Stellt man die ermittelte Regressionsfunktion gemeinsam mit den Messwerten dar, so sieht man, dass die Funktion eine sehr gute Näherung der Daten darstellt.

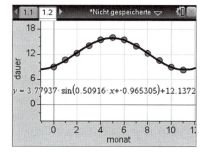

Mithilfe der gefundenen Funktion lassen sich die Fragen beantworten:

Die geringste Tageslänge wird nach dieser Modellierung mit 8,36 Stunden, also 8 Stunden und ca. 22 Minuten, etwa am 28. Dezember erreicht und die größte Tageslänge mit 15,9 Stunden, also 15 Stunden und ca. 54 Minuten, etwa am 21. Juni.

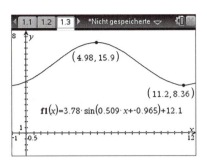

9 Um zu überprüfen, ob die in der Grafik dargestellten Daten einen radioaktiven Zerfall darstellen können, ermittelt man eine Funktion, die den Zusammenhang zwischen der Zeit und der Anzahl der Zerfälle beschreibt.

Dazu wird zunächst die jeweilige Anzahl an Zerfällen pro Sekunde ungefähr aus der Grafik abgelesen und in einer Tabelle notiert:

Zeit (in min)	0	5	10	15	20	25	30	35	40	45	50
Zerfälle	7250	6000	4900	4000	3150	2650	2100	1700	1400	1150	900

Darstellung der Wertepaare, z. B. mit einem GTR:

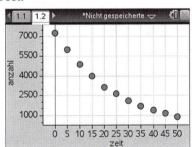

Wenn die Messwerte einen **exponentiellen Zerfall** darstellen, dann müssen sie einer Funktion der Form $f(t) = a \cdot e^{-kt}$ genügen. Anhand der Grafik vermutet man, dass dies zutreffen könnte.

Zur Überprüfung führt man eine exponentielle Regression zu den eingegebenen Werten durch. Man erhält näherungsweise:

$f(t) \approx 7370 \cdot 0{,}959^t = 7370 \cdot e^{(\ln 0{,}959) \cdot t}$

$\approx 7370 \cdot e^{-0{,}0419 t}$

(Zeit t in Minuten, Anzahl f(t) in Zerfällen pro Sekunde (Aktivität)).

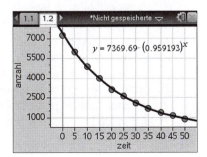

→ ❹ Diese Exponentialfunktion nähert die Messdaten sehr gut an, man kann also annehmen, dass es sich tatsächlich um einen radioaktiven Zerfall handelt.

Dies kann auch quantitativ durch Vergleich der Messwerte mit den exponentiellen Näherungswerten bestätigt werden:

	A zeit	B anzahl	C funktion	D
=			=7369.69*(0.9!	
1	0	7250	7369.69	
2	5	6000	5983.83	
3	10	4900	4858.58	
4	15	4000	3944.93	
5	20	3150	3203.09	

$C1$ =7369.69

	A zeit	B anzahl	C funktion	D
=			=7369.69*(0.9!	
7	30	2100	2111.69	
8	35	1700	1714.59	
9	40	1400	1392.16	
10	45	1150	1130.37	
11	50	900	917.803	

$C11$ =917.80254023858

In der GTR-Tabelle wurden in der ersten Spalte die Zeit, in der zweiten Spalte die Anzahl der Zerfälle laut Grafik und in der dritten Spalte die Funktionswerte der ermittelten Regressionsfunktion und somit die Regressions-Näherungswerte eingegeben.
Mit Ausnahme des ersten Messpunktes weichen diese Näherungswerte stets um höchstens ca. 50 Zerfälle von den real gemessenen Werten ab.

10
→ ❶ a   Schlüsselbegriffe: Beschleunigungswerte, (Durchschnitts-)**Geschwindigkeit**, **zurückgelegter Weg** → Integrations- bzw. Summationsaufgabe

→ ❶ b, c   a) Die Entwicklung der Geschwindigkeit des Porsche ist durch die jeweils benötigte Zeit für die Beschleunigung auf eine bestimmte Geschwindigkeit in Tabellenform gegeben. Die aufzusummierende Größe ist die Geschwindigkeit, der „Bestand" ist der in dieser Zeit zurückgelegte Weg.

Da die Geschwindigkeit in Abhängigkeit der Zeit nicht in Form einer Funktion angegeben ist, sondern nur indirekt durch die Beschleunigungszeiten, kann der zurückgelegte Weg hier nur mithilfe einer **Summation (Strategie 1)** ermittelt werden.

→ ❷❸   Wie in der Aufgabenstellung bereits vorgegeben, bestimmt man dazu für die einzelnen Zeitintervalle geeignete Durchschnittsgeschwindigkeiten.

Die gegebene Tabelle wird folgendermaßen ergänzt (s. nächste Seite):
In der dritten Zeile steht die Zeitdifferenz zwischen zwei Messwerten in s, d. h. die Zeit, die der Porsche zusätzlich benötigt, um die jeweils nächstgrößere Geschwindigkeit zu erreichen, wenn er weiterhin beschleunigt.
In der vierten Zeile wird die Durchschnittsgeschwindigkeit in den jeweiligen Zeitintervallen in $\frac{km}{h}$ angegeben.

Da die Zeit in s angegeben ist, werden diese Durchschnittsgeschwindigkeiten in die Einheit $\frac{m}{s}$ umgerechnet (fünfte Zeile), um die in den entsprechenden Intervallen zurückgelegte Wegstrecke berechnen zu können (1 $\frac{km}{h} = \frac{1}{3,6} \frac{m}{s}$).
In der sechsten Zeile wird schließlich jeweils das Produkt der Zeiträume mit der Durchschnittsgeschwindigkeit genommen; dadurch erhält man die zurückgelegten Wegstrecken zwischen den zwei entsprechenden Messpunkten.

Geschwindigkeitsbereich in $\frac{km}{h}$	0–80	0–100	0–120	0–130	0–160	0–180	0–200
Zeit ab Start	2,1 s	2,9 s	4,0 s	4,6 s	6,5 s	8,2 s	10,2 s
Zeitintervall t	2,1 s	0,8 s	1,1 s	0,6 s	1,9 s	1,7 s	2,0 s
Durchschnittsgeschwindigkeit $\bar{v}$ in $\frac{km}{h}$	40 $\frac{km}{h}$	90 $\frac{km}{h}$	110 $\frac{km}{h}$	125 $\frac{km}{h}$	145 $\frac{km}{h}$	170 $\frac{km}{h}$	190 $\frac{km}{h}$
$\bar{v}$ in $\frac{m}{s}$	11,1 $\frac{m}{s}$	25,0 $\frac{m}{s}$	30,6 $\frac{m}{s}$	34,7 $\frac{m}{s}$	40,3 $\frac{m}{s}$	47,2 $\frac{m}{s}$	52,8 $\frac{m}{s}$
Wegstrecke	23,3 m	20,0 m	33,7 m	20,8 m	76,6 m	80,2 m	105,6 m

Zuletzt werden diese einzelnen Wegstrecken addiert:
23,3 m + 20,0 m + 33,7 m + 20,8 m + + 76,6 m + 80,2 m + 105,6 m = 360,2 m

Der Porsche legt bis zum Erreichen der Geschwindigkeit von 200 $\frac{km}{h}$ insgesamt eine Wegstrecke von ca. 360 Meter zurück.

a Das Ergebnis lässt sich z. B. durch Überschlagsrechnungen überprüfen. Fährt der Porsche beispielsweise die gesamte Zeit durchschnittlich 100 $\frac{km}{h}$, würde er eine Strecke von $\frac{100}{3,6} \frac{m}{s} \cdot 10,2$ s ≈ 283 m zurücklegen. Da er bereits nach 3 s Beschleunigung die Geschwindigkeit von 100 $\frac{km}{h}$ erreicht hat, legt er insgesamt eine größere Strecke zurück.

b) Die Entwicklung der Geschwindigkeit des Porsche ist nun als Funktion v in Abhängigkeit der Zeit gegeben. Deshalb bietet sich hier zum Berechnen der zurückgelegten Wegstrecke eine **Integration (Strategie 2)** an.

Da der Porsche insgesamt 10,2 s benötigt, um die Endgeschwindigkeit von 200 $\frac{km}{h}$ zu erreichen, bildet man das bestimmte Integral über die Geschwindigkeitsfunktion v(t) in den Grenzen von t = 0 bis t = 10,2.

Mit einem GTR/CAS lassen sich die Geschwindigkeitskurve zeichnen und hieraus grafisch näherungsweise der Wert des Integrals bestimmen:

$$s = \int_0^{10,2} v(t)\, dt \approx 370$$

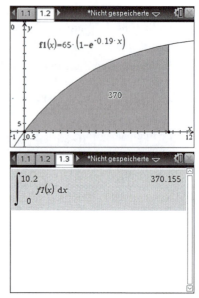

Alternativ lässt sich die Geschwindigkeitsfunktion auch von Hand mithilfe einer Stammfunktion oder mithilfe eines GTR/CAS exakt integrieren:

$$s = \int_0^{10,2} 65 \cdot (1 - e^{-0,19t})\, dt$$

$$= 65 \cdot \left[t - \frac{1}{-0,19} e^{-0,19t} \right]_0^{10,2} \approx 370$$

Da die Geschwindigkeiten v(t) bereits in $\frac{m}{s}$ angegeben sind, ergibt sich bei der Integration die Wegstrecke in Meter.
Mit dieser Methode ergibt sich eine Wegstrecke von ca. 370 Meter.

→ ❹ b Die Summation in Teilaufgabe a liefert eine gute Näherung der exakten Berechnung in Teilaufgabe b, allerdings sind dazu einige Rechnungen und Überlegungen nötig. Andererseits lässt sich auf diese Weise der zurückgelegte Weg rein anhand der Messwerte näherungsweise ermitteln, ohne dass die genaue Entwicklung der Geschwindigkeit durch eine Funktion modelliert ist.

11
→ ❶ a, b Gegeben sind die **Entnahmeraten** von Wasser aus einem Pumpspeicherwerk. Gefragt ist nach der **Wassermenge**, die in einem bestimmten Zeitraum insgesamt entnommen wurde. Diese ergibt sich als „rekonstruierter Bestand" der Entnahmeraten (Änderungsraten) durch Aufsummieren oder Integrieren.

→ ❶ c a) Die Entnahmeraten pro min sind tabellarisch für einzelne Zeitpunkte gegeben. Wie auch vorgegeben, kann die entnommene Wassermenge durch eine Summation näherungsweise bestimmt werden.

→ ❷❸ Für diese Abschätzung gibt es mehrere Wege:
Denkbar wäre es, einfach den Mittelwert der Entnahmeraten über die gesamte Zeit zu bestimmen und damit die gesamte Entnahmemenge zu approximieren:

$$\bar{r} = \frac{70 + 90 + 105 + 115 + 125 + 128 + 130 + 125 + 120}{9} = \frac{1008}{9} = 112 \left[\frac{m^3}{min} \right]$$

Die ungefähre Wassermenge ergibt sich dann durch eine einfache Multiplikation dieser durchschnittlichen Rate mit der Gesamtzeit:

$W_{ges} \approx \bar{r} \cdot 240 \text{ min} = 112 \frac{m^3}{min} \cdot 240 \text{ min} = 26\,880 \text{ m}^3$

Alternativ kann man die Modellierung auch dadurch realisieren, dass die Entnahmerate in jedem Zeitraum etwa dem Durchschnitt der Entnahmeraten zu Beginn und am Ende des Intervalls entspricht:

Zeit in min	0	30	60	90	120	150	180	210	240
Rate r in $\frac{m^3}{min}$	70	90	105	115	125	128	130	125	120
$\bar{r}$ in $\frac{m^3}{min}$		80	97,5	110	120	126,5	129	127,5	122,5

Da die einzelnen Zeitintervalle gleich lang sind (jeweils 30 min), ergibt sich:

$W_{ges} \approx (80 + 97{,}5 + 110 + 120 + 126{,}5 + 129 + 127{,}5 + 122{,}5) \frac{m^3}{min} \cdot 30 \text{ min}$
$= 913 \frac{m^3}{min} \cdot 30 \text{ min} = 27\,390 \text{ m}^3$

Da die Entnahmeraten in $\frac{m^3}{min}$ und die Zeitpunkte in Minuten gegeben sind, ergibt sich für die Wassermenge die Einheit m³. Beide Näherungen führen zu einem ähnlichen Ergebnis. Es werden also insgesamt ca. 27 000 m³ Wasser in den 4 Stunden entnommen.

b) Stellt man die Messwerte zusammen mit der gegebenen Approximation grafisch dar, erkennt man, dass die Parabel die Messpunkte gut widerspiegelt und damit eine geeignete Approximation der Messwerte darstellt.
Alternativ könnte man auch die Funktionswerte zu den einzelnen Zeitpunkten bestimmen und mit den Tabellenwerten vergleichen.

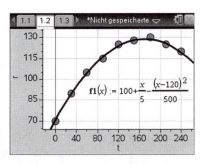

c) Da die Entwicklung der Entnahmeraten nun durch eine (quadratische) Funktion gegeben ist, lässt sich die Wassermenge durch Integration ermitteln.

Die in den 4 Stunden insgesamt entnommene Wassermenge ergibt sich durch das bestimmte Integral über die Näherungsfunktion r(t) von t=0 bis t=240 (t in min):

$\int_0^{240} r(t) \, dt = 27\,456$

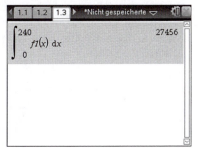

Ohne GTR/CAS ist die Berechnung über die Integration zwar etwas mühsam, aber dennoch möglich. Man muss den Funktionsterm zunächst ausmultiplizieren und zusammenfassen und danach eine Stammfunktion des ganzrationalen Funktionsterms finden:

$$\int_0^{240} r(t)\,dt = \int_0^{240} \left(100 + \tfrac{1}{5}t - \tfrac{(t-120)^2}{500}\right) dt = \int_0^{240} \left(-\tfrac{1}{500}t^2 + \tfrac{17}{25}t + \tfrac{356}{5}\right) dt$$

$$= \left[-\tfrac{1}{1\,500}t^3 + \tfrac{17}{50}t^2 + \tfrac{356}{5}t\right]_0^{240} = 27\,456$$

→ ❸ Da die Funktionswerte r(t) als Entnahmeraten in $\tfrac{m^3}{min}$ und die Zeit t in Minuten gegeben sind, ergibt sich bei der Integration die Einheit m^3. Man erhält eine Wassermenge von 27 456 m^3.

→ ❹ Die Näherungen durch Summation in Teilaufgabe a liefern auch ohne Kenntnis der Funktion, die die Entwicklung der Raten fortlaufend beschreibt, eine sehr gute Näherung der entnommenen Wassermenge (ca. 27 000 m^3 Wasser in 4 Stunden).

12
→ ❶ Die Funktion L gibt die Tageslänge pro Tag im Verlauf eines Jahres an. Summiert man die Funktionswerte für einzelne Zeitpunkte t auf, erhält man die gesamte Sonnenscheindauer im jeweiligen Zeitraum.
Die maximal mögliche Gesamtsonnenscheindauer im Lauf eines Jahres entspricht deshalb der Summe der Tageslängen aller 365 Tage (Summationsaufgabe Grundform); die mittlere Tageslänge entspricht dem Mittelwert der Funktion L in diesem Zeitraum (Summationsaufgabe Variante B).

→ ❷ Die aufwendige Summation der 365 Werte kann auf verschiedene Arten vereinfacht bzw. umgangen werden:
- Wenn man die Eigenschaften einer trigonometrischen Funktion verwendet, lässt sich die Antwort sehr einfach und direkt bestimmen:
  Das Schaubild der gegebenen trigonometrischen Funktion besitzt eine Periode von 365 (Tagen) und die Mittellinie 12. Damit erhält man im Lauf eines Jahres insgesamt maximal 365 · 12 = 4 380 Sonnenscheinstunden.
- Alternativ kann sie durch eine geeignete Integration ersetzt werden:
  Das Integral über die Tageslängenfunktion approximiert in diesem Fall die Aufsummierung der einzelnen Tageswerte. Die Integration erfolgt über den Zeitraum eines Jahres, also von t = 0 bis t = 365.

$$\int_0^{365} L(t)\,dt = \int_0^{365} \left(12 + 4 \cdot \sin\left(\tfrac{2\pi}{365}t\right)\right) dt = \left[12t - 4 \cdot \tfrac{365}{2\pi} \cdot \cos\left(\tfrac{2\pi}{365}t\right)\right]_0^{365}$$

$$= \left(12 \cdot 365 - 4 \cdot \tfrac{365}{2\pi} \cdot \cos(2\pi)\right) - \left(12 \cdot 0 - 4 \cdot \tfrac{365}{2\pi} \cdot \cos(0)\right)$$

$$= 4\,380 - 4 \cdot \tfrac{365}{2\pi} + 4 \cdot \tfrac{365}{2\pi} = 4\,380$$

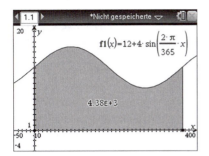
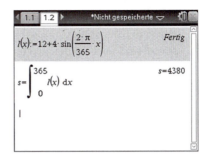

Die mittlere Tageslänge ergibt sich bei der ersten Überlegung direkt aufgrund der Mittellinie 12 der Sinusfunktion, andernfalls als Mittelwert der Funktion L über dem Zeitraum eines Jahres anhand der entsprechenden Formel:

$$\overline{L} = \frac{1}{365} \cdot \int_0^{365} L(t)\,dt = \frac{1}{365} \cdot 4380 = 12$$

❹ Die Zeit t ist in Tagen (seit Frühlingsbeginn) angegeben, die Tageslänge in Stunden. Man erhält also eine maximale Sonnenscheindauer von 4380 Stunden für ein Jahr und eine mittlere Tageslänge von 12 Stunden.
Diese Werte ergeben sich sowohl bei der Integration als auch bei der einfachen Überlegung mithilfe der Eigenschaften der Sinusfunktion exakt.

13 Gegeben ist die **Abflussrate** des Regenwassers über die Kanalisation in Abhängig-
❶ keit der Zeit nach einem Regenschauer in Form einer Funktion a(t). Durch Integration erhält man als „Bestand" die abgeflossene **Wassermenge**.
Teilaufgabe a fragt nach dem Maximum der Rate, in Teilaufgabe b ist der Mittelwert der Abflussrate gesucht (Integrationsaufgabe Variante B) und in Teilaufgabe c die insgesamt abgeführte Wassermenge (Integrationsaufgabe Grundform).

a) Das Maximum der Funktion a(t) kann z. B. anhand des Schaubilds der Funktion bestimmt werden; es liegt im Punkt H(0,5 | 9,2).

Da die Zeit in Stunden und die Abflussrate in $\frac{m^3}{h}$ angegeben ist, wird die maximale Abflussrate nach einer halben Stunde mit ca. $9{,}2\,\frac{m^3}{h}$ erreicht.

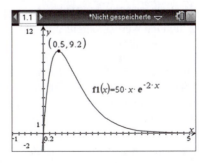

→ ❷❸ b) Die durchschnittliche Abflussrate in
den ersten zwei Stunden ergibt sich als
Mittelwert der Funktion a(t) über dem
Zeitraum [0; 2]:

$$\bar{a} = \frac{1}{2} \cdot \int_0^2 a(t)\, dt \approx \frac{1}{2} \cdot 11{,}4 = 5{,}7$$

Die mittlere Abflussrate in den ersten
2 Stunden beträgt ca. $5{,}7\,\frac{m^3}{h}$.

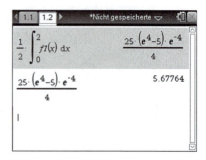

→ ❷❸ c) Die Wassermenge, die in T Stunden nach Beginn des Regens, also im Zeitraum [0; T], insgesamt abfließt, ergibt sich aus dem Integral $V(T) = \int_0^T a(t)\, dt$.

Am Schaubild der Funktion a(t) sieht
man, dass die Abflussrate sehr schnell
wieder nachlässt und nach ca. 3 Stunden bereits fast null beträgt (vgl. Rechnerbild zu Teilaufgabe a).
Setzt man für T eine genügend große
Zahl (z. B. T = 50) ein, erhält man für
das Integral den Wert 12,5.
Dieser Wert ändert sich auch bei größeren Werten für T nicht mehr, d. h., es
fließen insgesamt 12,5 m³ Wasser ab.

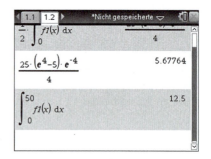

→ ❹ Die Ergebnisse passen insgesamt zusammen und werden auch durch die grafische Veranschaulichung bestätigt. Fast die gesamte Wassermenge fließt in den ersten 3 Stunden ab; der stärkste Abfluss erfolgt nach einer halben Stunde mit $9{,}2\,\frac{m^3}{h}$; die durchschnittliche Rate in den ersten 2 Stunden liegt bei $5{,}7\,\frac{m^3}{h}$, d. h., in den 2 Stunden werden bereits etwa $2\,h \cdot 5{,}7\,\frac{m^3}{h} = 11{,}4\,m^3$ abgeführt.

14 Gegeben ist die **Wachstumsrate** einer Fichte in Abhängigkeit der Zeit seit der
→ ❶ Pflanzung in Form einer Funktion w(t). Durch Integration erhält man als „Bestand"
die (Zunahme der) **Höhe des Baumes**.
Teilaufgabe a fragt nach dem Maximum der Wachstumsrate, Teilaufgabe b bezieht sich auf die Baumhöhe nach einer bestimmten Zeit (Integrationsaufgabe Grundform) und in Teilaufgabe c ist der Zeitpunkt, zu dem eine bestimmte Höhe erreicht wird, gesucht (Integrationsaufgabe Variante A).

a) Der Hochpunkt des Graphen der Funktion w(t) liegt etwa bei H(28 | 1,5).
Die Zeit t ist in Jahren seit der Pflanzung und die Wachstumsrate in Meter pro Jahr angegeben.
Der Baum wächst also im Alter von 28 Jahren am schnellsten mit 1,5 m pro Jahr.

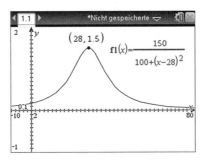

b) Die Höhe des Baumes nach T Jahren ist durch das bestimmte Integral über die Wachstumsrate im Zeitraum [0; T] gegeben.
Für die Höhe nach 50 Jahren erhält man:
$$\int_0^{50} w(t)\,dt \approx 35{,}58$$

Die maximale Höhe des Baumes ergibt sich durch Betrachtung dieses Integrals für immer größere Werte von T. Mit einem CAS lässt sich der Grenzwert der Höhe über das Integral $H(T) = \int_0^T w(t)\,dt$ mit anschließender Grenzwertbildung für $T \to \infty$ bestimmen:
$H(T) \xrightarrow{T \to \infty} 42$ (gerundet)

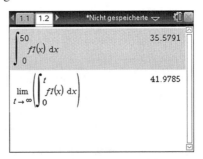

Mit einem GTR lässt sich die maximale Höhe zumindest näherungsweise bestimmen, indem man für T geeignet große Werte (z. B. T = 100) einsetzt. Man erhält etwa den Wert 40.

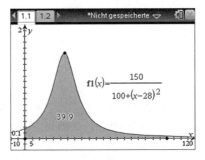

Da die Wachstumsrate in Meter pro Jahr angegeben ist, ergibt sich die Höhe bei der Integration in Meter.
Die Fichte ist also nach 50 Jahren knapp 36 m hoch. Ihre maximale Höhe im Lauf der Jahre beträgt ca. 42 m (bzw. ca. 40 m).

c) Um den Zeitpunkt zu bestimmen, an dem die Fichte die Höhe von 10 m erreicht, ist folgende Gleichung zu lösen (vgl. auch Teilaufgabe b):
$$\int_0^T w(t)\,dt = 10$$

Dazu zeichnet man z. B. das Schaubild der Integralfunktion

$$H(T) = \int_0^T w(t)\, dt$$

und schneidet dieses mit der Geraden y = 10. Man erhält: T ≈ 21,7

Nach knapp 22 Jahren ist eine Höhe von 10 Meter erreicht.

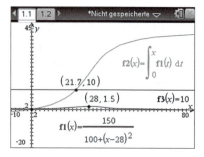

→ ❹ Die Ergebnisse passen insgesamt zusammen und werden auch durch die grafische Veranschaulichung bestätigt. Die Wachstumsrate steigt zunächst an, bis sie nach 28 Jahren ihren Höchstwert mit 1,5 m pro Jahr erreicht hat, anschließend nimmt sie wieder ab. Nach ca. 22 Jahren ist die Fichte 10 m, nach 50 Jahren bereits etwa 36 m hoch. Maximal wird der Baum eine Höhe von ca. 42 m erreichen.

15
→ ❶ Analog zu Aufgabe 13 ergibt sich durch Integration über die gegebene **Durchflussrate** des Regenwassers als „Bestand" die abgeflossene **Wassermenge**. Der erste Teil fragt nach dem Maximum der Rate, der zweite Teil nach der insgesamt abtransportierten Wassermenge (Integrationsaufgabe Grundform).

Z. B. mithilfe eines GTR verschafft man sich einen Überblick über den Verlauf der Änderung der Wassermenge, die durch den Kanal fließt, und bestimmt numerisch das Maximum der Durchflussrate. Der Hochpunkt liegt etwa bei H(10 | 13,5).
Die Zeit t ist in Stunden und die Durchflussrate in $\frac{m^3}{h}$ angegeben. Nach ca. 10 Stunden ist also die maximale Durchflussrate von ca. 13,5 $\frac{m^3}{h}$ erreicht.

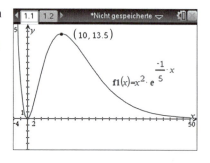

→ ❷❸ Die Wassermenge, die in T Stunden, also im Zeitraum [0; T], abfließt, ergibt sich aus dem Integral $W(T) = \int_0^T d(t)\, dt$.

Die insgesamt abtransportierte Wassermenge ergibt sich durch Betrachtung dieses Integrals für immer größere Werte von T. Mit einem CAS lässt sich der Grenzwert der Wassermenge durch Grenzwertbildung für T → ∞ bestimmen: $W(T) \xrightarrow{T \to \infty} 250$

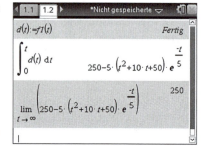

Mit einem GTR lässt sich diese Wassermenge zumindest näherungsweise bestimmen, indem man für T geeignet große Werte (z. B. T = 50) einsetzt.

Als Gesamtwassermenge ergibt sich hier ca. 250 m³.

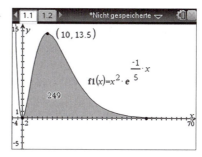

6 Schlüsselbegriffe: **Längsschnitt** einer Vase, **Fassungsvermögen**, **Füllhöhe**

a → Rotationsvolumen

c Die Randfunktion ist mit f(x) gegeben. Da diese Funktion die Randkurve des Längsschnitts darstellt, entsteht bei Rotation um die x-Achse ein Rotationskörper, der die Form der liegenden Blumenvase besitzt.
Die Integrationsgrenzen sind durch den Bereich $0 \leq x \leq 10$ vorgegeben.
Bei der zweiten Fragestellung ist das Volumen vorgegeben und die Füllhöhe als obere Integrationsgrenze h gesucht.

❷ Die Breite der Blumenvase entspricht der Breite der dicksten Stelle. Diese Stelle entspricht der Maximumstelle der Funktion f. Das Maximum der Randfunktion f lässt sich z. B. mit einem GTR bestimmen. Man erhält: Das Schaubild der Randfunktion besitzt im Punkt H(1|8) seinen Hochpunkt.
Die Breite der Vase entspricht dann dem doppelten Funktionswert an dieser Stelle, also $2 \cdot 8 = 16$.

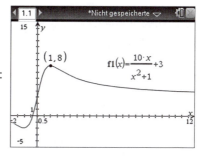

Das Fassungsvermögen der Blumenvase entspricht dem Volumen des Rotationskörpers mit der Randfunktion f im Bereich $0 \leq x \leq 10$. Mit der Formel für das Rotationsvolumen erhält man:

$$V = \pi \cdot \int_0^{10} (f(x))^2 \, dx \approx 933{,}24$$

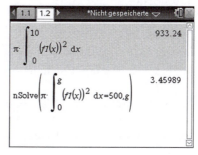

Um die Füllhöhe bei Füllung der Vase mit einem halben Liter Wasser bestimmen zu können, muss man die Integralgleichung

$$\pi \cdot \int_0^h (f(x))^2 \, dx = 500 \text{ nach h lösen (vgl. ❸).}$$

Mit dem Rechner ergibt sich hier: $h \approx 3{,}46$

→ ❸ Da x und f(x) in cm angegeben sind, beträgt die Einheit des berechneten Volumens cm³. Die Blumenvase fasst also ca. 933 cm³ = 933 m𝓁 Wasser.
Bei einer Füllmenge von einem halben Liter (≙ 500 m𝓁 = 500 cm³) steht das Wasser ca. 3,5 cm hoch in der Vase. Die dickste Stelle der Vase liegt in einer Höhe von 1 cm; die Vase ist dort und somit insgesamt 2 · 8 cm = 16 cm breit.

→ ❹ Die Vase ist insgesamt 10 cm hoch und fasst knapp 1 Liter Wasser. Bei halber Füllmenge steht das Wasser nur 3,5 cm hoch in der Vase; dies passt aber zur Form der Blumenvase (vgl. Rechnerbild), deren dickste Stelle bereits in einer Höhe von 1 cm liegt (dort ist sie 16 cm breit, an der oberen Öffnung nur ca. 8 cm).

17
→ ❶ Gesucht ist die nötige Breite einer **rotationssymmetrischen** Blumenschale von fester Höhe, um ein vorgegebenes **Volumen** zu erreichen.

Die Blumenschale soll durch einen Rotationskörper mit parabelförmigem Längsschnitt dargestellt werden. Damit die Rotationsachse auf der x-Achse liegt und die Formel für das Rotationsvolumen angewendet werden kann, muss der Längsschnitt der Schale in liegender Form betrachtet werden. Aus der Parabel wird dann eine Wurzelfunktion (Spiegelung an der ersten Winkelhalbierenden bzw. Umkehrfunktion).

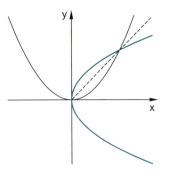

„Legt" man den Längsschnitt der Schale so in das Koordinatensystem, dass der Boden der Schale im Ursprung liegt und die Einheiten auf den Achsen in cm angegeben werden, hat die Funktion, die den parabelförmigen Längsschnitt der Schale berandet, eine Funktionsgleichung der Form $f(x) = a \cdot \sqrt{x}$ im Bereich $0 \leq x \leq 12$ (da die Schale 12 cm hoch sein soll).

→ ❷❸ Die Schale soll 5 Liter fassen, also muss das Rotationsvolumen 5 dm³ = 5 000 cm³ betragen. Daraus ergibt sich folgende Gleichung, aus der sich der Parameter a in der Funktionsgleichung bestimmen lässt:

$$V = \pi \cdot \int_0^{12} (f(x))^2 \, dx = \pi \cdot \int_0^{12} (a \cdot \sqrt{x})^2 \, dx = 5\,000$$

Lösung ohne GTR/CAS:
Mit $f(x) = a \cdot \sqrt{x}$ ergibt sich für das Rotationsvolumen im Intervall [0; 12]:

$$V = \pi \cdot \int_0^{12} (f(x))^2 \, dx = \pi \cdot \int_0^{12} a^2 x \, dx = \pi \cdot \left[\tfrac{1}{2} a^2 x^2\right]_0^{12} = 72\pi a^2$$

Aus der Gleichung V = 5 000 erhält man für die Variable a:

$$V = 72\pi a^2 = 5\,000 \iff a = \sqrt{\tfrac{5\,000}{72\pi}} \approx 4{,}70$$

Lösung mit GTR/CAS:
Ob und wie Integralgleichungen mit dem GTR gelöst werden können, ohne das Integral explizit zu berechnen, hängt stark vom verwendeten GTR-Modell ab. Mit jedem GTR möglich ist jedoch das Herantasten an einen geeigneten Wert von a:

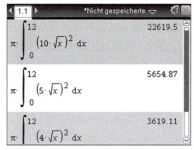
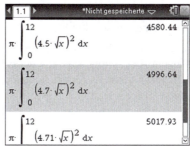

Mit einem CAS gestaltet sich die Lösung deutlich einfacher, da die Integralgleichung hier numerisch gelöst werden kann.

Bei allen Methoden erhält man für a einen Wert von ca. 4,70.

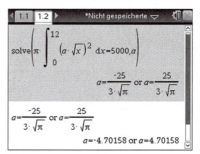

Die Randfunktion, die den liegenden Längsschnitt der Blumenschale beschreibt, lautet also:

$f(x) = 4{,}70 \cdot \sqrt{x}$; $0 \leq x \leq 12$,

x und f(x) in cm

Die breiteste Stelle der Schale befindet sich aufgrund ihrer Form an ihrer oberen Kante; die Breite an dieser Stelle entspricht dem doppelten Funktionswert:

$f(12) = 4{,}70 \cdot \sqrt{12} \approx 16{,}28$

Die Schale muss somit ca.
$2 \cdot 16{,}28$ cm $\approx 32{,}6$ cm breit sein.

Das Bild rechts zeigt den Längsschnitt der Schale im Koordinatensystem.
Dieser gibt gut die angestrebte Form der Schale wieder.

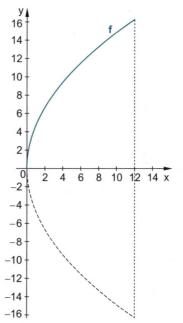

18 Zu bestimmen ist die Masse einer Eisenhantel, deren **Längsschnitt** abgebildet ist.

→ ❶ Die Hantel besteht aus einem Zylinder und zwei Kugeln, ist also **rotationssymmetrisch**; ihre Masse ergibt sich aus dem Volumen nach dem angegebenen Verhältnis.

Zur Ermittlung des Volumens mithilfe der Formel für das Rotationsvolumen muss die Funktionsgleichung der Randfunktion bestimmt werden, die den Längsschnitt bei geeignet gewählter Lage im Koordinatensystem beschreibt.

Legt man die Hantel so in ein Koordinatensystem, dass der Mittelpunkt der linken Kugel im Ursprung liegt und die Einheiten auf den Achsen in cm angegeben sind, dann erhält man folgendes Schaubild für den Längsschnitt der linken Hälfte der Hantel (da die Hantel insgesamt 20 cm lang ist, nimmt die linke Hälfte 10 Einheiten auf der x-Achse ein):

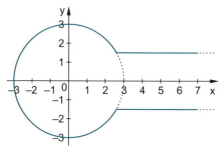

Die Randfunktion der Kugel am linken Ende der Hantel wird durch einen Kreis beschrieben. Der Kreis hat einen Durchmesser von 6 cm, also den Radius r = 3. Alle Punkte (x|y) des Kreises um den Ursprung mit Radius r können dargestellt werden durch die Gleichung:

$x^2 + y^2 = r^2$ (Satz des Pythagoras)

Die Funktionsgleichung für den oberen Halbkreisbogen lautet dann:

$y = \sqrt{r^2 - x^2}$

Im vorliegenden Fall gilt r = 3, also lautet die Gleichung für den Halbkreisbogen von x = −3 bis x = 3:

$k(x) = \sqrt{3^2 - x^2}$

Die Randfunktion des Längsschnitts der halben Hantel besteht im Bereich von x = −3 bis zum Übergang der Kugel in den Zylinder aus diesem Kreisbogen; ab diesem Übergang bis x = 7 wird die Randfunktion beschrieben durch eine Parallele zur x-Achse; diese hat aufgrund der Breite des Mittelteils von 3 cm die Gleichung:

$p(x) = 1{,}5$

Die Übergangsstelle x_S zwischen Halbkreis und Gerade wird als Schnitt der beiden Funktionen bestimmt:

$$k(x) = p(x)$$
$$\sqrt{3^2 - x^2} = 1{,}5 \quad | \text{ quadrieren}$$
$$3^2 - x^2 = 1{,}5^2 \quad | -3^2$$
$$-x^2 = -6{,}75 \quad | \cdot (-1)$$
$$x^2 = 6{,}75 \quad | \sqrt{}$$
$$x_S \approx 2{,}598$$

c) Das Rotationsvolumen der halben Hantel setzt sich aus den Volumina der beiden Teile zusammen:

$$V_{halb} = \pi \cdot \int_{-3}^{x_S} (k(x))^2 \, dx + \pi \cdot \int_{x_S}^{7} (p(x))^2 \, dx$$

Lösung mit GTR/CAS:
Mithilfe eines GTR erhält man für dieses Volumen $V_{halb} \approx 142{,}8$.
Da die Einheiten auf den Achsen in cm angegeben sind, ergibt sich das Volumen in cm^3.
Mit der Dichte von $7{,}9 \frac{g}{cm^3}$ und der Verdopplung des Volumens erhält man damit ca. 2260 g für die gesamte Hantel.

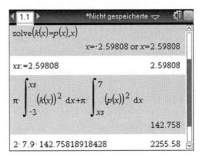

Lösung ohne GTR/CAS:
Mit $x_S \approx 2{,}598$ lässt sich das Volumen der halben Hantel auch von Hand berechnen:

$$V_{halb} = \pi \cdot \int_{-3}^{x_S} (k(x))^2 \, dx + \pi \cdot \int_{x_S}^{7} (p(x))^2 \, dx$$

$$= \pi \cdot \int_{-3}^{x_S} (9 - x^2) \, dx + \pi \cdot \int_{x_S}^{7} 2{,}25 \, dx = \pi \cdot \left[9x - \tfrac{1}{3}x^3\right]_{-3}^{x_S} + \pi \cdot \left[2{,}25x\right]_{x_S}^{7}$$

$$= \pi \cdot \left(9x_S - \tfrac{1}{3}x_S^3 - 9 \cdot (-3) + \tfrac{1}{3} \cdot (-3)^3\right) + \pi \cdot (2{,}25 \cdot 7 - 2{,}25 x_S) \approx 142{,}8$$

Auch hier erhält man nach Multiplikation mit $2 \cdot 7{,}9$ die Masse von ca. 2260 g für die gesamte Hantel.

19 Der **Längsschnitt** eines Blumentopfes soll so modelliert werden, dass sein **Fassungsvermögen** bestimmt werden kann.

Der Blumentopf ist *nicht* rotationssymmetrisch! Allerdings ist sein Querschnitt in jeder Höhe ein Quadrat, sodass man das Volumen durch Integration über die Querschnittsfläche an jeder Stelle berechnen kann.

Um die Querschnittsfunktion q zu ermitteln, benötigt man die Breite des Blumentopfs in jeder Höhe. Man legt dazu den Längsschnitt des Blumentopfes so in ein Koordinatensystem (mit cm als Einheit auf den Achsen), dass der Boden des Topfes im Ursprung bzw. auf der y-Achse liegt (vgl. Skizze rechts). Die halbe Breite des Topfes entspricht dann an jeder Stelle x dem Funktionswert der Randfunktion f. Die Randfunktion f soll mit einer Wurzelfunktion beschrieben werden.

Die Wurzelfunktion ist um b nach links verschoben und ihre Öffnungsweite a ist zu bestimmen. Da zwei Maße (Länge der Innenkante des Bodens und Länge der inneren Oberkante) gegeben sind, kann man eine Funktion ansetzen, die mit diesen zwei Parametern versehen ist. In diesem Fall bietet sich die Funktion f an mit:

$f(x) = a \cdot \sqrt{x+b}$

Aus den Maßangaben ergeben sich entsprechend der Skizze die zwei Bedingungen:
$f(0) = 10$ (Boden) und $f(40) = 20$ (Öffnung)

Hieraus ergibt sich folgendes Gleichungssystem:

$a \cdot \sqrt{b} = 10 \quad \Rightarrow \quad a = \dfrac{10}{\sqrt{b}}$

$a \cdot \sqrt{40+b} = 20 \quad \Rightarrow \quad \dfrac{10}{\sqrt{b}} \cdot \sqrt{40+b} = 20$

Die zweite Gleichung wird nach b aufgelöst:

$\dfrac{10}{\sqrt{b}} \cdot \sqrt{40+b} = 20 \ \Leftrightarrow \ 10 \cdot \sqrt{40+b} = 20\sqrt{b}$

$\Leftrightarrow \ 100 \cdot (40+b) = 400b$

$\Leftrightarrow \ 4000 + 100b = 400b$

$\Leftrightarrow \ b = \dfrac{4000}{300} = \dfrac{40}{3}$

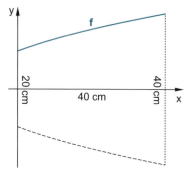

Setzt man diesen Wert von b in die erste Gleichung ein, erhält man:

$a = \dfrac{10}{\sqrt{\tfrac{40}{3}}} = 10 \cdot \sqrt{\dfrac{3}{40}} = \dfrac{10}{2} \cdot \sqrt{\dfrac{3}{10}} = \dfrac{\sqrt{30}}{2}$

Die Randfunktion lautet also:

$f(x) = \dfrac{\sqrt{30}}{2} \cdot \sqrt{x + \dfrac{40}{3}}; \ 0 \le x \le 40$, x und f(x) in cm

An jeder Stelle x ist die Querschnittsfläche des Topfes ein Quadrat mit der Kantenlänge $2 \cdot f(x)$; die Fläche dieses Quadrates beträgt dann $(2 \cdot f(x))^2 = 4 \cdot (f(x))^2$.
Die Querschnittsfunktion q ist somit bestimmt durch:

$$q(x) = 4 \cdot (f(x))^2 = 4 \cdot \left(\frac{\sqrt{30}}{2} \cdot \sqrt{x + \frac{40}{3}}\right)^2 = 4 \cdot \frac{30}{4} \cdot \left(x + \frac{40}{3}\right) = 30x + 400; \ 0 \le x \le 40$$

❷ Für das Innenvolumen des Topfes erhält man daher:

$$V = \int_0^{40} q(x)\,dx = \int_0^{40} (30x + 400)\,dx$$
$$= \left[15x^2 + 400x\right]_0^{40} = 40\,000$$

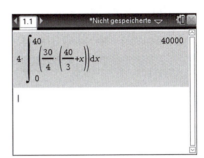

❸ Da x und f(x) in cm angegeben sind, beträgt die Einheit des mithilfe der Formel berechneten Volumens cm^3. Der Blumentopf hat also ein Fassungsvermögen von $40\,000\ cm^3 = 40\ dm^3$, d. h. 40 Liter.

20

❶ a Schlüsselbegriffe: Bakterien **vermehren** sich **exponentiell**, wie viele, wie lange
→ Wachstumsprozess, Bestand und Zeitpunkt

b, c Betrachtet wird die Bakterienanzahl in Abhängigkeit der Zeit als Bestand. Nach Angabe liegt ein exponentielles Wachstum vor. Gesucht sind der Bestand nach 7 Stunden sowie die Zeit, nach der eine Million Bakterien vorhanden sind.

d, e Ansatz für exponentielles Wachstum: $B'(t) = k \cdot B(t)$
$B(t) = B_0 \cdot e^{kt}$
Bestand zu Beginn der Messung: $B_0 = 20\,000$
Bestand nach 4 Stunden: $B(4) = 30\,000$
Aus dem gegebenen Bestand von 30 000 bei $t=4$ ergibt sich:
$B(4) = 30\,000 \Leftrightarrow 30\,000 = 20\,000 \cdot e^{k \cdot 4} \Leftrightarrow e^{4k} = \frac{3}{2}$
$\Leftrightarrow 4k = \ln\left(\frac{3}{2}\right) \Leftrightarrow k = \frac{1}{4}\ln\left(\frac{3}{2}\right) \approx 0{,}1014$
Für die Funktionsgleichung dieses exponentiellen Wachstums ergibt sich somit:
$B(t) = 20\,000 \cdot e^{0{,}1014t}$

→ ❷ Hiermit lassen sich die beiden Fragen beantworten.
Bestand nach 7 Stunden:
$B(7) = 20\,000 \cdot e^{0{,}1014 \cdot 7} \approx 40\,672$

Zeitpunkt, zu dem eine Million Bakterien vorhanden sind:
$B(T) = 20\,000 \cdot e^{0{,}1014T} = 1\,000\,000 \Leftrightarrow e^{0{,}1014T} = 50 \Leftrightarrow 0{,}1014T = \ln(50)$
$\Leftrightarrow T = \frac{\ln(50)}{0{,}1014} \approx 38{,}6$

Lösungsunterstützung durch GTR/CAS:
Mit dem Rechner lassen sich der Bestand nach 7 Stunden als Funktionswert $B(7) \approx 40\,700$ und der Zeitpunkt, zu dem eine Million Bakterien vorhanden sind, als Lösung der Gleichung $B(t) = 1\,000\,000$ bestimmen.

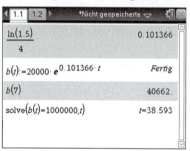 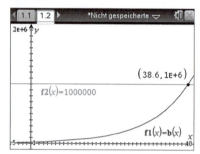

→ ❸ Der Bestand B(t) wird als Anzahl der Individuen der Bakterienkultur angegeben, die Zeit t in Stunden seit Beginn der Beobachtung.
Nach 7 Stunden werden es ca. 40 700 Bakterien sein, die Individuenzahl von einer Million Bakterien wird nach knapp 39 Stunden, also etwas mehr als eineinhalb Tagen, erreicht sein.

21 Betrachtet wird die Menge an Wasser in einer Zisterne, der kontinuierlich Wasser
→ ❶ entnommen wird. Es handelt sich also um einen Abnahmeprozess („negatives
→ a, b, c Wachstum"). Als Bestand wird das Wasservolumen W in Abhängigkeit der Zeit t betrachtet. Da täglich eine feste Menge von 400 Liter Wasser abfließt, ist die Änderungsrate konstant, es liegt damit eine **lineare Abnahme** vor.

→ d, e Die konstante Abflussrate beträgt $R = -400$, die Differenzialgleichung für die lineare Abnahme lautet also: $W'(t) = -400$
Zu Beginn befinden sich 2 000 Liter Wasser in der Zisterne, der Anfangsbestand beträgt also $W_0 = 2\,000$. Für die Funktionsgleichung W(t) gilt somit:
$W(t) = W_0 + R \cdot t = 2\,000 - 400t$

→ ❷ Gesucht ist der Wasserstand nach 3 Tagen:
$W(3) = 2\,000 - 400 \cdot 3 = 800$

→ ❸ Die Zeit t ist in Tagen angegeben, der Wasserstand W(t) in Liter.
Nach 3 Tagen befinden sich noch 800 Liter Wasser in der Zisterne.

❹ Da der zugrunde liegende Abnahmeprozess sehr einfach gestaltet ist, kann hier die Lösung direkt überprüft werden: Jeden Tag fließen 400 Liter ab, also sind nach 3 Tagen insgesamt $3 \cdot 400 = 1\,200$ Liter abgeflossen.

Zudem ist eine grafische Bestätigung gut möglich, da die Bestandsfunktion eine Gerade ist (vgl. Bild rechts).

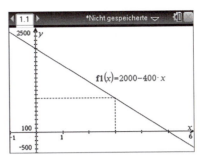

22 Untersucht wird der **Zerfall** von **radioaktivem** Jod, es liegt also exponentieller
❶ Zerfall vor. Als Bestand wird die verbleibende Menge an Jod in Abhängigkeit der
, c Zeit untersucht. Gesucht ist der Zeitpunkt, zu dem 99 % des Ausgangsmaterials zerfallen sind.

, e Für den Bestand bei exponentiellem Zerfall gilt die Differenzialgleichung
$B'(t) = k \cdot B(t)$ und die Funktionsgleichung $B(t) = B_0 \cdot e^{kt}$ (wobei $k < 0$ ist).

Unter Halbwertszeit versteht man diejenige Zeit, die bis zum Zerfall auf die Hälfte des ursprünglichen Bestands B_0 vergeht; für diese Halbwertszeit $T_{1/2}$ gilt somit:

$B(T_{1/2}) = \frac{1}{2} B_0$

Mit der gegebenen Halbwertszeit von 8 Tagen für Jod gilt somit:

$B(8) = B_0 \cdot e^{k \cdot 8} = \frac{1}{2} B_0 \iff e^{8k} = \frac{1}{2} \iff 8k = \ln\left(\frac{1}{2}\right)$

$\iff k = \frac{1}{8} \ln\left(\frac{1}{2}\right) \approx -0{,}0866$

Man erhält die Bestandsfunktion $B(t) = B_0 \cdot e^{-0,0866t}$.

❷ Damit lässt sich die Zeit T bestimmen, zu der 99 % des Ausgangsmaterials zerfallen sind bzw. nur noch 1 % des Anfangsbestands vorhanden ist:

$B(T) = B_0 \cdot e^{-0,0866T} = 0{,}01 \cdot B_0 \iff e^{-0,0866T} = 0{,}01$

$\iff -0{,}0866T = \ln(0{,}01) \iff T = \frac{\ln(0{,}01)}{-0{,}0866} \approx 53$

Lösungsunterstützung durch GTR/CAS:
Anstelle der rechnerischen Bestimmung dieser Lösung kann man mit einem GTR/CAS die Lösung der Gleichung $e^{-0,0866T} = 0{,}01$ auch grafisch bestimmen.

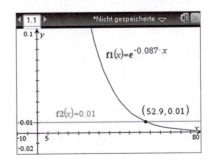

→ ❸ Da die Halbwertszeit von Jod in Tagen angegeben wurde, ist die Einheit für t Tage. Nach ca. 53 Tagen ist die radioaktive Menge auf 1 % der ursprünglichen Menge zurückgegangen, d. h., nach dieser Zeit sind 99 % des Ausgangsmaterials zerfallen.

23 Betrachtet wird der **exponentielle Zerfall** eines radioaktiven Stoffes.
→ ❶
→ a, b, c Gesucht sind der verbleibende Bestand nach einem Tag sowie der Zeitpunkt, zu dem nur noch weniger als 1 mg vorliegen.

→ d, e Für den Bestand bei exponentiellem Zerfall gilt die Differenzialgleichung $B'(t) = k \cdot B(t)$ und die Funktionsgleichung $B(t) = B_0 \cdot e^{kt}$ (wobei $k < 0$ ist).
Wählt man als Einheit für die Zeit t z. B. Stunden, so erhält man mit dem Anfangsbestand $B_0 = 80$ und der Angabe, dass nach 30 min, also für $t = 0{,}5$, noch 96 % dieses Anfangsbestands vorhanden sind, folgende Gleichung:

$$B(0{,}5) = 80 \cdot e^{0{,}5k} = 0{,}96 \cdot 80 \Leftrightarrow e^{0{,}5k} = 0{,}96 \Leftrightarrow 0{,}5k = \ln(0{,}96)$$
$$\Leftrightarrow k = 2\ln(0{,}96) \approx -0{,}0816$$

Man erhält die Bestandsfunktion $B(t) = 80 \cdot e^{-0{,}0816t}$.

→ ❷ 1 Tag entspricht 24 Stunden, also erhält man für den Bestand nach einem Tag:
$B(24) = 80 \cdot e^{-0{,}0816 \cdot 24} \approx 11{,}3$

Um den Zeitpunkt T zu bestimmen, ab dem die Menge des Materials unter 1 mg liegt, löst man folgende Gleichung:

$B(T) = 80 \cdot e^{-0{,}0816T} = 1$

$\Leftrightarrow -0{,}0816T = \ln\left(\frac{1}{80}\right)$

$\Leftrightarrow T = \frac{\ln\left(\frac{1}{80}\right)}{-0{,}0816} \approx 53{,}7$

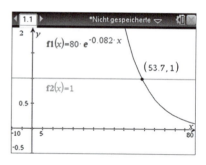

→ ❸ Die verbleibende Masse des Materials ist in mg angegeben, für die Zeit wurde die Einheit Stunden gewählt. Nach einem Tag (24 Stunden) sind noch ca. 11 mg des radioaktiven Materials vorhanden; nach ca. 54 Stunden liegt die Menge des radioaktiven Materials unter 1 mg.

24 Der **Abkühlvorgang** des Wassers kann als Abnahmeprozess der Größe „Temperatur des Wassers" interpretiert werden. Da die Änderungsrate der Temperatur laut
→ ❶
→ a, b, c Vorgabe proportional zum noch bestehenden Temperaturunterschied zwischen Wasser und Umgebung ist und die Wassertemperatur zudem durch die Umgebungstemperatur des Kühlschranks nach unten beschränkt ist, handelt es sich um eine **begrenzte exponentielle Abnahme**.
Gefragt ist nach der Temperatur („Bestand") nach 10 Minuten sowie nach dem Zeitpunkt, zu dem eine Temperatur von 10 °C erreicht wird.

e Mit der Umgebungstemperatur als Schranke S und der aktuellen Temperatur B(t) des Wassers gilt für diesen Vorgang die Differenzialgleichung:
$B'(t) = k \cdot (S - B(t))$
Die Funktionsgleichung für die Wassertemperatur in Abhängigkeit der Zeit lautet:
$B(t) = S - (S - B_0) \cdot e^{-kt}$

Hinweis: Bei begrenzter Abnahme findet man die Funktionsgleichung auch oft in der Darstellung $B(t) = S + (B_0 - S) \cdot e^{-kt}$, da S in diesem Fall kleiner als B_0 ist.

Mit der vorgegebenen Temperatur des Kühlschranks von 8 °C als untere Schranke S und der Anfangstemperatur B_0 des Wassers von 100 °C erhält man:
$B(t) = S - (S - B_0) \cdot e^{-kt} = 8 - (8 - 100) \cdot e^{-kt} = 8 + 92 e^{-kt}$

Setzt man hier die Temperatur 77 °C nach 5 Minuten ein, lässt sich k bestimmen:
$B(5) = 8 + 92 e^{-5k} = 77 \iff 92 e^{-5k} = 69 \iff e^{-5k} = \frac{69}{92} \iff -5k = \ln\left(\frac{69}{92}\right)$

$\iff k = -\frac{1}{5} \ln\left(\frac{69}{92}\right) \approx 0{,}0575$

Die Gleichung der Temperaturfunktion als Bestandsfunktion lautet somit:
$B(t) = 8 + 92 e^{-0{,}0575t}$

❷ Für die Temperatur nach 10 Minuten gilt:
$B(10) = 8 + 92 e^{-0{,}0575 \cdot 10} \approx 59{,}8$

Für den Zeitpunkt T, zu dem eine Wassertemperatur von 10 °C erreicht wird, gilt:
$B(T) = 8 + 92 e^{-0{,}0575T} = 10 \iff e^{-0{,}0575T} = \frac{2}{92}$

$\iff -0{,}0575T = \ln\left(\frac{2}{92}\right)$

$\iff T = \frac{\ln\left(\frac{2}{92}\right)}{-0{,}0575} \approx 66{,}6$

Lösungsunterstützung durch GTR/CAS:

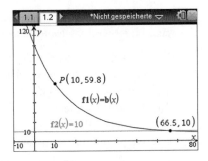

❸ Die Temperatur des Wassers ist in °C angegeben, die Zeit t in Minuten seit dem Zeitpunkt, an dem das Wasser in den Kühlschrank gestellt wurde. Das Wasser hat nach 10 Minuten eine Temperatur von ca. 60 °C; nach knapp 67 Minuten, also etwas mehr als 1 Stunde, wird eine Wassertemperatur von 10 °C erreicht.

25 Schlüsselbegriff: **Wahrscheinlichkeit**, ein Viertel

→ ❶ a → stochastischer Vorgang, Bestimmen von Wahrscheinlichkeiten

→ b, c Jeder Nachkomme kann entweder das reinerbige Merkmal des Rüden erhalten oder nicht, es gibt also zwei mögliche Ergebnisse. Da für jeden Nachkommen die Wahrscheinlichkeit für das reinerbige Merkmal des Rüden ein Viertel beträgt, stellt das Feststellen des Merkmals „reinerbig" eine Bernoulli-Kette dar. Das Auftreten des reinerbigen Merkmals wird dabei als Treffer bezeichnet.

→ d, e Die Zufallsvariable X gibt die Anzahl der Nachkommen mit dem reinerbigen Merkmal des Rüden an (Anzahl der Treffer). Sie ist binomialverteilt mit der Stichprobenlänge n = 8 (8 Nachkommen werden untersucht) und der Trefferwahrscheinlichkeit p = 0,25 (Wahrscheinlichkeit beträgt ein Viertel), also $B_{8;\,0,25}$-verteilt.

→ ❷❸ Die gesuchten Wahrscheinlichkeiten lassen sich jeweils mithilfe der Binomialverteilung berechnen.

   a) A: „Alle 8 Nachkommen erhalten das reinerbige Merkmal des Rüden."

   $P(A) = P(X = 8) = \binom{8}{8} \cdot 0,25^8 \cdot (1-0,25)^0 = 0,25^8 \approx 0,0000153 \approx 0,0015\,\%$

   Die Wahrscheinlichkeit, dass alle 8 Nachkommen das reinerbige Merkmal des Rüden erhalten, beträgt nur ca. 0,0015 %.

   b) B: „Kein Nachkomme erhält das reinerbige Merkmal des Rüden."

   $P(B) = P(X = 0) = \binom{8}{0} \cdot 0,25^0 \cdot (1-0,25)^8 = 0,75^8 \approx 0,1001 \approx 10\,\%$

   Die Wahrscheinlichkeit, dass keiner der 8 Nachkommen das reinerbige Merkmal des Rüden erhält, beträgt ca. 10 %.

   c) C: „Höchstens ein Viertel der 8 Nachkommen, also höchstens 2 Nachkommen erhalten das reinerbige Merkmal des Rüden."

   $P(C) = P(X \leq 2) \approx 0,67854 \approx 68\,\%$ (Tabelle oder Rechner)

   Die Wahrscheinlichkeit, dass höchstens ein Viertel der 8 Nachkommen das reinerbige Merkmal des Rüden erhält, beträgt ca. 68 %.

   d) D: „Mindestens ein Viertel der 8 Nachkommen, also mindestens 2 Nachkommen erhalten das reinerbige Merkmal des Rüden."

   $P(D) = P(X \geq 2) = 1 - P(X \leq 1) \approx 1 - 0,36708 = 0,63292 \approx 63\,\%$
   (Tabelle oder Rechner)

   Die Wahrscheinlichkeit, dass mindestens ein Viertel der 8 Nachkommen das reinerbige Merkmal des Rüden erhält, beträgt ca. 63 %.

   e) E: „**Nur** die ersten 3 Nachkommen erhalten das reinerbige Merkmal des Rüden."
   Dieses Ereignis enthält zwei Teilaspekte, die beide erfüllt sein müssen:
   1. Die ersten 3 Nachkommen sind reinerbig (Ereignis E_1). und
   2. Die letzten 5 Nachkommen sind **nicht** reinerbig (Ereignis E_2).

Für das Ereignis E_1: „Die ersten 3 Nachkommen besitzen das reinerbige Merkmal des Rüden." gilt:

$P(E_1) = 0,25^3 \approx 1,6\,\%$

Ausführliche Überlegung: Die Betrachtung des Merkmals „reinerbig" der ersten 3 Nachkommen kann man als dreistufige Bernoulli-Kette auffassen, bei der die Zufallsvariable X_1 das Auftreten des Merkmals „reinerbig" zählt; X_1 ist dabei binomialverteilt mit $n=3$ und $p=0,25$:

$P(E_1) = P(X_1 = 3) = \binom{3}{3} \cdot 0,25^3 \cdot 0,75^0 = 0,25^3 \approx 1,6\,\%$

Für das Ereignis E_2: „Die letzten 5 Nachkommen besitzen nicht das reinerbige Merkmal des Rüden." gilt:

$P(E_2) = 0,75^5 \approx 23,7\,\%$

Ausführliche Überlegung: Die Betrachtung des Merkmals „reinerbig" der letzten 5 Nachkommen kann analog als fünfstufige Bernoulli-Kette dargestellt werden, bei der die Zufallsvariable X_2 das Auftreten des Merkmals „reinerbig" zählt; X_2 ist hierbei binomialverteilt mit $n=5$ und $p=0,25$:

$P(E_2) = P(X_2 = 0) = \binom{5}{0} \cdot 0,25^0 \cdot 0,75^5 = 0,75^5 \approx 23,7\,\%$

Somit gilt für das gesuchte Ereignis E (da die Ereignisse E_1 und E_2 voneinander unabhängig sind):

$P(E) = P(E_1) \cdot P(E_2) = 0,25^3 \cdot 0,75^5 \approx 0,00371 \approx 0,37\,\%$

Die Wahrscheinlichkeit, dass nur die ersten 3 Nachkommen das reinerbige Merkmal des Rüden erhalten, beträgt ca. 0,37 %.

→ ❹ Die berechneten Wahrscheinlichkeiten erscheinen realistisch; zur Überprüfung kann man die einzelnen Werte durch andere Herangehensweisen bestätigen. So sind z. B. die Wahrscheinlichkeiten $0,25^8$ bzw. $0,75^8$ für die Ereignisse A und B auch ohne Anwendung der Binomialverteilung direkt ersichtlich.
Zudem lässt sich durch den Erwartungswert $E(X) = n \cdot p = 8 \cdot 0,25 = 2$ abschätzen, in welchem Bereich der Trefferanzahlen die Wahrscheinlichkeiten größer sein müssen (z. B. ist die Wahrscheinlichkeit für „8 Treffer" (Ereignis A) deutlich niedriger als die Wahrscheinlichkeit für „0 Treffer" (Ereignis B)).

26
→ ❶ Die Wahrscheinlichkeit, durch **zufälliges Ankreuzen** eine richtige Antwort zu geben, beträgt bei jeder Frage $\frac{1}{3}$. Für jede Frage gibt es 2 mögliche Ergebnisse, nämlich „richtig" oder „falsch". Das zufällige Ankreuzen bei den 30 Multiple-Choice-Fragen stellt also eine Bernoulli-Kette dar. Eine richtige Antwort wird als Treffer gewertet, eine falsche als Niete. Die Zufallsvariable X gibt die Anzahl der richtigen Antworten an; sie ist $B_{30;\frac{1}{3}}$-verteilt.

→ ❷❸ a) Gesucht ist die Wahrscheinlichkeit, dass ein Kandidat durch zufälliges Ankreuzen mindestens die Hälfte der Fragen, also mindestens 15 Fragen, richtig beantwortet:

$P(X \geq 15) = 1 - P(X \leq 14)$

$\approx 1 - 0,95652$

$= 0,04348 \approx 4,3\,\%$

(Tabelle oder Rechner)

Die Wahrscheinlichkeit beträgt nur ca. 4,3 %.

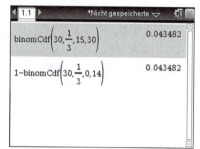

b) Gesucht ist nun diejenige Anzahl k an richtigen Antworten, für die die Wahrscheinlichkeit, durch zufälliges Ankreuzen mindestens k richtige Antworten zu erreichen und so den Test zu bestehen, höchstens 1 % beträgt; dies entspricht der Ungleichung:

$P(X \geq k) \leq 0,01$

Setzt man verschiedene Werte für k ein und berechnet die Wahrscheinlichkeit mit dem Rechner, erhält man für k = 16 den Wert 1,9 % und für k = 17 den Wert 0,7 %.

Um den Wert von k durch Ablesen aus einer Tabelle zu bestimmen, formt man die Ungleichung um:

$P(X \geq k) = 1 - P(X \leq k-1) \leq 0,01$ bzw. $P(X \leq k-1) \geq 0,99$

Aus der Tabelle liest man ab: k − 1 = 16, also k = 17.

Es müssen also mindestens 17 richtige Antworten gefordert werden, damit ein zufälliges Bestehen mit höchstens 1 % Wahrscheinlichkeit eintritt.

→ ❹ Bei einer Trefferwahrscheinlichkeit von $\frac{1}{3}$ wird in etwa jede dritte Frage richtig beantwortet, man kann also im Mittel mit $30 \cdot \frac{1}{3} = 10$ richtigen Antworten durch zufälliges Ankreuzen rechnen. Es erscheint also plausibel, dass man für das Bestehen des Tests mehr als die Hälfte an richtigen Antworten einfordern muss, um ein zufälliges Bestehen möglichst auszuschließen.

27 Schlüsselbegriffe: **mindestens** …, um mit **mindestens** … **mindestens**; **im Mittel**

→ ❶ a → stochastischer Vorgang, „3-Mindestens-Aufgabe" und Erwartungswert

b, c Die Ziehungen der Lottozahlen sind von Spiel zu Spiel voneinander unabhängig, man kann dabei die unterste Gewinnklasse erreichen oder nicht und die unterste Gewinnklasse wird bei jeder Ziehung mit einer Wahrscheinlichkeit von $p_9 \approx 1{,}3\,\%$ erreicht; man kann die Ziehungen also als Bernoulli-Kette ansetzen. Das Erreichen der untersten Gewinnklasse wird als Treffer angesehen.

d, e a) Die Zufallsvariable X gibt die Anzahl der Spiele (Ziehungen) an, bei denen die unterste Gewinnklasse erreicht wird. Die Trefferwahrscheinlichkeit beträgt $p = p_9 = 0{,}013$; die Stichprobenlänge n, also die Anzahl der Spiele, ist gesucht.

Die Wahrscheinlichkeit, mindestens einmal die unterste Gewinnklasse zu erreichen, soll mindestens 95 % betragen. Dies entspricht der Ungleichung:
$P(X \geq 1) \geq 0{,}95$, wobei X $B_{n;\,0{,}013}$-verteilt ist

Gesucht ist die Länge n der Bernoulli-Kette mit der Trefferwahrscheinlichkeit $p = 0{,}013$, für die diese Bedingung erstmals erfüllt ist.

Um die Ungleichung zu lösen, formt man um:
$P(X \geq 1) = 1 - P(X = 0) \geq 0{,}95 \iff P(X = 0) \leq 0{,}05$

Die Wahrscheinlichkeit, bei n Spielen nie die Gewinnklasse zu erreichen (Gegenereignis), beträgt:
$P(X = 0) = \binom{n}{0} \cdot 0{,}013^0 \cdot (1 - 0{,}013)^n = 0{,}987^n$

Die Ungleichung $P(X = 0) = 0{,}987^n \leq 0{,}05$ hat die Lösung:
$n \geq \dfrac{\ln(0{,}05)}{\ln(0{,}987)} \approx 228{,}94$

Man muss mindestens 229-mal spielen, um mit über 95 %iger Wahrscheinlichkeit mindestens einmal die unterste Gewinnklasse zu erreichen.

d, e b) Die Zufallsvariable X gibt wieder die Anzahl der Spiele (Ziehungen) an, bei denen die unterste Gewinnklasse erreicht wird; die Trefferwahrscheinlichkeit beträgt $p = p_9 = 0{,}013$. Die Stichprobenlänge $n = 250$ ist nun aber vorgegeben.

Die Anzahl der Spiele, bei denen man im Mittel mit einem Erreichen der untersten Gewinnklasse rechnen kann, entspricht dem Erwartungswert der binomialverteilten Zufallsvariable X:
$E(X) = n \cdot p = 250 \cdot 0{,}013 = 3{,}25$

Man kann im Mittel also damit rechnen, bei 3 der 250 Spiele die Gewinnklasse 9 zu erreichen.

Bei diesen 3 Spielen erhält man dann jeweils den Gewinn von 5 €, für alle 250 Spiele zahlt man aber jeweils einen Einsatz von 1 €. Insgesamt ergibt dies einen Verlust von $3 \cdot 5\,€ - 250 \cdot 1\,€ = -235\,€$.

Die in den Teilaufgaben a und b ermittelten Ergebnisse passen zusammen und erscheinen realistisch, da die Gewinnwahrscheinlichkeit sehr gering ist.

28 Schlüsselbegriffe: Qualitätssicherung, **Behauptung** der Hersteller, **ablehnen**,
→ ❶ a **Irrtumswahrscheinlichkeit** → Testen von Hypothesen

→ b, c Das Institut testet 30 Spülmaschinen und untersucht, wie viele davon während 1 000 Spülgängen ausfallen. Die Zufallsvariable X gibt die Anzahl der im Test ausfallenden Maschinen unter den n = 30 Spülmaschinen an.
Hinweis: Die Stichprobenlänge n entspricht der Anzahl der getesteten Geräte, nicht der Anzahl der Spülgänge, da untersucht werden soll, **wie viele Geräte** ausfallen.

→ d, e, f Die im Raum stehende Behauptung der Hersteller lautet: Die Ausfallwahrscheinlichkeit einer Spülmaschine während 1 000 Spülgängen liegt bei höchstens 10 %. Das Institut möchte diese Behauptung widerlegen und wählt sie deshalb als Nullhypothese H_0: $p \leq 0{,}1$.
Die Nullhypothese kann nur abgelehnt werden, wenn deutlich mehr Spülmaschinen als erwartet im Test ausfallen. Der Ablehnungsbereich hat daher die Form A = {k; k + 1; …; 30} (rechtsseitiger Signifikanztest).

→ ❷ a, b Da das Institut die Behauptung nur bei einer Sicherheit von mindestens 95 % ablehnen will, soll unter der Annahme, dass die Hersteller mit ihrer Behauptung recht haben, die Wahrscheinlichkeit für den Ausfall von mindestens k Maschinen höchstens 5 % betragen (maximale Irrtumswahrscheinlichkeit). Das Signifikanzniveau des Tests lautet also $\alpha = 5\,\%$.
Wenn die Behauptung der Hersteller zutrifft, dann ist die Zufallsvariable X binomialverteilt mit n = 30 und p = 0,1 (höchstens).

Die Grenze k des Ablehnungsbereichs wird bestimmt aus der Ungleichung:
$P(X \in A) \leq \alpha$ bzw. $P(X \geq k) \leq 0{,}05$
bzw. umgeformt $P(X \leq k-1) \geq 0{,}95$,
wobei X $B_{30;\,0{,}1}$-verteilt ist
Aus einer Tabelle oder mit dem GTR erhält man k − 1 = 6 bzw. k = 7.
Der Ablehnungsbereich lautet also:
A = {7; 8; …; 30}

binomCdf(30,0.1,25,30)	0.
binomCdf(30,0.1,20,30)	1.1E-13
binomCdf(30,0.1,15,30)	3.55948E-8
binomCdf(30,0.1,10,30)	0.000454
binomCdf(30,0.1,7,30)	0.025827
binomCdf(30,0.1,6,30)	0.07319

→ c Die zugehörige tatsächliche Irrtumswahrscheinlichkeit beträgt dann:
$P(X \geq 7) \approx 0{,}026 = 2{,}6\,\%$

Bei korrekter Herstellerbehauptung wird also nur mit einer Wahrscheinlichkeit von ca. 2,6 % der Fall eintreten, dass mindestens 7 von 30 Geräten im Test ausfallen und damit die Herstellerbehauptung fälschlicherweise abgelehnt wird.

→ ❸ Das Institut für Qualitätssicherung darf bei einem Signifikanzniveau von 5 % die Behauptung der Hersteller nur dann ablehnen, wenn im Test mindestens 7 der 30 Spülmaschinen ausfallen, und irrt sich dabei mit einer Wahrscheinlichkeit von gerade einmal ca. 2,6 %.

→ **④** Die Ausfallwahrscheinlichkeit von mindestens 6 Geräten beträgt dagegen bereits ca. 7,3 %, unter der Annahme, dass die Behauptung der Hersteller korrekt ist. Der Erwartungswert beträgt bei richtiger Nullhypothese $E(X) = n \cdot p = 30 \cdot 0{,}10 = 3$, d. h., es ist auch bei richtiger Herstellerbehauptung damit zu rechnen, dass 3 Spülmaschinen im Test ausfallen. Der Ablehnungsbereich beginnend bei 7 ausfallenden Geräten erscheint deshalb plausibel.

29 a) Die Ziehung der Superzahl bei 2 062 Lottoziehungen stellt eine 2 062-stufige Bernoulli-Kette dar, wenn man das Ziehen der Superzahl 4 als Treffer und das Ziehen einer anderen Zahl als Niete bezeichnet. Da es insgesamt 10 mögliche Zahlen gibt, wird ein Treffer mit der Wahrscheinlichkeit $p = 0{,}1$ erzielt. Die Zufallsvariable X zählt die Anzahl der Treffer bei 2 062 Ziehungen.

Somit beträgt die Wahrscheinlichkeit, bei 2 062 Ziehungen mindestens 229-mal die Superzahl 4 zu ziehen:
$P(X \geq 229) = 1 - P(X \leq 228)$
$\approx 0{,}05246 \approx 5{,}2\ \%$

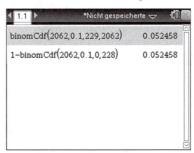

Anmerkung: Tatsächlich wurde übrigens bei diesen 2 062 Ziehungen 229-mal die 4 als Superzahl gezogen.

❶ a b) Schlüsselbegriffe: Test, Mathematiker **vermutet**, **Ablehnungsbereich**
→ Testen von Hypothesen

b, c Im Test wird bei den nächsten 40 Ziehungen die gezogene Superzahl notiert und festgehalten, ob es eine 4 ist oder nicht. Die Zufallsvariable X gibt die Anzahl der Vieren bei $n = 40$ Ziehungen an.

e, f Der Mathematiker vermutet, dass die Superzahl 4 mit einer höheren Wahrscheinlichkeit gezogen wird als die anderen Zahlen. Er möchte also die Behauptung „die Wahrscheinlichkeit für die Superzahl 4 beträgt (höchstens) 0,1" widerlegen und wählt deshalb als Nullhypothese H_0: $p \leq 0{,}1$.
Der Mathematiker kann diese Nullhypothese zugunsten seiner Vermutung nur dann ablehnen, wenn die Superzahl 4 deutlich häufiger als erwartet auftritt. Der Ablehnungsbereich hat daher die Form $A = \{k; k+1; \ldots; 40\}$ (rechtsseitiger Signifikanztest).

a, b Wenn die Wahrscheinlichkeit für die Superzahl 4 genau 0,1 beträgt, dann ist X binomialverteilt mit $n = 40$ und $p = 0{,}1$.
Der Mathematiker möchte die Nullhypothese zugunsten seiner Vermutung nur dann aufgeben, wenn die Wahrscheinlichkeit für einen Irrtum höchstens 5 % beträgt, d. h., das Signifikanzniveau des Tests lautet $\alpha = 0{,}05$.

Die Grenze k des Ablehnungsbereichs wird bestimmt aus der Ungleichung:
$P(X \in A) \leq \alpha$ bzw. $P(X \geq k) \leq 0{,}05$
bzw. umgeformt $P(X \leq k-1) \geq 0{,}95$,
wobei X $B_{40;\,0{,}1}$-verteilt ist

Aus einer Tabelle oder mit dem GTR erhält man $k-1=7$, also $k=8$.

Der Ablehnungsbereich lautet also:
$A = \{8;\, 9;\, \ldots;\, 40\}$

	A	B	C	D
	=seq(z,z,(	=binomcd		
6	5	0.793727		
7	6	0.900484		
8	7	0.958098		
9	8	0.984505		
10	9	0.994937		

B =binomcdf(40,0.1)

→ ❸❹ Wenn bei den 40 Ziehungen mindestens 8-mal die Superzahl 4 auftritt, kann der Mathematiker die Nullhypothese ablehnen und seine Vermutung als bestätigt ansehen. (Die Irrtumswahrscheinlichkeit beträgt dann ca. 4,2 %.)

Der Erwartungswert beträgt im Extremfall der Nullhypothese, d. h. für $p=0{,}1$, $E(X) = n \cdot p = 40 \cdot 0{,}1 = 4$. Der Ablehnungsbereich für die gering angesetzte Irrtumswahrscheinlichkeit von höchstens 5 % erscheint deshalb realistisch.

30

→ ❶
→ a, b, c

Vor einer Landtagswahl soll eine repräsentative **Umfrage** unter Wahlberechtigten durchgeführt werden, um eine **Behauptung** zu überprüfen; gesucht sind der **Ablehnungsbereich** und die **Irrtumswahrscheinlichkeit**.

In der Umfrage werden 200 Wahlberechtigte befragt, ob sie die ABC-Partei wählen würden; die Zufallsvariable X gibt also die Anzahl der n = 200 Befragten an, die mit Ja antworten, also die ABC-Partei wählen würden.

→ d, e, f

Es besteht die Vermutung, dass die Behauptung, mindestens 20 % der Wähler würden die ABC-Partei wählen, nicht korrekt ist und stattdessen weniger als 20 % der Wähler diese Partei wählen würden. In dem Test soll also versucht werden, die zunächst als wahr angenommene Nullhypothese H_0: $p \geq 0{,}2$ zugunsten der Alternativhypothese H_1: $p < 0{,}2$ ablehnen zu können. Die Nullhypothese wird zugunsten der Vermutung nur dann abgelehnt, wenn bei der Befragung deutlich weniger Wähler für die ABC-Partei stimmen als erwartet (weil dies dann eher für die Alternativhypothese spricht), wenn also die Zahl der ABC-Wähler bei der Befragung kleiner oder gleich einer zu bestimmenden Grenze k ist. Daher handelt es sich um einen linksseitigen Test.

→ ❷ a, b

Unter der Annahme, die Nullhypothese sei richtig, ist die Zufallsvariable X binomialverteilt mit $n = 200$ und $p = 0{,}2$ (mindestens).
Die Grenze k des Ablehnungsbereichs $A = \{0;\, 1;\, \ldots;\, k\}$ soll möglichst groß sein, aber die Irrtumswahrscheinlichkeit $P(X \leq k)$ soll dennoch höchstens 5 % betragen:
$P(X \in A) \leq \alpha$ bzw. $P(X \leq k) \leq 0{,}05$, wobei X $B_{200;\,0{,}2}$-verteilt ist

Man berechnet also für geeignete Werte unterhalb des Erwartungswertes $E(X) = n \cdot p = 200 \cdot 0{,}2 = 40$ die zugehörigen Summenwahrscheinlichkeiten. Durch schrittweise Versuche erhält man folgende Wahrscheinlichkeiten:

$P(X \leq 30) \approx 0{,}043 < 0{,}05$ und
$P(X \leq 31) \approx 0{,}063 > 0{,}05$

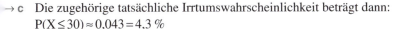

Es gilt also $k = 30$ und der Ablehnungsbereich lautet:
$A = \{0;\ 1;\ \ldots;\ 30\}$

→ c Die zugehörige tatsächliche Irrtumswahrscheinlichkeit beträgt dann:
$P(X \leq 30) \approx 0{,}043 = 4{,}3\ \%$

→ ❸ Die Nullhypothese kann nur dann mit einem Risiko von unter 5 % zugunsten der Alternativhypothese $p < 20\ \%$ abgelehnt werden, wenn höchstens 30 von 200 befragten Wählern angeben, die ABC-Partei zu wählen.

31
❶ a a) Schlüsselbegriffe: Flugzeug, Hubschrauber, **Abstand**, **Flugbahnen**
→ dreidimensionale Bewegung, Abstand

b, c Das Koordinatensystem ist bereits durch die Koordinatenangaben der Punkte vorgegeben. Der Flug des Flugzeugs wird bestimmt durch den Startpunkt F_0 und den Geschwindigkeitsvektor $\vec{v}_F$; man erhält die Geradengleichung:

$f:\ \vec{x} = \begin{pmatrix} 3 \\ 5 \\ 2 \end{pmatrix} + t \cdot \begin{pmatrix} 4 \\ -3 \\ 2 \end{pmatrix}$; t in min seit Beobachtungsbeginn

Der Flug des Hubschraubers kann mithilfe des Geschwindigkeitsvektors

$\vec{v}_H = \tfrac{1}{2} \cdot \left(\begin{pmatrix} 8 \\ -5 \\ 3 \end{pmatrix} - \begin{pmatrix} 16 \\ -11 \\ 1 \end{pmatrix} \right) = \tfrac{1}{2} \cdot \begin{pmatrix} -8 \\ 6 \\ 2 \end{pmatrix} = \begin{pmatrix} -4 \\ 3 \\ 1 \end{pmatrix}$ beschrieben werden durch:

$h:\ \vec{x} = \begin{pmatrix} 16 \\ -11 \\ 1 \end{pmatrix} + t \cdot \begin{pmatrix} -4 \\ 3 \\ 1 \end{pmatrix}$; t in min seit Beobachtungsbeginn

❷ a Der Abstand der Flugbahnen von Flugzeug und Hubschrauber entspricht dem Abstand d der beiden (nachweisbar windschiefen) Geraden f und h. Diesen bestimmt man z. B. mit der Formel:

$d = |(\vec{p}_1 - \vec{p}_2) \circ \vec{n}_0|$ (Stützvektoren $\vec{p}_1$ bzw. $\vec{p}_2$; Normaleneinheitsvektor $\vec{n}_0$)

Ein Normalenvektor zu den beiden Flugrichtungen kann z. B. mit dem Vektorprodukt bestimmt werden:

$\vec{n} = \begin{pmatrix} 4 \\ -3 \\ 2 \end{pmatrix} \times \begin{pmatrix} -4 \\ 3 \\ 1 \end{pmatrix} = \begin{pmatrix} -9 \\ -12 \\ 0 \end{pmatrix}$

Mit $|\vec{n}| = \sqrt{81+144} = 15$ erhält man einen Normaleneinheitsvektor:

$$\vec{n}_0 = \frac{\vec{n}}{|\vec{n}|} = \frac{1}{15} \cdot \begin{pmatrix} -9 \\ -12 \\ 0 \end{pmatrix} = \frac{1}{5} \cdot \begin{pmatrix} -3 \\ -4 \\ 0 \end{pmatrix}$$

Für den Abstand d der beiden Geraden erhält man somit:

$$d = \left| \left(\begin{pmatrix} 3 \\ 5 \\ 2 \end{pmatrix} - \begin{pmatrix} 16 \\ -11 \\ 1 \end{pmatrix} \right) \circ \frac{1}{5} \cdot \begin{pmatrix} -3 \\ -4 \\ 0 \end{pmatrix} \right| = \frac{1}{5} \cdot \left| \begin{pmatrix} -13 \\ 16 \\ 1 \end{pmatrix} \circ \begin{pmatrix} -3 \\ -4 \\ 0 \end{pmatrix} \right| = \frac{1}{5} \cdot |39 - 64| = 5$$

→ ❸   Da die Koordinaten in km angegeben sind, ergibt sich auch der berechnete Abstand der Flugbahnen in km. Die Flugbahnen von Flugzeug und Hubschrauber haben eine minimale Entfernung von 5 km.

→ ❶ a   b)   Schlüsselbegriffe: Flugzeug, Hubschrauber, **wie nahe**, **während des Flugs** → dreidimensionale Bewegung, Abstand bei gleichzeitigem Flug

→ b, c   Die Geradengleichungen, die den Flug von Flugzeug bzw. Hubschrauber beschreiben, wurden bereits in Teilaufgabe a mit dem gemeinsamen Zeitparameter t aufgestellt, der für beide Flüge die Zeit in Minuten seit Beobachtungsbeginn angibt.

→ ❷ a   Zu jedem festen Zeitpunkt t lässt sich der Differenzvektor $\vec{d}$ berechnen, der von der aktuellen Position des Flugzeugs zur zeitgleichen Position des Hubschraubers zeigt. Der Betrag dieses Vektors gibt dann den Abstand d von Flugzeug und Hubschrauber zu einem festen Zeitpunkt t an:

$$\vec{d} = \begin{pmatrix} 16 \\ -11 \\ 1 \end{pmatrix} + t \cdot \begin{pmatrix} -4 \\ 3 \\ 1 \end{pmatrix} - \left(\begin{pmatrix} 3 \\ 5 \\ 2 \end{pmatrix} + t \cdot \begin{pmatrix} 4 \\ -3 \\ 2 \end{pmatrix} \right) = \begin{pmatrix} 13 \\ -16 \\ -1 \end{pmatrix} + t \cdot \begin{pmatrix} -8 \\ 6 \\ -1 \end{pmatrix}$$

$$d(t) = |\vec{d}| = \sqrt{(13-8t)^2 + (-16+6t)^2 + (-1-t)^2} = \sqrt{101t^2 - 398t + 426}$$

→ b   Das Minimum dieser Abstandsfunktion kann mit einem geeigneten Rechner oder über die Ableitung bestimmt werden. Die Wurzelfunktion d(t) wird dabei (aufgrund der strengen Monotonie) minimal, wenn die Radikandenfunktion r(t) minimal wird:

$r(t) = 101t^2 - 398t + 426$

$r'(t) = 202t - 398$

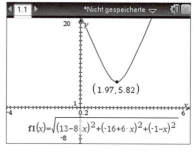

$r'(t) = 0 \;\Leftrightarrow\; 202t = 398 \;\Leftrightarrow\; t = \frac{398}{202} \approx 1{,}97$

$d_{min} \approx d(1{,}97) \approx \sqrt{33{,}91} \approx 5{,}82$

❸ Da die Koordinaten in km angegeben sind, ergibt sich auch die ermittelte minimale Entfernung der Flugobjekte in km. Die Zeit t ist in Minuten seit Beobachtungsbeginn angegeben.
Die minimale Entfernung von Flugzeug und Hubschrauber wird ca. 2 Minuten nach Beobachtungsbeginn erreicht und beträgt ca. 5,8 km.

❹ Die Flugbahnen der beiden Objekte verlaufen mit einer minimalen Entfernung von 5 km, die Objekte selbst nähern sich während ihres Flugs nur auf 5,8 km. Dieser Sicherheitsabstand erscheint ausreichend.

32 Schlüsselbegriffe: Schiff passiert während **Fahrt** Leuchtturm, **geringste Entfernung**, **wann** → dreidimensionale Bewegung, Abstand, Zeitpunkt

a

c Das Koordinatensystem ist bereits durch die Koordinatenangaben der Punkte vorgegeben. Der Leuchtturm befindet sich im Punkt L(60|50|0,1), das Kreuzfahrtschiff bewegt sich in 4 Stunden vom Punkt P(20|40|0) zum Punkt Q(80|60|0).

Mit dem Geschwindigkeitsvektor $\vec{v} = \frac{1}{4}\overrightarrow{PQ} = \frac{1}{4} \cdot \begin{pmatrix} 80-20 \\ 60-40 \\ 0 \end{pmatrix} = \frac{1}{4} \cdot \begin{pmatrix} 60 \\ 20 \\ 0 \end{pmatrix} = \begin{pmatrix} 15 \\ 5 \\ 0 \end{pmatrix}$ erhält

man für das Kreuzfahrtschiff die mit der Zeit t parametrisierte Geradengleichung:

g: $\vec{x} = \begin{pmatrix} 20 \\ 40 \\ 0 \end{pmatrix} + t \cdot \begin{pmatrix} 15 \\ 5 \\ 0 \end{pmatrix}$; Zeit t in Stunden seit 8.00 Uhr

❷ Die geringste Entfernung zwischen Schiff und Leuchtturm entspricht dem Abstand des (festen) Punktes L zur Geraden g.

Dieser lässt sich z. B. mithilfe des Skalarprodukts bestimmen; der Abstand als geringste Entfernung wird genau dann erreicht, wenn der Verbindungsvektor vom Punkt L zu einem Punkt G der Geraden g senkrecht zu g steht (vgl. Skizze), also das Skalarprodukt zwischen Verbindungsvektor und Richtungsvektor der Geraden gleich 0 ist:

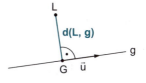

$\overrightarrow{GL} = \begin{pmatrix} 60 \\ 50 \\ 0,1 \end{pmatrix} - \left(\begin{pmatrix} 20 \\ 40 \\ 0 \end{pmatrix} + t \cdot \begin{pmatrix} 15 \\ 5 \\ 0 \end{pmatrix} \right) = \begin{pmatrix} 40-15t \\ 10-5t \\ 0,1 \end{pmatrix}$

$\overrightarrow{GL} \circ \vec{u} = 0 \iff \begin{pmatrix} 40-15t \\ 10-5t \\ 0,1 \end{pmatrix} \circ \begin{pmatrix} 15 \\ 5 \\ 0 \end{pmatrix} = 0 \iff 600 - 225t + 50 - 25t = 0$

$\iff 650 = 250t \iff t = 2,6$

Der gesuchte Abstand entspricht dann dem Betrag des zu diesem Parameterwert gehörenden Verbindungsvektors:

$d_{min} = \left| \begin{pmatrix} 40-15 \cdot 2,6 \\ 10-5 \cdot 2,6 \\ 0,1 \end{pmatrix} \right| = \left| \begin{pmatrix} 1 \\ -3 \\ 0,1 \end{pmatrix} \right| = \sqrt{10,01} \approx 3,2$

Alternative Lösung:
Da sich das Schiff entlang der Geraden g bewegt, lässt sich die Entfernung des Schiffes zum Leuchtturm zu jedem festen Zeitpunkt t durch den Betrag des Differenzvektors $\vec{d}$ zwischen L und der aktuellen Position des Schiffes angeben. Für die Entfernung d des Schiffes zum Leuchtturm zum Zeitpunkt t gilt also:

$$d(t) = |\vec{d}| = \left| \begin{pmatrix} 60 \\ 50 \\ 0{,}1 \end{pmatrix} - \left(\begin{pmatrix} 20 \\ 40 \\ 0 \end{pmatrix} + t \cdot \begin{pmatrix} 15 \\ 5 \\ 0 \end{pmatrix} \right) \right| = \left| \begin{pmatrix} 40-15t \\ 10-5t \\ 0{,}1 \end{pmatrix} \right|$$

$$= \sqrt{(40-15t)^2 + (10-5t)^2 + 0{,}1^2} = \sqrt{250t^2 - 1300t + 1700{,}01}$$

Das Minimum dieser Abstandsfunktion d(t) kann mit einem geeigneten Rechner oder über die Ableitung bestimmt werden. Die Wurzelfunktion d(t) wird dabei (aufgrund der strengen Monotonie) minimal, wenn die Radikandenfunktion r(t) minimal wird:

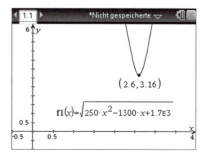

$r(t) = 250t^2 - 1300t + 1700{,}01$
$r'(t) = 500t - 1300$
$r'(t) = 0 \Leftrightarrow 500t = 1300$
$\Leftrightarrow t = \frac{1300}{500} = 2{,}6$

Setzt man diesen Wert von t in den Wurzelterm ein, dann erhält man:
$d_{min} = d(2{,}6) = \sqrt{10{,}01} \approx 3{,}2$

→ ❸ Da die Koordinaten in km angegeben sind, ergibt sich auch die berechnete Entfernung der beiden Objekte in km. Die Zeit t ist in Stunden seit 8.00 Uhr angegeben. Das Ergebnis t = 2,6 bedeutet, dass die geringste Entfernung 2,6 Stunden nach 8.00 Uhr, also um 10.36 Uhr eintritt.
Um 10.36 Uhr passiert das Kreuzfahrtschiff den Leuchtturm in einer Entfernung von ca. 3,2 km.

33
→ ❶
a) Gesucht ist die **minimale Entfernung** einer Fähre zu einem Öltanker, wobei sich beide Schiffe mit einer vorgegebenen Geschwindigkeit auf einem festen Kurs bewegen.

Zunächst wird ein geeignetes Koordinatensystem festgelegt.
Verwendet man die Position der Fähre um 14.00 Uhr als Koordinatenursprung, die x_2-Achse als Nordrichtung, die x_1-Achse als Ostrichtung und die x_3-Achse orthogonal nach oben (auf diese Koordinate kann man hier verzichten, da sie stets den Wert 0 besitzt), dann ergeben sich folgende Punkte und Vektoren zur Beschreibung von Position und Geschwindigkeit der Schiffe (vgl. Skizze).

Fähre:
Position um 14.00 Uhr: F(0|0|0)

Geschwindigkeit: $\vec{v}_F = \begin{pmatrix} 0 \\ 20 \\ 0 \end{pmatrix}$ (in $\frac{km}{h}$)

Tanker:
Die Position des Tankers um 14.00 Uhr wird ausgehend von der Ortung (–30° gegenüber der Nordachse) mithilfe des rechtwinkligen Dreiecks mit der Hypotenuse FT bestimmt (vgl. Skizze):

T(–18 · sin 30° | 18 · cos 30° | 0)

Geschwindigkeit: $\vec{v}_T = \begin{pmatrix} 15 \\ 0 \\ 0 \end{pmatrix}$ (in $\frac{km}{h}$)

Skizze:

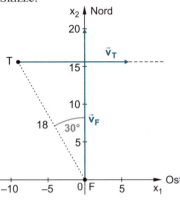

Damit ergeben sich die Positionen der Schiffe t Stunden nach 14.00 Uhr:

Fähre: $\vec{p}_F = \begin{pmatrix} 0 \\ 0 \\ 0 \end{pmatrix} + t \cdot \begin{pmatrix} 0 \\ 20 \\ 0 \end{pmatrix}$; Tanker: $\vec{p}_T = \begin{pmatrix} -18\sin 30° \\ 18\cos 30° \\ 0 \end{pmatrix} + t \cdot \begin{pmatrix} 15 \\ 0 \\ 0 \end{pmatrix}$

❷ Die Entfernung zwischen Fähre und Tanker lässt sich zu jedem Zeitpunkt t ab 14.00 Uhr mithilfe des Differenzvektors angeben. Der Differenzvektor

$\vec{d} = \vec{p}_T - \vec{p}_F = \begin{pmatrix} -18\sin 30° \\ 18\cos 30° \\ 0 \end{pmatrix} + t \cdot \begin{pmatrix} 15 \\ -20 \\ 0 \end{pmatrix}$

zwischen den beiden Positionen besitzt zum Zeitpunkt t den Betrag:

$d(t) = |\vec{d}| = \sqrt{(-18\sin 30° + 15t)^2 + (18\cos 30° - 20t)^2}$

Das Minimum dieser Abstandsfunktion kann mit einem geeigneten Rechner oder über die Ableitung bestimmt werden.
Die Wurzelfunktion wird dabei minimal, wenn die Radikandenfunktion minimal wird; mit sin 30° = 0,5 und cos 30° = 0,5√3 folgt:

$r(t) = (-9 + 15t)^2 + (9\sqrt{3} - 20t)^2$

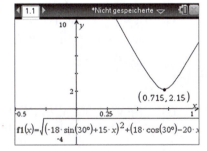

$r'(t) = 2(-9 + 15t) \cdot 15 + 2(9\sqrt{3} - 20t) \cdot (-20) = 30 \cdot (-9 + 15t) - 40 \cdot (9\sqrt{3} - 20t)$

$r'(t) = 0 \;\Leftrightarrow\; -270 + 450t - 360\sqrt{3} + 800t = 0 \;\Leftrightarrow\; 1250t = 270 + 360\sqrt{3}$

$\Leftrightarrow\; t = \frac{270 + 360\sqrt{3}}{1250} \approx 0{,}715$

Setzt man diesen Wert von t in den Wurzelterm ein, dann erhält man das Minimum $d_{min} \approx d(0{,}715) \approx 2{,}15$.

→ ❸ Die Koordinaten sind in km angegeben, also ergibt sich auch die geringste Entfernung in km. Die Zeit t ist in Stunden seit 14.00 Uhr angegeben.

Nach ca. 0,715 Stunden (das sind ca. 43 Minuten), also etwa um 14.43 Uhr, haben die beiden Schiffe die geringste Entfernung von ca. 2,15 km.

b) Die geringste Entfernung zwischen Fähre und Tanker wird laut Teilaufgabe a um 14.43 Uhr, also nach 43 Minuten erreicht; dies entspricht dem Parameterwert $t \approx 0{,}715$.

Entsprechend der in Teilaufgabe a ermittelten Bewegungsgleichungen befindet sich die Fähre zu diesem Zeitpunkt ungefähr an der Position $P_F(0 \mid 20 \cdot 0{,}715 \mid 0) = P_F(0 \mid 14{,}3 \mid 0)$, der Tanker besitzt die Position
$P_T(-18\sin 30° + 15 \cdot 0{,}715 \mid 18\cos 30° \mid 0)$
$\approx P_T(1{,}725 \mid 15{,}59 \mid 0)$.

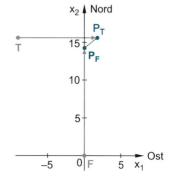

Die Skizze rechts zeigt die Situation im Koordinatensystem um 14.43 Uhr mit den neuen Positionen der beiden Schiffe.
Der Richtungsvektor von P_F nach P_T hat dann die Koordinaten:

$$\overrightarrow{P_F P_T} = \begin{pmatrix} 1{,}725 \\ 15{,}59 - 14{,}3 \\ 0 \end{pmatrix} = \begin{pmatrix} 1{,}725 \\ 1{,}29 \\ 0 \end{pmatrix}$$

Der Winkel, unter dem die Fähre den Tanker zu diesem Zeitpunkt sieht, lässt sich aus dem rechtwinkligen Dreieck, das durch die beiden Positionen sowie die Nordachse entsteht, berechnen.

Für diesen Blickwinkel α gegenüber der x_2-Achse (Nordrichtung) gilt (vgl. Skizze):

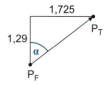

$\tan \alpha = \frac{1{,}725}{1{,}29} \approx 1{,}337$

$\Rightarrow \quad \alpha \approx 53{,}2°$

Daraus ergibt sich eine Blickrichtung von ca. 53°; die Fähre sieht den Tanker um 14.43 Uhr also etwa in NO-Richtung.

Lösungen: Aufgabensammlung

Aufgabe 1

a) Gesucht ist das Maximum des Ertragszuwachses; es handelt sich also um eine Optimierungsaufgabe (vgl. Kapitel 1).

Die Maximumstelle x_{Max} der Funktion E im Bereich $x \geq 0$ entspricht der Menge des einzusetzenden Düngemittels mit dem größtmöglichen Ertrag; der Funktionswert $E(x_{Max})$ entspricht dem maximalen prozentualen Ertragszuwachs.

Z. B. mit einem GTR oder durch Ablesen aus dem Graphen erhält man: Die Funktion E nimmt ihr absolutes Maximum an der Stelle $x_{Max} \approx 4{,}18$ mit $E(x_{Max}) \approx 11{,}7$ an.

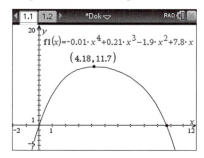

Den maximalen Ertragszuwachs mit etwa 11,7 % erzielt der Bauer bei einer Düngermenge von etwa 4,2 kg pro 100 m².

Anmerkung: Die rechnerische Bestimmung des Maximums ist hier nicht dargestellt, da die Ableitung der Funktion E eine ganzrationale Funktion 3. Grades ist und eine Lösung der Gleichung $E'(x)=0$ nicht ohne Weiteres möglich ist.

b) In Aufgabenteil a wurde ermittelt, dass der maximale Ertragszuwachs bei etwa 11,7 % liegt. Da dieser Wert deutlich größer als 8 % ist, kommt der Einsatz des chemischen Düngemittels grundsätzlich infrage.

Der Einsatz des Düngemittels lohnt sich für den Bauern, wenn der Ertragszuwachs mehr als 8 % beträgt, d. h., wenn die Funktionswerte von E größer als 8 sind ($E(x) > 8$). Den Bereich, auf den dies zutrifft, ermittelt man durch Lösen der Gleichung $E(x)=8$. Mit einem geeigneten Rechner oder durch Ablesen aus dem Graphen erhält man die Lösungen $x_1 \approx 1{,}5$ und $x_2 \approx 7{,}8$. Zwischen diesen beiden Stellen sind die Funktionswerte größer als 8 (vgl. Graph); dies wird auch dadurch bestätigt, dass das Maximum zwischen diesen beiden Werten liegt.

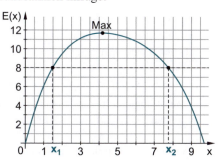

Bei Düngermengen zwischen etwa 1,5 kg pro 100 m² und 7,8 kg pro 100 m² lohnt sich der Einsatz, da der Ertragszuwachs größer als 8 % ist.

c) Der Ernteertrag sinkt, wenn der prozentuale Ertragszuwachs negativ ist, also die Funktionswerte von E negativ sind.

Um zu ermitteln, für welche Düngermengen der Ertragszuwachs negativ ist, bestimmt man zunächst die Nullstellen der Funktion E, z. B. mit einem GTR oder durch Ablesen aus dem Graphen. Man erhält: Die Funktion E hat die Nullstellen $x_{N_1} = 0$ und $x_{N_2} \approx 9{,}7$.

Aus der grafischen Darstellung entnimmt man, dass die Funktionswerte von E zwischen den beiden Nullstellen positiv sind, also für $x < 0$ und für $x > 9{,}7$ negativ sind. Der Bereich $x < 0$ ist im Kontext irrelevant, da negative Düngermengen nicht sinnvoll sind.

Folglich sinkt der Ertrag ab einer Düngermenge von ca. 9,7 kg pro 100 m².
Dieser Sachverhalt lässt sich dadurch erklären, dass der Boden ab dieser Menge „überdüngt" würde und somit der Ertrag zurückgeht.

Anmerkung: Die Funktion E ist zudem für $x \geq 4{,}18$ streng monoton fallend, folglich würde auch mit einer größeren Düngermenge kein Ertragszuwachs mehr erreicht werden können.

d) Analog zu Aufgabenteil a bestimmt man (z. B. mit einem GTR oder durch Ablesen aus dem Graphen) zunächst die Maximumstelle x_{Max_B} für $x \geq 0$ sowie das absolute Maximum $B(x_{Max_B})$ der Funktion B; man erhält:
Die Funktion B nimmt ihr absolutes Maximum an der Stelle $x_{Max_B} \approx 2{,}76$ mit $B(x_{Max_B}) \approx 8{,}41$ an.

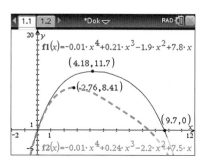

Der Bauer könnte also beim Einsatz des biologischen Düngemittels einen maximalen Ertragszuwachs von nur ca. 8,4 % erreichen. Dieser Wert ist niedriger als der maximal mögliche Ertragszuwachs bei Einsatz des chemischen Düngers. Allerdings benötigt der Bauer in diesem Fall auch weniger Dünger, um dieses Maximum zu erreichen, nämlich nur ca. 2,8 kg statt 4,2 kg pro 100 m².

Zudem liegt auch hier der maximale Ertragszuwachs über 8 % (wenn auch nur knapp), der Einsatz des Düngemittels ist also wirtschaftlich sinnvoll.

e) Der Gewinn, den der Bauer beim Verkauf seiner geernteten Erzeugnisse erzielen kann, lässt sich mit einer Gewinnfunktion G, die sich als Differenzfunktion der Umsatz- und der Kostenfunktion bilden lässt, beschreiben (Gewinn = Umsatz − Kosten).
Es gilt: $G(x) = U(x) - K(x) = -3{,}45x^3 + 35x^2 - 31x - 50$
Den maximalen Gewinn erzielt der Bauer, wenn die Funktion G maximal wird.

Man bestimmt im relevanten Bereich ($x \geq 0$) die Maximumstelle x_{Max_G} sowie das Maximum $G(x_{Max_G})$ z. B. mit dem GTR oder durch Ablesen aus dem Graphen. Man erhält: G wird maximal für $x_{Max_G} \approx 6{,}29$ mit $G(x_{Max_G}) \approx 281$.

Bei einem Düngemitteleinsatz von etwa 6,3 kg pro 100 m² ist der Gewinn mit rund 280 € am größten.

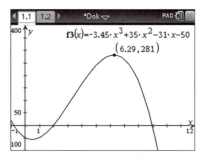

f) Die gewinnmaximale Düngemittelmenge $x_{Max_G} \approx 6{,}3$ wurde in Aufgabenteil e bestimmt. Für den zugehörigen Ertragszuwachs bei Einsatz des chemischen Düngemittels ergibt sich:
$E(x_{Max_G}) \approx E(6{,}3) \approx 10{,}5$
Der Bauer kann bei Einsatz der gewinnmaximalen Düngermenge von 6,3 kg pro 100 m² mit einem Ertragszuwachs von 10,5 % rechnen.

Da 10,5 % > 8 % ist, kommt dieser Düngemitteleinsatz infrage (vgl. Teil b).

g) Den maximalen Ertragszuwachs erzielt der Bauer mit dem Einsatz von etwa 4,2 kg Dünger pro 100 m² (vgl. Teil a), den maximalen Gewinn bei etwa 6,3 kg Dünger pro 100 m² (vgl. Teil e). Für den Gewinn gilt in diesen Fällen:
$G(4{,}2) \approx 182$ und $G(6{,}3) \approx 281$

Die Gewinndifferenz beträgt also 281 € – 182 € = 99 €. Anteilig bedeutet dies:
$99 : 182 \approx 0{,}544 = 54{,}4 \%$

Der prozentuale Anteil des Gewinnverzichtes beträgt somit etwa 54 %.

Aufgabe 2

a) Der Beginn der Messung um 15.00 Uhr entspricht dem Zeitpunkt $x = 0$.
Der Funktionswert an dieser Stelle entspricht der Niederschlagsrate zu diesem Zeitpunkt:
$N(0) = \dfrac{9}{(-3{,}7)^2 + 3{,}8} \approx 0{,}51$

Zu Beginn der Messung (15 Uhr) betrug die Niederschlagsrate etwa 0,5 $\frac{mm}{h}$.

Bei der zweiten Fragestellung sind Zeitpunkt und Wert der höchsten Niederschlagsrate gesucht; dies ist eine Optimierungsaufgabe (vgl. Kapitel 1).

Der Zeitpunkt mit der höchsten Niederschlagsrate entspricht der globalen Extremstelle x_{Max} der Funktion N, die höchste Niederschlagsrate entspricht dann dem Funktionswert $N(x_{Max})$.

Z. B. mit einem GTR oder durch Ablesen aus dem Graphen bestimmt man zunächst die Maximumstelle x_{Max} für $x \geq 0$ und anschließend das absolute Maximum $N(x_{Max})$; man erhält:

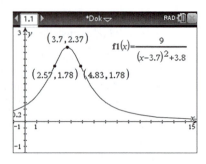

$x_{Max} = 3{,}7$ und $N(x_{Max}) \approx 2{,}37$

Alternativ lässt sich die Extremstelle hier auch rechnerisch über die Ableitung bestimmen, indem man zuerst den Funktionsterm N(x) umformt:

$$N(x) = \frac{9}{(x-3{,}7)^2 + 3{,}8} = \frac{9}{x^2 - 7{,}4x + 13{,}69 + 3{,}8} = 9 \cdot (x^2 - 7{,}4x + 17{,}49)^{-1}$$

$$N'(x) = 9 \cdot (-1) \cdot (x^2 - 7{,}4x + 17{,}49)^{-2} \cdot (2x - 7{,}4) = \frac{-9(2x - 7{,}4)}{(x^2 - 7{,}4x + 17{,}49)^2}$$

$N'(x) = 0 \Leftrightarrow 2x - 7{,}4 = 0 \Leftrightarrow 2x = 7{,}4 \Leftrightarrow x = 3{,}7$

Da der Nenner der Ableitung N' aufgrund des Quadrats immer positiv ist und der Zähler an der ermittelten Stelle das Vorzeichen von + nach − wechselt, liegt dort ein Maximum am Graphen von N vor.

$$N(3{,}7) = \frac{9}{(3{,}7-3{,}7)^2 + 3{,}8} = \frac{9}{3{,}8} \approx 2{,}37$$

Nach 3 Stunden und $0{,}7 \cdot 60 = 42$ Minuten, also nach etwa $3\frac{3}{4}$ Stunden bzw. um ca. 18.45 Uhr war die Niederschlagsrate mit ca. $2{,}4\,\frac{mm}{h}$ am höchsten.

b) Die Zeitpunkte, zu denen sich die Niederschlagsrate am stärksten verändert hat, entsprechen den Extremstellen ihrer Änderungsrate, also der Ableitung der Funktion N. Diese entsprechen wiederum den Wendestellen der Funktion N.

Mit einem geeigneten Rechner erhält man für die Wendestellen von N:
$x_1 \approx 2{,}57$ und $x_2 \approx 4{,}83$ (vgl. GTR-Bild zu Teilaufgabe a)

Aus dem Graphen der Funktion N liest man diese x-Werte als Stellen mit stärkster Steigung bzw. stärkstem Gefälle oder als Wendestellen (Wechsel von Links- nach Rechtskrümmung bzw. umgekehrt) in etwa ab als $x_1 \approx 2{,}6$ und $x_2 \approx 4{,}8$ (vgl. Skizze rechts).

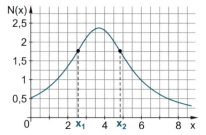

Zum Zeitpunkt $x_1 \approx 2{,}6$ (ca. 17.30 Uhr) nimmt die Niederschlagsrate am stärksten zu, zum Zeitpunkt $x_2 \approx 4{,}8$ (ca. 19.50 Uhr) am stärksten ab.
Anmerkung: Dies wird u. a. dadurch bestätigt, dass das Maximum der Niederschlagsrate zwischen diesen beiden Werten liegt.

c) Die Funktion N gibt die Niederschlags**rate** an und stellt somit die Änderungsrate der Niederschlagsmenge dar. Die Niederschlags**menge** wird dann durch die Stammfunktion der Funktion N beschrieben und lässt sich für einen bestimmten Zeitraum mit einem entsprechenden Integral rekonstruieren (vgl. Kapitel 3).

Die Uhrzeit 24.00 Uhr entspricht dem Zeitpunkt $x = 9$ (9 Stunden nach Beginn), die Niederschlagsmenge ab 15.00 Uhr ($x = 0$) bis zu diesem Zeitpunkt lässt sich also berechnen durch das Integral:

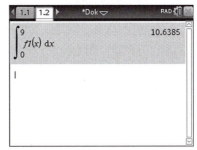

$$\int_0^9 N(x)\,dx \approx 10{,}64 \quad \text{(GTR)}$$

Ohne einen geeigneten Rechner lässt sich der Wert dieses Integrals nur durch Abschätzen anhand des Graphen ermitteln. Man zählt dazu die Kästchen unterhalb des Graphen von N im Bereich $x = 0$ bis $x = 9$. Man erhält ca. 85 Kästchen, wobei 1 Kästchen aufgrund der Skalierung der Achsen $\frac{1}{2} \cdot \frac{1}{4} = \frac{1}{8}$ entspricht, also ergibt sich insgesamt ein Wert von:

$$85 \cdot \frac{1}{8} \approx 10{,}6$$

Dies bestätigt das obige Ergebnis.

Da die Niederschlagsrate in $\frac{mm}{h}$ angegeben ist und die Zeit in h, ergibt sich die Niederschlagsmenge in mm. Nach der Erklärung in der Aufgabenstellung bedeutet das Ergebnis, dass in einem offenen Behältnis die Wasseroberfläche bis 24 Uhr um ca. 10,6 mm gestiegen wäre, d. h., in dieser Zeit sind 10,6 Liter Regen pro m² gefallen.

In einem Quader mit der Grundfläche 1 dm², in dem bereits zuvor 1,5 Liter ($= 1{,}5$ dm³) Wasser enthalten waren, stand das Wasser anfangs 1,5 dm $=$ 15 cm hoch. Durch den bis 24 Uhr hinzukommenden Niederschlag ergibt sich eine neue Wasserhöhe von etwa 15 cm $+$ 1,06 cm $=$ 16,06 cm.

d) Auch hier geht es um die Rekonstruktion der erreichten Niederschlagsmenge in einem bestimmten Zeitraum; allerdings ist nun nicht der Zeitraum angegeben, sondern die zu erreichende Menge, während der Zeitpunkt gesucht ist. Dies bedeutet, dass für einen vorgegebenen Wert des Integrals die (obere) Integrationsgrenze gesucht ist (vgl. Variante A in Kapitel 3).

Der Becher läuft über, wenn seine Höhe erreicht ist. 0,8 cm entsprechen 8 mm. Konkret ist also der Zeitpunkt x gesucht, für den gilt:

$$\int_0^x N(t)\,dt = 8$$

Z. B. mit einem GTR oder CAS erhält man als Lösung dieser Gleichung:
x ≈ 5,17

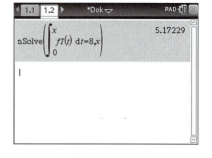

Zur Überprüfung bzw. zur näherungsweisen Ermittlung des Ergebnisses ohne Rechner lässt sich auch hier anhand des Graphen durch Kästchenzählen die Lösung abschätzen.
Der Wert 8 entspricht aufgrund der Einheiten 8·8 = 64 Kästchen.
Durch Abzählen der Kästchen unter dem Graphen von N erkennt man, dass dies bei etwas mehr als x = 5 erreicht wird.

Die Zeit ist in Stunden angegeben; der zylinderförmige Becher würde also nach ca. 5,17 Stunden, d. h. nach etwa 5 Stunden und 0,17 · 60 ≈ 10 Minuten überlaufen.

e) Anhand des Graphen bzw. anhand des Funktionsterms erkennt man, dass nach dieser Modellierung für die Niederschlagsrate der Niederschlag nach dem Hochpunkt zwar immer weniger wird und die Rate sich dem Wert 0 annähert ($\lim_{x \to \infty} N(x) = 0$), jedoch würde es zu keinem Zeitpunkt vollständig aufhören zu regnen (da N(x) > 0 für alle x > 0), was nicht realistisch ist.
Daher müsste man sich bei der Messung mithilfe dieser Funktion auf einen begrenzten Zeitraum, also auf einen begrenzten Definitionsbereich für die Funktion N beschränken, um sinnvolle Aussagen treffen zu können.

Aufgabe 3

Betrachtet wird der Zusammenhang zwischen der Höhe über dem Meeresspiegel und dem dort vorherrschenden Luftdruck. Um die Fragen zu beantworten, ist dieser Zusammenhang zunächst anhand der gegebenen Werte mit einer geeigneten Funktion zu beschreiben (vgl. Kapitel 2).

Der Luftdruck halbiert sich nach Vorgabe mit zunehmender Höhe alle 5,2 km. Diese Eigenschaft ist vergleichbar mit der ständigen Halbierung der Radioaktivität eines radioaktiven Stoffs beim exponentiellen Zerfall innerhalb gleich großer Zeiträume (diese Halbierungszeit nennt man daher auch Halbwertszeit). Somit sinkt der Luftdruck mit zunehmender Höhe ebenfalls exponentiell. Es handelt sich also um eine exponentielle Abnahme (vgl. dazu auch Kapitel 5).

Die Luftdruckfunktion L erfüllt deshalb in Abhängigkeit von der Höhe h über dem Meeresspiegel folgende Gleichung:
$L(h) = L_0 \cdot e^{kh}$ mit k < 0

Der Ausgangswert $L_0 = L(0)$ ist durch den Luftdruck von 1 bar auf Meereshöhe, also 0 km über dem Meeresspiegel, gegeben; die Funktionsgleichung lautet damit:
$L(h) = 1 \cdot e^{kh} = e^{kh}$ mit $k < 0$

In einer Höhe von 5,2 km beträgt der Luftdruck nur noch die Hälfte, also 0,5 bar. Setzt man dies in die Gleichung ein, kann man den Wert von k bestimmen:

$L(5,2) = e^{5,2k} = 0,5 \Leftrightarrow 5,2k = \ln(0,5) \Leftrightarrow k = \frac{\ln(0,5)}{5,2} \approx -0,1333$

Die Luftdruckfunktionsgleichung lautet somit $L(h) = e^{-0,1333h}$, wobei die Höhe h in km über dem Meeresspiegel und der Luftdruck in bar angegeben sind.
Hiermit lassen sich nun die Fragen beantworten.

Luftdruck auf dem Feldberg, d. h. in 1493 m = 1,493 km Höhe:
$L(1,493) = e^{-0,1333 \cdot 1,493} \approx 0,82$

Auf dem Feldberg beträgt der Luftdruck noch ca. 0,82 bar, also noch 82 % des Luftdrucks auf Meeresspiegel.

Luftdruck in 14 000 m = 14 km Höhe:
$L(14) = e^{-0,1333 \cdot 14} \approx 0,15$

In der Flughöhe eines Linienflugzeugs beträgt der Luftdruck nur noch ca. 0,15 bar, also 15 % des Luftdrucks auf Meeresspiegel.

Höhe x mit nur noch 1 % des Meeresspiegel-Luftdrucks:
$L(x) = e^{-0,1333x} = 0,01 \Leftrightarrow -0,1333x = \ln(0,01) \Leftrightarrow x = \frac{\ln(0,01)}{-0,1333} \approx 34,5$

In knapp 35 km Höhe beträgt der Luftdruck nur noch 1 % des Luftdrucks auf Meeresspiegel.

Aufgabe 4

a) Gesucht ist zunächst der Zeitpunkt mit der höchsten Erwärmungsrate; dies ist eine Optimierungsaufgabe (vgl. Kapitel 1).

Der Zeitpunkt mit der höchsten Erwärmungsrate entspricht der Maximumstelle x_{Max} der Funktion f im Bereich $x \geq 0$, die maximale Erwärmungsrate entspricht dem Funktionswert $f(x_{Max})$.

Mit einem geeigneten Rechner oder durch Ablesen aus dem gegebenen Graphen erhält man:
$x_{Max} \approx 9,24$ mit $f(x_{Max}) \approx 7,94$

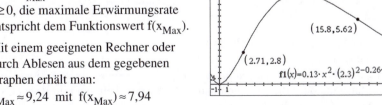

Nach etwa 9 Minuten ist die Erwärmungsrate mit knapp $8 \frac{°C}{min}$ am höchsten.

In der zweiten Fragestellung ist der Zeitpunkt mit der stärksten Zunahme der Rate, also die Maximumstelle der Ableitungsfunktion von f gesucht. Diese entspricht der Stelle mit der größten (positiven) Steigung des Schaubilds von f, also einer Wendestelle der Funktion f.

Mit einem geeigneten Rechner erhält man für die Wendestellen von f:
$x_1 \approx 2{,}71$ und $x_2 \approx 15{,}8$ (vgl. Rechnerbild zu Teilaufgabe a)

Am Graphen von f erkennt man, dass es sich bei der ersten Wendestelle x_1 um die gesuchte Stelle handelt (Maximum der Steigung).

Ohne Rechner liest man aus dem Graphen der Funktion f den gesuchten x-Wert als Stelle mit dem stärksten Anstieg oder als Wendestelle mit Wechsel von einer Links- in eine Rechtskrümmung in etwa ab als $x_W \approx 2{,}7$ (vgl. Skizze rechts).

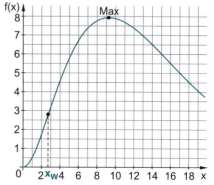

Somit ist knapp 3 Minuten nach Beginn des Erwärmungsvorgangs die Zunahme der Rate am größten.

b) Solange die Erwärmungsrate positiv ist, wird das Wasser wärmer.
Am Funktionsterm von f erkennt man, dass $f(x) > 0$ für alle $x > 0$ gilt, denn für diesen Bereich ist $0{,}13x^2 > 0$ sowie $2{,}3^{2-0{,}26x} > 0$.
Das Wasser wird also nach Beginn des Erwärmungsvorgangs immer wärmer.

c) Die Funktion f gibt die Erwärmungsrate des Wassers an und stellt somit die Änderungsrate der Wassertemperatur dar. Die Temperaturzunahme wird also durch die Stammfunktion von f beschrieben und lässt sich für einen bestimmten Zeitraum durch ein entsprechendes Integral rekonstruieren (vgl. Kapitel 3).

Die Temperaturzunahme in den ersten 10 Minuten erhält man durch Berechnung des Integrals:
$$\int_0^{10} f(x)\,dx \approx 49{,}84$$

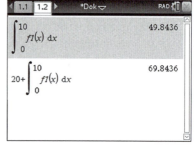

Ohne Hilfsmittel lässt sich der Wert dieses Integrals nur durch Abschätzen anhand des Graphen ermitteln.
Man zählt dazu die Kästchen unterhalb des Graphen von f im Bereich $x = 0$ bis $x = 10$. Man erhält ca. 100 Kästchen, wobei 1 Kästchen aufgrund der Skalierung der Achsen 0,5 entspricht, also ergibt sich insgesamt ein Wert von 50.

Die Wassertemperatur nimmt also in den ersten 10 Minuten um ca. 50 °C zu.

Da das Wasser allerdings bereits zu Beginn des Vorgangs eine Temperatur von 20 °C hat, wird nach 10 Minuten eine Wassertemperatur von etwa 50 °C + 20 °C = 70 °C erreicht.

Zum selben Ergebnis kommt man mit dem Rechner, wenn man direkt $20 + \int_0^{10} f(x)\,dx$ berechnet.

d) Auch hier geht es um die Rekonstruktion der erreichten Temperatur in einem bestimmten Zeitraum; allerdings ist nun der Zeitpunkt gesucht, zu dem eine bestimmte Wassertemperatur erreicht wird. Dies bedeutet, dass für einen vorgegebenen Wert des Integrals die (obere) Integrationsgrenze gesucht ist (vgl. Variante A in Kapitel 3).

Gesucht ist der Zeitpunkt x, an dem das Wasser zu kochen anfängt, also eine Wassertemperatur von 100 °C erreicht wird. Dazu muss das Wasser ausgehend von der Starttemperatur 20 °C um weitere 80 °C erwärmt werden.

Man erhält diesen Zeitpunkt x deshalb durch Lösen der Gleichung:

$$\int_0^x f(t)\,dt = 80 \quad \text{bzw.} \quad 20 + \int_0^x f(t)\,dt = 100$$

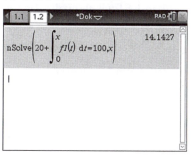

Mit einem geeigneten Rechner erhält man:

$$20 + \int_0^x f(t)\,dt = 100 \quad \Leftrightarrow \quad x \approx 14{,}1$$

Zur Überprüfung oder zur näherungsweisen Bestimmung dieses Wertes ohne Hilfsmittel kann man wieder Kästchen zählen. Da 1 Kästchen dem Wert 0,5 entspricht und eine Erwärmung um 80 °C erfolgen muss, zählt man die Kästchen unterhalb des Graphen von f ab x = 0, bis man etwa 80 · 2 = 160 Kästchen erreicht. Beachtet man das Ergebnis von Teilaufgabe c, genügt es auch, ab x = 10 weitere 160 − 100 = 60 Kästchen abzuzählen. Dieser Wert wird knapp über x = 14 erreicht. Dies bestätigt das berechnete Ergebnis.

Somit hat das Wasser nach etwa 14 Minuten die Siedetemperatur von 100 °C erreicht.

e) Betrachtet wird nun der **Abkühlvorgang** des zubereiteten, heißen Tees. Um die Fragen zu beantworten, ist der Zusammenhang zwischen der Zeit und der noch bestehenden Temperatur des Tees zunächst anhand der gegebenen Werte mit einer geeigneten Funktion zu beschreiben.

Da die Temperatur des Tees laut Aufgabenstellung exponentiell abnimmt und sich der Umgebungstemperatur annähert, handelt es sich bei diesem Vorgang um eine begrenzte exponentielle Abnahme (vgl. dazu Kapitel 5).
Der Zusammenhang zwischen Zeit t und Resttemperatur B des Tees erfüllt deshalb eine Gleichung der Form:

$B(t) = S - (S - B_0) \cdot e^{-kt}$

Mit der vorgegebenen Umgebungstemperatur von 22 °C als untere Schranke S und der Anfangstemperatur $B_0 = 85$ °C des Tees erhält man:

$B(t) = 22 - (22 - 85) \cdot e^{-kt} = 22 + 63 e^{-kt}$

Mithilfe des gegebenen Wertes (45 °C nach 3 Minuten) lässt sich k bestimmen:

$B(3) = 22 + 63 e^{-3k} = 45 \quad \Leftrightarrow \quad 63 e^{-3k} = 23 \quad \Leftrightarrow \quad -3k = \ln\left(\frac{23}{63}\right)$

$\Leftrightarrow \quad k = -\frac{1}{3}\ln\left(\frac{23}{63}\right) \approx 0{,}3359$

Der Zusammenhang zwischen Zeit und Temperatur des Tees lautet somit:

$B(t) = 22 + 63 e^{-0{,}3359 t}$ (t in Minuten seit Beginn der Beobachtung, B(t) in °C)

Für die Temperatur des Tees nach 5 Minuten gilt damit:

$B(5) = 22 + 63 e^{-0{,}3359 \cdot 5} \approx 33{,}75$

Nach 5 Minuten hat der Tee noch eine Temperatur von etwa 34 °C.

Alternative Lösungsmöglichkeit mit GTR/CAS:
Für die exponentielle Abnahme der Temperatur des Tees ist die aktuell noch bestehende Differenz zur Umgebungstemperatur entscheidend. Deshalb kann man auch direkt den Zusammenhang zwischen der Zeit t und der Temperaturdifferenz T(t) mit einer Funktion beschreiben. Zu Messbeginn, also zum Zeitpunkt t = 0 hat der Tee die Temperaturdifferenz 85 °C – 22 °C = 63 °C und nach 3 Minuten (t = 3) liegen noch 45 °C – 22 °C = 23 °C Differenz vor. Es gilt also T(0) = 63 und T(3) = 23. Diese beiden Funktionswerte bestimmen die Funktion T, die den Verlauf der Temperaturdifferenz beschreibt, und können für eine exponentielle Regression verwendet werden (vgl. Kapitel 2):

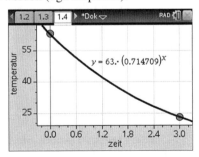

Die Näherung für diesen Abkühlvorgang lässt sich durch die Funktion T mit $T(t) \approx 63 \cdot 0{,}7147^t = 63 \cdot e^{\ln(0{,}7147) \cdot t} \approx 63 e^{-0{,}3359 t}$ beschreiben.

Für die Temperaturdifferenz nach 5 Minuten erhält man so:

T(5) = 63e$^{-0,3359 \cdot 5}$ ≈ 11,747

Nach 5 Minuten beträgt die Differenz zur Umgebungstemperatur also noch ca. 11,7 °C; somit hat der Tee nach 5 Minuten noch eine Temperatur von 22 °C + 11,7 °C = 33,7 °C ≈ 34 °C.

f) Mit der in Teilaufgabe e bestimmten Funktionsgleichung B(t) gilt für den Zeitpunkt x, zu dem der Tee eine Temperatur von 30 °C erreicht hat:

$$B(x) = 22 + 63e^{-0,3359x} = 30 \Leftrightarrow 63e^{-0,3359x} = 8$$
$$\Leftrightarrow -0,3359x = \ln\left(\tfrac{8}{63}\right)$$
$$\Leftrightarrow x = \frac{\ln\left(\tfrac{8}{63}\right)}{-0,3359} \approx 6,144$$

Nach etwa 6,14 Minuten, also etwa 6 Minuten und 8 Sekunden, hat der Tee eine Temperatur von 30 °C erreicht.

Alternative Lösungsmöglichkeit mit GTR/CAS:

Betrachtet man die Temperaturdifferenz und verwendet die durch exponentielle Regression ermittelte Funktion aus Teilaufgabe e, so bestimmt man den Zeitpunkt, zu dem die Differenz noch 8 °C beträgt (entspricht einer Teetemperatur von 22 °C + 8 °C = 30 °C). Man erhält diesen z. B. als Schnittpunkt des Graphen von T mit der Geraden y = 8: t ≈ 6,14

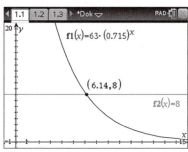

Aufgabe 5

a) Zunächst soll der Zusammenhang zwischen der Produktionszahl x und den Herstellungskosten H mit einer Funktion beschrieben werden (vgl. Kapitel 2).

Da nur zwei Ausgangswerte vorhanden sind, bietet sich für diesen Zusammenhang eine lineare Funktion an (die bis mindestens 20 000 Dosen monatlich verwendet werden kann). Die Lösung dieser Aufgabe wird hier durch algebraische Rechnung und nicht durch ebenfalls mögliche Regressionen erstellt. Beachten Sie, dass laut Aufgabenstellung die Herstellungskosten H **pro Dose** modelliert werden sollen!

Die gegebenen Daten führen zu:
10 000 Dosen mit Kosten von 7,20 € pro Dose ergibt den Punkt A(10 000 | 7,2);
20 000 Dosen mit Kosten von 6 € pro Dose liefert den Punkt B(20 000 | 6).

Daraus folgt für die gesuchte lineare Funktion H:
$H(x) = m \cdot x + c$ mit $m = \frac{6 - 7{,}2}{20\,000 - 10\,000} = \frac{-1{,}2}{10\,000} = -0{,}00012$
Punktprobe mit A:
$H(10\,000) = -0{,}00012 \cdot 10\,000 + c = 7{,}2 \Leftrightarrow c = 7{,}2 + 1{,}2 = 8{,}4$
Insgesamt erhält man für die Herstellungskosten H **pro Dose** in Abhängigkeit von der Produktionszahl x:
$H(x) = -0{,}00012x + 8{,}4$

Der Graph der Funktion H ist eine fallende Gerade, da die Herstellungskosten pro Dose mit steigender Produktion geringer werden (vgl. Aufgabentext). Diese Funktion kann den Zusammenhang aber nur in einem begrenzten Bereich gut wiedergeben, da die Kosten pro Dose nicht beliebig sinken können.

b) Da der Zusammenhang zwischen Preis p pro Dose in € und Verkaufszahl V durch eine quadratische Funktion modelliert werden soll, lautet der Ansatz:
$V(p) = ap^2 + bp + c$

Aus den gegebenen Daten für den gewöhnlichen Absatz und den Absatz in den zwei Werbemonaten ergeben sich folgende Messpaare:
Regulärer Preis: $V(9) = 8\,000$
Erster Werbepreis: $V(8) = 16\,000$
Zweiter Werbepreis: $V(7) = 20\,000$

Daraus ergibt sich das lineare Gleichungssystem:
$81a + 9b + c = 8\,000$
$64a + 8b + c = 16\,000$
$49a + 7b + c = 20\,000$

Als Lösung dieses Gleichungssystems erhält man:
$a = -2\,000; \ b = 26\,000; \ c = -64\,000$
Die Verkaufszahlen-Funktion lautet somit:
$V(p) = -2\,000p^2 + 26\,000p - 64\,000$

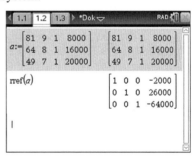

Der Graph der Funktion V ist eine nach unten geöffnete Parabel; ist die Creme zu billig oder zu teuer, ergeben sich geringere Verkaufszahlen.
Am Schaubild der Funktion V sieht man zudem, dass sich nur für Preise zwischen ca. 3,30 € und 9,70 € positive Verkaufszahlen ergeben (Nullstellen von V); alle anderen Preise werden durch dieses Modell nicht abgebildet.

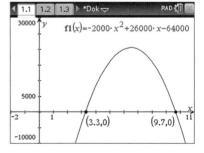

c) Der Gewinn beim Verkauf der Creme soll maximiert werden (Optimierungsaufgabe, vgl. Kapitel 1).

Mit den in den vorherigen Teilaufgaben ermittelten Funktionen H und V gilt:
- Bei einem Verkaufspreis von p € pro Dose werden V(p) Dosen verkauft.
- Die Herstellungskosten für diese V(p) Dosen betragen H(V(p)) · V(p) und die erzielten Einnahmen ergeben sich aus dem Produkt V(p) · p.

Somit ergibt sich beim Verkauf insgesamt ein Gewinn von:

Gewinn = Einnahmen − Herstellungskosten

$$G(p) = V(p) \cdot p - H(V(p)) \cdot V(p)$$
$$= (-2\,000p^2 + 26\,000p - 64\,000) \cdot p - (-0{,}00012 \cdot (-2\,000p^2 + 26\,000p -$$
$$- 64\,000) + 8{,}4) \cdot (-2\,000p^2 + 26\,000p - 64\,000)$$

Die Funktion G gibt dabei nur für Preise p im Bereich 3,30 < p < 9,70 den Gewinn korrekt wieder (vgl. Teilaufgabe b).

Maximiert man die Funktion G mittels Rechner in diesem Bereich, erhält man:

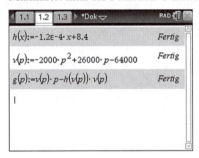 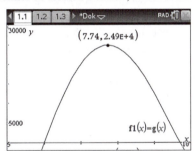

Der maximale Gewinn wird bei einem Verkaufspreis von 7,74 € pro Dose erreicht und beträgt insgesamt ca. 25 000 €.

Hierbei ist mit ca. V(7,74) ≈ 17 400 abgesetzten Dosen pro Monat zu rechnen.

Aufgabe 6

a) Zeitpunkt und Menge des maximalen Absatzes entsprechen dem x-Wert bzw. dem Funktionswert des Maximums von f im relevanten Zeitraum $0 \leq x \leq 180$ (vgl. Kapitel 1).

Z. B. mit einem GTR oder durch Ablesen aus dem Graphen ergibt sich:
f(x) wird in diesem Bereich maximal für $x_{Max} \approx 22$ mit $f(x_{Max}) \approx 9{,}1$.

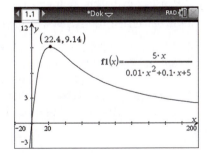

Die Zeit x ist in Tagen seit Beginn der Vermarktung angegeben, die Funktionswerte f(x) geben die Absatzzahlen für die einzelnen Tage in 1 000 Stück an. Somit wird am 22. Tag nach Beginn der Vermarktung mit etwa 9 100 verkauften Smartphones der maximale Absatz erreicht.

Für die langfristige Entwicklung der Absatzzahlen betrachtet man den Grenzwert der Funktion f für $x \to \infty$. Anhand des Funktionsterms erkennt man, dass sich die Funktionswerte dem Wert 0 annähern, da f eine gebrochenrationale Funktion ist, deren Zählergrad kleiner als der Nennergrad ist; man erhält $f(x) \to 0$ für $x \to \infty$.

Somit ist langfristig damit zu rechnen, dass die Absatzzahlen mit steigendem „Alter" des Smartphone-Modells immer weiter sinken und auf lange Sicht keine Smartphones dieses Modells mehr verkauft werden.

b) Durch den Verlauf des Lebenszyklus wird beschrieben, wie viele Einheiten zu einem bestimmten Zeitpunkt verkauft werden. Summiert man die Funktionswerte für einzelne Zeitpunkte x auf, erhält man die gesamte abgesetzte Menge im jeweiligen Zeitraum (vgl. Kapitel 3).

Die aufwendige Summation der Absatzzahlen für die ersten 100 Tage kann durch eine geeignete Integration ersetzt werden; das Integral über die Funktion f im Bereich $0 \leq x \leq 100$ approximiert in diesem Fall die Aufsummierung der einzelnen Absatzzahlen für die ersten 100 Tage.

Z. B. mit einem geeigneten Rechner ergibt sich:

$$\int_0^{100} f(x)\,dx \approx 653$$

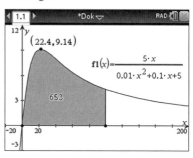

Da die Funktionswerte f(x) die Absatzzahlen in 1 000 Stück angeben, werden in den ersten 100 Tagen also etwa 653 000 Smartphones verkauft werden.

Bei einem Verkaufspreis von 300 € erhält man damit für den zu erwartenden Umsatz in diesem Zeitraum: 653 000 · 300 € = 195 900 000 €

In den ersten 100 Tagen wird ein Umsatz von knapp 200 Mio. € erzielt werden.

Ohne Hilfsmittel lässt sich der Wert des obigen Integrals nur durch Abschätzen anhand des Graphen näherungsweise ermitteln. Man zählt dazu die Kästchen unterhalb des Graphen von f im Bereich x = 0 bis x = 100.
Man erhält ca. 65 Kästchen, wobei 1 Kästchen aufgrund der Skalierung der Achsen 1 · 10 = 10 entspricht, also ergibt sich insgesamt ein Wert von etwa 650.

c) Die Zeitpunkte, zu denen die abgesetzte Menge am stärksten zu- bzw. abnimmt, entsprechen den Extremstellen der Änderungsrate, also der Ableitung f'.

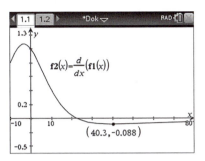

Mit einem geeigneten Rechner erkennt man am Schaubild von f': Die Änderungsrate hat für $x \geq 0$ kein lokales Maximum; der größte Funktionswert wird an der Stelle $x_1 = 0$ angenommen. Das Minimum befindet sich bei $x_2 \approx 40{,}3$.

Am Graphen der Funktion f erkennt man ebenfalls, dass die stärkste Zunahme direkt zu Beginn vorliegt; den zweiten x-Wert liest man als Stelle mit stärkstem Gefälle oder als Wendestelle mit Wechsel von einer Rechts- in eine Linkskrümmung in etwa ab als $x_2 \approx 40$.

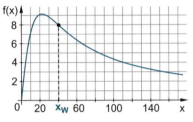

Die größte Zunahme der Absatzzahlen ist somit gleich zu Beginn der Markteinführung zu beobachten, die größte Abnahme nach etwa 40 Tagen.

d) Ein Absatz von 5 000 Smartphones entspricht dem Funktionswert 5.

Für die Gleichung $f(x) = 5$ erhält man mithilfe eines Rechners oder durch Ablesen aus dem Graphen die Lösungen $x_3 \approx 6$ und $x_4 \approx 84$. Zwischen diesen beiden Werten gilt $f(x) > 5$.

Somit werden am 6. Tag zum ersten Mal 5 000 Smartphones überschritten. Das Nachfolgemodell wird nach dem 84. Tag auf den Markt gebracht.

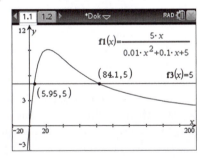

Aufgabe 7

a) Zu bestimmen ist zunächst der funktionale Zusammenhang zwischen der Zeit und der zugehörigen Abwurfrate (vgl. Kapitel 2). Der Funktionstyp ist dabei vorgegeben und die zwei darin enthaltenen Parameter a und b sind aus den zwei gegebenen Wertepaaren zu bestimmen.

Gegeben sind die Abwurfraten nach einem Tag und nach zwei Tagen mit 50 bzw. 60 Blättern pro Tag. Diese entsprechen den Funktionswerten der Funktion f für $x = 1$ bzw. $x = 2$.

Das führt zu den zwei Gleichungen:

(I) $f(1) = 50 \Leftrightarrow \frac{a \cdot 1^2}{1^3 + b} = 50$

$\Leftrightarrow \frac{a}{1+b} = 50 \Leftrightarrow a = 50 \cdot (1+b)$

(II) $f(2) = 60 \Leftrightarrow \frac{a \cdot 2^2}{2^3 + b} = 60$

$\Leftrightarrow \frac{4a}{8+b} = 60 \Leftrightarrow 4a = 60 \cdot (8+b)$

$\Leftrightarrow a = 15 \cdot (8+b)$

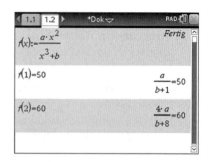

Gleichsetzen der rechten Seiten der Gleichungen (I) und (II) führt zu:
$50 \cdot (1+b) = 15 \cdot (8+b) \Leftrightarrow 50 + 50b = 120 + 15b \Leftrightarrow 35b = 70 \Leftrightarrow b = 2$
Setzt man $b = 2$ in (I) oder (II) ein, ergibt sich $a = 150$.

Die Funktion lautet also: $f(x) = \frac{150 \cdot x^2}{x^3 + 2}$

b) Die maximale Abwurfrate entspricht dem größten Funktionswert (also dem Maximum) der Funktion f im Bereich $x \geq 0$ (Optimierungsaufgabe, s. Kapitel 1).

Z. B. mit einem geeigneten Rechner oder durch Ablesen aus dem Graphen ergibt sich:

f(x) wird in diesem Bereich maximal für $x_{Max} \approx 1{,}6$ mit $f(x_{Max}) \approx 63$.

Die maximale Abwurfrate beträgt also etwa 63 Blätter pro Tag und wird nach etwas mehr als 1,5 Tagen erreicht.

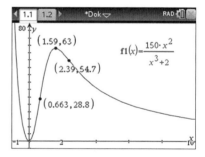

Der Zeitpunkt der stärksten Zunahme der Rate entspricht der Maximumstelle der Ableitungsfunktion f' von f im Bereich $x \geq 0$. Diese entspricht der Stelle mit der größten (positiven) Steigung des Schaubilds von f, also einer Wendestelle der Funktion f.

Mit einem geeigneten Rechner erhält man $x_{Max_{\ddot{A}}} \approx 0{,}663$ als Maximum von f':

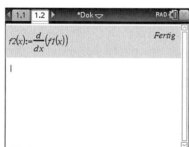 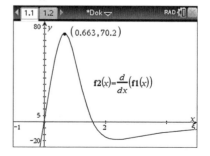

Ohne Rechner liest man aus dem Graphen der Funktion f den gesuchten x-Wert als Stelle mit dem stärksten Anstieg oder als Wendestelle mit Wechsel von einer Links- in eine Rechtskrümmung in etwa ab als $x_W \approx 0{,}7$ (vgl. Skizze rechts).

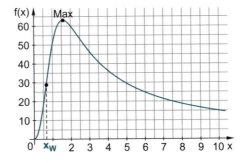

Bemerkung: Bestimmt man mit dem Rechner numerisch die Wendestellen von f und liest am Schaubild von f ab, an welcher der beiden Stellen die Steigung positiv ist, erhält man dasselbe Ergebnis (vgl. erstes GTR-Bild zu Teilaufgabe b).

Die stärkste Zunahme der Rate erfolgt somit nach knapp 0,7 Tagen, also ca. $0{,}7 \cdot 24 = 16{,}8$ Stunden nach Beginn der Messung.

Für die langfristige Entwicklung der Abwurfrate betrachtet man den Grenzwert der Funktion f für $x \to \infty$. Anhand des Funktionsterms erkennt man, dass sich die Rate dem Wert 0 annähert, da f eine gebrochenrationale Funktion ist, deren Zählergrad kleiner als der Nennergrad ist; man erhält $f(x) \to 0$ für $x \to \infty$.

Langfristig nimmt die Abwurfrate also immer weiter ab und nähert sich dem Wert 0 (vgl. auch Schaubild von f), jedoch wird dieser Wert nie angenommen.

Es werden also mit der Zeit immer weniger Blätter abgeworfen, jedoch würde das Abwerfen der Blätter nie vollständig enden. Dies ist in der Realität nicht sinnvoll, da der Baum irgendwann alle Blätter abgeworfen hat. Daher kann die Funktion f die Abwurfrate nur in einem begrenzten Zeitraum modellieren.

c) Da die Funktion f die Abwurfrate beschreibt, stellt sie die Änderungsrate der Blätteranzahl auf dem Rasen dar. Die Anzahl der Blätter wird deshalb durch die Stammfunktion der Funktion f angegeben und lässt sich für einen bestimmten Zeitraum durch ein entsprechendes Integral rekonstruieren (vgl. Kapitel 3).

Die Anzahl der Blätter, die nach 7 Tagen auf dem Rasen liegen, ergibt sich durch das Integral $\int_0^7 f(x)\,dx$.

Der Wert dieses Integrals lässt sich mithilfe eines geeigneten Rechners oder mithilfe einer Integrationsregel (logarithmische Integration) bestimmen:

$$\int f(x)\,dx = \int \frac{150x^2}{x^3+2}\,dx = 50 \cdot \int \frac{3x^2}{x^3+2}\,dx = 50 \cdot \ln|x^3+2| \stackrel{x \geq 0}{=} 50 \cdot \ln(x^3+2)$$

$$\int_0^7 f(x)\,dx = 50 \cdot \left[\ln(x^3+2)\right]_0^7 = 50 \cdot \ln 345 - 50 \cdot \ln 2 \approx 257{,}52$$

Entsprechend ergibt sich die Anzahl der Blätter, die zwischen dem 5. und dem 8. Tag auf den Rasen fallen, aus folgendem Integral:

$$\int_5^8 f(x)\,dx = 50 \cdot \left[\ln(x^3+2)\right]_5^8$$
$$= 50 \cdot \ln 514 - 50 \cdot \ln 127$$
$$\approx 69{,}90$$

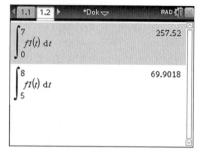

Somit liegen nach 7 Tagen etwa 258 Blätter auf dem Rasen und zwischen dem 5. und dem 8. Tag fallen etwa 70 Blätter auf den Rasen.

Anmerkung: Zur Überprüfung bzw. näherungsweisen Bestimmung der Werte kann man auch die Kästchen im jeweiligen Bereich zählen. Zwischen $x=0$ und $x=7$ erhält man ca. 103 Kästchen unterhalb des Graphen von f. Aufgrund der Skalierung der Achsen entspricht 1 Kästchen dem Wert $0{,}5 \cdot 5 = 2{,}5$; also erhält man hier etwa $103 \cdot 2{,}5 = 257{,}5$ Blätter.
Analog zählt man zwischen $x=5$ und $x=8$ etwa 28 Kästchen; dies entspricht einem Wert von $28 \cdot 2{,}5 = 70$ Blättern.

d) Hier ist der Zeitpunkt gesucht, zu dem eine bestimmte Blätteranzahl erreicht wird, d. h., für einen vorgegebenen Wert des Integrals ist die (obere) Integrationsgrenze gesucht (vgl. Variante A in Kapitel 3).

Der Zeitpunkt x, zu dem 300 Blätter auf dem Rasen liegen, ergibt sich als Lösung der Gleichung:

$$\int_0^x f(t)\,dt = 300$$

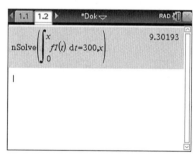

Mit einem geeigneten Rechner erhält man $x \approx 9{,}3$ als Lösung dieser Integralgleichung.

Ohne Rechner lässt sich diese Lösung auch rechnerisch mithilfe der in Teilaufgabe c ermittelten Stammfunktion bestimmen:

$$\int_0^x f(t)\,dt = 50 \cdot \left[\ln(t^3+2)\right]_0^x = 50 \cdot \ln(x^3+2) - 50 \cdot \ln 2$$

$50 \cdot \ln(x^3+2) - 50 \cdot \ln 2 = 300 \iff \ln(x^3+2) = 6 + \ln 2 \iff x^3+2 = e^{6+\ln 2}$
$\iff x^3+2 = e^6 \cdot e^{\ln 2} \iff x^3 = 2e^6 - 2 \approx 804{,}86 \implies x \approx 9{,}3$

Nach etwa 9 Tagen liegen also 300 Blätter auf dem Rasen.

Aufgabe 8

Betrachtet wird die Wassermenge in einem Speicher, wobei täglich sowohl Wasser zu- als auch abfließt. Um die Fragen zu beantworten, ist der Zusammenhang zwischen der Zeit und der Wassermenge im Speicher zunächst mit einer geeigneten Funktion zu beschreiben. Da Zu- und Abfluss als Raten gegeben sind, betrachtet man zunächst die Änderungsrate W'(t) des Wasserstands, um daraus als Bestand das Wasservolumen W(t) im Wasserspeicher in Abhängigkeit der Zeit zu erhalten.

a) Die Änderungsrate des Wasservolumens ergibt sich als Bilanz zwischen Zu- und Abflussrate: $W'(t) = R = R_{zu} + R_{ab}$

Dem Text entnimmt man als
Zuflussrate: $R_{zu} = 80$ (m³ pro Tag)
Abflussrate: $R_{ab} = -0{,}1 \cdot W(t)$ (10 % des momentanen Inhalts; in m³ pro Tag)
Für die Änderungsrate des Wasservolumens gilt also:
$W'(t) = R = R_{zu} + R_{ab} = 80 - 0{,}1 \cdot W(t)$

Formt man diese Rate etwas um, dann erkennt man die Differenzialgleichung des begrenzten exponentiellen Wachstums (vgl. Kapitel 5):
$W'(t) = R = 80 - 0{,}1 \cdot W(t) = 0{,}1 \cdot (800 - W(t))$

Daraus lässt sich die Sättigungsgrenze für diesen Vorgang ablesen: $S = 800$
Dies bedeutet, dass sich das Wasservolumen im Speicher langfristig auf 800 m³ reduzieren wird; es handelt sich also um eine begrenzte Abnahme.

Mit dem Wasservolumen $W_0 = 4\,000$ zu Beginn der Beobachtung, der unteren Schranke $S = 800$ und der Konstante $k = 0{,}1$ erhält man für das Wasservolumen:
$W(t) = S - (S - W_0) \cdot e^{-kt} = 800 - (800 - 4\,000) \cdot e^{-0{,}1t} = 800 + 3\,200 e^{-0{,}1t}$

Da die Änderungsrate in m³ pro Tag angegeben ist, sind die Zeit t in Tagen und das Wasservolumen W(t) in m³ angegeben.

b) Der Wasserstand nach 3 Tagen entspricht dem Funktionswert W(3):
$W(3) = 800 + 3\,200 e^{-0{,}1 \cdot 3} \approx 3\,170{,}62$

Nach 3 Tagen sind noch ca. 3 170 m³ im Wasserspeicher.

c) Für den Zeitpunkt T mit einem Wasserstand von 2 000 m³ gilt:
$W(T) = 800 + 3\,200 e^{-0{,}1T} = 2\,000$

$\Leftrightarrow e^{-0{,}1T} = \frac{1\,200}{3\,200} \Leftrightarrow -0{,}1T = \ln\left(\frac{12}{32}\right)$

$\Leftrightarrow T = \frac{\ln\left(\frac{12}{32}\right)}{-0{,}1} \approx 9{,}81$

Nach knapp 10 Tagen hat das Wasservolumen auf 2 000 m³ abgenommen.

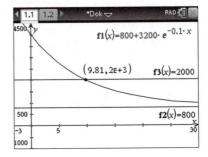

Aufgabe 9

Hinweis bei Verwendung eines GTR/CAS:
Um die abschnittsweise definierte Funktion f mit einem GTR darzustellen, müssen die 4 Teilfunktionen für die 4 Abschnitte zunächst einzeln eingegeben werden. Je nach Rechnermodell erfolgt die Eingabe unterschiedlich. Im Folgenden wird die Funktion f in den Rechnerbildern mit f5 bezeichnet, da der verwendete Rechner darunter die Teilfunktionen f1 bis f4 zusammenfasst.

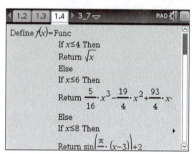
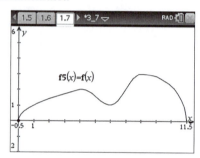

a) Die Räder der Lok stehen im oberen Teil der Strecke parallel zum Fahrzeug, wenn die Lok auf gerader Strecke oder durch einen Wendepunkt des Schaubilds von f fährt (in einem Wendepunkt liegt weder eine Rechts- noch eine Linkskrümmung vor, es erfolgt also keine Rechts- oder Linkslenkung). Da der Streckenverlauf keine geraden Stücke enthält, sind die Wendepunkte des Schaubilds der Funktion f (und deren Spiegelungen an der x-Achse) gesucht.

Anhand der Schaubilder der ersten und vierten Teilfunktion erkennt man, dass f in den Bereichen $0 \leq x \leq 4$ (Teilfunktion f_1) und $8 \leq x \leq 11$ (Teilfunktion f_4) keine Wendestellen hat. Die Schaubilder dieser beiden Teilfunktionen sind als Graphen von Wurzelfunktionen durchgehend rechtsgekrümmt.

Mit einem geeigneten Rechner können die Wendepunkte der beiden anderen Teilfunktionen f_2 und f_3 in den jeweiligen Bereichen $4 \leq x \leq 6$ bzw. $6 \leq x \leq 8$ direkt am Schaubild bestimmt werden:

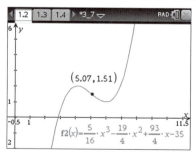
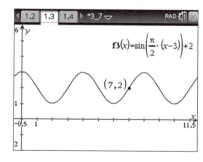

Ohne Rechner ermittelt man die beiden Wendestellen mithilfe der Ableitungen:

$f_2(x) = \frac{5}{16}x^3 - \frac{19}{4}x^2 + \frac{93}{4}x - 35$

$f_2'(x) = \frac{15}{16}x^2 - \frac{19}{2}x + \frac{93}{4}$

$f_2''(x) = \frac{15}{8}x - \frac{19}{2}$

$f_2''(x) = 0 \Leftrightarrow \frac{15}{8}x = \frac{19}{2} \Leftrightarrow 15x = 76 \Leftrightarrow x = \frac{76}{15} \approx 5{,}07$

(Der Nachweis, dass an dieser Stelle tatsächlich ein Wendepunkt vorliegt, ist nicht nötig, da f_2 eine ganzrationale Funktion 3. Grades ist.)

Im Bereich $4 \leq x \leq 6$ (Teilfunktion f_2) hat f die Wendestelle $x_{W_1} \approx 5{,}07$ mit:
$f(x_{W_1}) = f_2(x_{W_1}) \approx 1{,}51$

Der erste Wendepunkt hat damit die Koordinaten $W_1(5{,}07 \mid 1{,}51)$.

$f_3(x) = \sin\left(\frac{\pi}{2}(x-3)\right) + 2$

$f_3'(x) = \frac{\pi}{2} \cdot \cos\left(\frac{\pi}{2}(x-3)\right)$

$f_3''(x) = -\frac{\pi^2}{4} \cdot \sin\left(\frac{\pi}{2}(x-3)\right)$

$f_3''(x) = 0 \Leftrightarrow \sin\left(\frac{\pi}{2}(x-3)\right) = 0 \Leftrightarrow \frac{\pi}{2}(x-3) = k \cdot \pi; \ k \in \mathbb{Z}$

Im relevanten Bereich $6 \leq x \leq 8$ ergibt sich die Lösung für $k = 2$:
$\frac{\pi}{2}(x-3) = 2\pi \Leftrightarrow x - 3 = 4 \Leftrightarrow x = 7$

(Auch hier ist der Nachweis, dass an dieser Stelle tatsächlich ein Wendepunkt vorliegt, nicht nötig, da f_3 eine Sinusfunktion ist.)

Im Bereich $6 \leq x \leq 8$ (Teilfunktion f_3) hat f die Wendestelle $x_{W_2} = 7$ mit:
$f(x_{W_2}) = f_3(x_{W_2}) = 2$

Der zweite Wendepunkt hat also die Koordinaten $W_2(7 \mid 2)$.

Zusammen mit den Spiegelungen W_1^* und W_2^* dieser beiden Punkte an der x-Achse erhält man insgesamt:
Die Räder der Lok stehen in den Punkten $W_1(5{,}07 \mid 1{,}51)$, $W_1^*(5{,}07 \mid -1{,}51)$, $W_2(7 \mid 2)$ und $W_2^*(7 \mid -2)$ parallel zum Fahrzeug.

b) Die gesuchte Fläche ergibt sich für die obere Hälfte der Strecke als Fläche unter dem Graphen von f durch die Integrale über die einzelnen Teilfunktionen:

$A_1 = \int_0^4 \sqrt{x}\, dx; \quad A_2 = \int_4^6 \left(\frac{5}{16}x^3 - \frac{19}{4}x^2 + \frac{93}{4}x - 35\right) dx;$

$A_3 = \int_6^8 \left(\sin\left(\frac{\pi}{2}(x-3)\right) + 2\right) dx; \quad A_4 = \int_8^{11} \sqrt{9-(x-8)^2}\, dx$

Da auch die untere Hälfte begrünt werden soll und sich diese durch Spiegelung an der x-Achse ergibt, gilt für den Flächeninhalt der zu begrünenden Fläche:
$A = 2 \cdot (A_1 + A_2 + A_3 + A_4)$

Z. B. mit einem GTR erhält man:

$A_1 = \int_0^4 \sqrt{x} \, dx \approx 5{,}33$

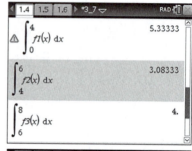

$A_2 = \int_4^6 \left(\frac{5}{16}x^3 - \frac{19}{4}x^2 + \frac{93}{4}x - 35\right) dx$
$\approx 3{,}08$

$A_3 = \int_6^8 \left(\sin\left(\frac{\pi}{2}(x-3)\right) + 2\right) dx = 4$

$A_4 = \int_8^{11} \sqrt{9-(x-8)^2} \, dx \approx 7{,}07$

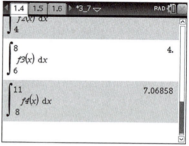

Daraus folgt:
$A = 2 \cdot (A_1 + A_2 + A_3 + A_4) \approx 38{,}96$

Es muss Material für eine Fläche von etwa 39 m² gekauft werden.

Anmerkung: Die Berechnung der einzelnen Integrale kann (zumindest teilweise) auch durch Berechnung ohne GTR/CAS erfolgen, allerdings ist der gesamte Rechenaufwand dafür sehr hoch.

c) Zunächst veranschaulicht man sich den Sachverhalt in einer Skizze:

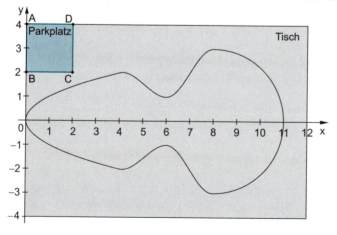

Da das Parkplatzgelände quadratisch ist und eine Fläche von 4 m² haben soll, hat es eine Seitenlänge von 2 m. Mit den Koordinaten (0|4) des Eckpunktes A haben die anderen Eckpunkte des Quadrats die Koordinaten B(0|2), C(2|2) und D(2|4).

Gesucht ist der minimale Abstand des Parkplatzes zu den Schienen (Optimierungsaufgabe, vgl. Kapitel 1). Aus der Veranschaulichung erkennt man, dass der Eckpunkt C der Punkt des Quadrats ist, dessen Entfernung zu den Schienen am kleinsten ist. Im Bereich um den Punkt C (mit $x = 2$) ist der Verlauf des Schaubilds durch die Funktion f_1 mit $f_1(x) = \sqrt{x}$ gegeben.

Der Abstand des Punktes C(2|2) zu einem beliebigen Punkt $(x | \sqrt{x})$ auf dem Schaubild von f_1 kann mithilfe des Satzes von Pythagoras durch eine Funktion d mit $d(x) = \sqrt{(2-x)^2 + (2-\sqrt{x})^2}$ beschrieben werden.

Der minimale Abstand des Parkplatzes zu den Schienen entspricht dann dem absoluten Minimum der Funktion d.

Z. B. mit einem GTR erhält man:
$x_{Min} \approx 2{,}18$ mit $d(x_{Min}) \approx 0{,}55$

Da die Einheit auf beiden Achsen Meter lautet, beträgt der minimale Abstand des Parkplatzes zu den Schienen ca. 55 cm.

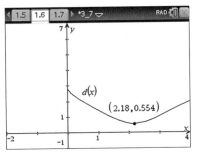

d) Zur Bearbeitung dieser Aufgabe bietet es sich an, sich die Tischebene in einem räumlichen Koordinatensystem vorzustellen.

Bezogen auf ein räumliches Koordinatensystem, in dem die x_3-Achse die Höhe über dem Boden (in Meter) angibt, kann die Ebene, in der der Tisch liegt, durch die Gleichung E: $x_3 = 1$ beschrieben werden, da der Tisch die Höhe 1 m hat und die x_3-Koordinate die Höhe angibt.

Das zweidimensionale Koordinatensystem, in dem der Schienenverlauf der Modellbahn dargestellt wurde (vgl. Teil c), kann man auf mehrere Arten in das räumliche Koordinatensystem verlagern. Eine Möglichkeit ist, die x-y-Koordinatenebene in der Anschauung um 90° nach hinten zu kippen. Dann entsprechen die ursprüngliche x-Achse der x_2-Achse und die ursprüngliche y-Achse der x_1-Achse, letztere allerdings mit vertauschten Vorzeichen, vgl. Skizze unten.

Der Punkt P mit den Koordinaten P(1|3) wird dann im räumlichen Koordinatensystem zum Punkt P*(−3|1|1), vgl. Skizze. (Die x_3-Koordinate von P* ist 1, da der Tisch eine Höhe von 1 m hat und der Punkt als Mittelpunkt der quadratischen Parkplatzfläche auf dem Tisch liegt.)

Da der Mast 1,20 m hoch ist, ergeben sich zusammen mit der Tischhöhe von 1 m für die Spitze P** des Mastes die Koordinaten P**(−3|1|2,2).

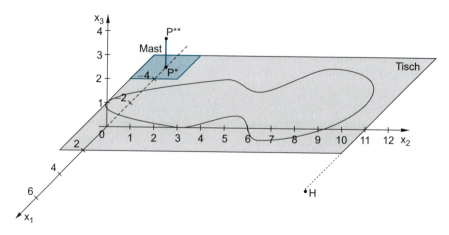

Das Kind steht in Verlängerung der rechten Tischkante 3 m vor dem Tisch, also in x_1-Richtung 3 m von der rechten vorderen Ecke des Tisches entfernt. Da der Tisch 8 m breit ist und die x_2-Achse die Tischbreite halbiert, ergibt sich damit für die x_1-Koordinate des Standpunktes des Kindes: $x_1 = 4 + 3 = 7$
Da der Tisch 12 m lang ist, lautet die x_2-Koordinate des Standpunktes des Kindes $x_2 = 12$. Mit der Augenhöhe 90 cm = 0,9 m ergibt sich für die x_3-Koordinate der Augenhöhe des Kindes $x_3 = 0,9$.
Insgesamt lauten die Koordinaten der Augenhöhe des Kindes H(7|12|0,9).

Die Sichtlinie des Kindes zu der Spitze des Mastes kann beschrieben werden durch eine Gerade g durch die Punkte H und P**. Das Kind sieht die Spitze des Mastes, wenn diese Sichtlinie nicht durch die Tischfläche unterbrochen wird, d. h., wenn der Schnittpunkt der Geraden g mit der Ebene E: $x_3 = 1$ außerhalb des Tisches liegt. Dies ist dann der Fall, wenn die x_1-Koordinate dieses Schnittpunktes größer als 4 (halbe Tischbreite) ist.
Eine mögliche Gleichung der Geraden g ist:

g: $\vec{x} = \overrightarrow{OH} + t \cdot \overrightarrow{HP^{**}} = \begin{pmatrix} 7 \\ 12 \\ 0,9 \end{pmatrix} + t \cdot \begin{pmatrix} -10 \\ -11 \\ 1,3 \end{pmatrix}$

$g \cap E$ führt zu der Gleichung $0,9 + t \cdot 1,3 = 1$ mit der Lösung $t = \frac{1}{13}$.
Setzt man diesen Wert in die Geradengleichung von g ein, ergibt sich der Schnittpunkt $S\left(\frac{81}{13} \mid \frac{145}{13} \mid 1\right)$ der Sichtlinie mit der Tischebene.

Da $\frac{81}{13} \approx 6,23 > 4$ ist, liegt der Schnittpunkt von g und E außerhalb des Tisches.

Das Kind kann somit die Spitze des Mastes sehen.

Aufgabe 10

a) Um die möglichen Werte für den Pegelstand des Wassers angeben zu können, ist der Wertebereich der Funktion f zu bestimmen. Da es sich um eine Kosinusfunktion handelt, genügt es, den höchsten und niedrigsten Pegelstand des Wassers als Maximum bzw. Minimum der Funktion f zu bestimmen.

Diese Werte kann man entweder durch Analyse des Funktionsterms von f unter Beachtung der auftretenden Parameter oder durch rechnerische Bestimmung des absoluten Minimums bzw. Maximums von f ermitteln.

Im Vergleich zum Schaubild der normalen Kosinusfunktion h(x)=cos x ist das Schaubild von f mit dem Faktor 1,52 in y-Richtung gestreckt (dieser Streckfaktor entspricht der Amplitude von f) und um 8,2 in positive y-Richtung verschoben. (Die Verschiebung und Streckung in x-Richtung ist für die Extremwerte der Funktion nicht relevant.) Somit erhält man als maximalen Funktionswert 8,2+1,52=9,72 und als minimalen Funktionswert 8,2−1,52=6,68.

Alternativ kann man verwenden, dass der Kosinusterm im Funktionsterm von f nur Werte zwischen −1 und +1 annehmen kann und die Funktionswerte von f deshalb zwischen 1,52·(−1)+8,2=6,68 und 1,52·1+8,2=9,72 liegen.

Zum selben Ergebnis kommt man, wenn man z. B. mit einem GTR (vgl. Bild rechts) oder über die Ableitung die Extremwerte von f bestimmt.

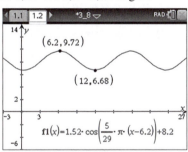

Der Pegelstand des Wassers im Jachthafen kann nach dieser Modellierung Werte zwischen 6,68 m und 9,72 m annehmen.

b) Die Periode einer allgemeinen Kosinusfunktion wird durch den Parameter vor der Funktionsvariablen bestimmt; für die Periode p der Funktion f gilt:
$$p = \frac{2\pi}{\frac{5}{29}\pi} = \frac{58}{5} = 11{,}6$$

Der Pegelstand unterliegt somit einer zeitlichen Periode von knapp 12 Stunden.

c) Da die Zeit t in Stunden ab 12.00 Uhr angegeben wird, entspricht 13.15 Uhr dem Zeitpunkt t=1,25. Der Pegelstand zu dieser Uhrzeit entspricht dem Funktionswert von f an dieser Stelle.

Man erhält:
$$f(1{,}25) = 1{,}52 \cdot \cos\left(\tfrac{5}{29}\pi \cdot (1{,}25 - 6{,}2)\right) + 8{,}2 \approx 6{,}84$$

Um 13.15 Uhr beträgt der Pegelstand also etwa 6,84 Meter.

d) Der Zeitpunkt 12.00 Uhr am nächsten Tag entspricht dem Wert t = 24.

Gesucht ist der mittlere Pegelstand in dieser Zeitspanne; dieser entspricht dem Mittelwert $\overline{m}$ der Funktion f im Zeitintervall [0; 24], für den gilt:

$$\overline{m} = \frac{1}{24} \int_0^{24} f(t)\,dt$$

Das Integral kann mit einem geeigneten Rechner oder durch Bestimmen einer Stammfunktion berechnet werden:

$$\overline{m} = \frac{1}{24} \int_0^{24} \left(1{,}52 \cdot \cos\left(\tfrac{5}{29}\pi \cdot (t-6{,}2)\right) + 8{,}2\right) dt$$

$$= \frac{1}{24} \cdot \left[1{,}52 \cdot \sin\left(\tfrac{5}{29}\pi \cdot (t-6{,}2)\right) \cdot \tfrac{29}{5\pi} + 8{,}2\,t\right]_0^{24}$$

$$= \frac{1}{24} \cdot \left(1{,}52 \cdot \tfrac{29}{5\pi} \sin\left(\tfrac{5}{29}\pi \cdot (24-6{,}2)\right) + 8{,}2 \cdot 24 - 1{,}52 \cdot \tfrac{29}{5\pi}\sin\left(\tfrac{5}{29}\pi\cdot(-6{,}2)\right)\right)$$

$$\approx \frac{1}{24} \cdot (-0{,}6033 + 196{,}8 - 0{,}6033) \approx 8{,}15$$

Der mittlere Pegelstand innerhalb der ersten 24 Stunden beträgt ca. 8,15 Meter.

Anmerkung: Da die Periode der Kosinusfunktion nicht genau 12 beträgt (vgl. Teilaufgabe b) und sich damit die Pegelstände nicht exakt im 12-Stunden-Rhythmus wiederholen, entspricht der Mittelwert des Pegelstandes im betrachteten 24-Stunden-Zeitraum nicht exakt der Mittellinie 8,2 der Kosinusfunktion.

e) Der betrachtete periodische Sachverhalt lässt sich durch eine trigonometrische Funktion beschreiben; dazu bieten sich eine allgemeine Kosinusfunktion wie in den vorherigen Teilaufgaben oder auch eine allgemeine Sinusfunktion an.

Da keine einzelnen Messwerte, sondern spezifische Charakteristika des periodischen Vorgangs angegeben sind, bietet sich hier statt einer trigonometrischen Regression zur Bestimmung des Funktionsterms die Bestimmung der jeweiligen Parameter der allgemeinen Sinus- bzw. Kosinusfunktion an (vgl. Kapitel 2).

Der Ansatz lautet:

$g(t) = a \cdot \sin(b \cdot (t-c)) + d$ bzw. $g(t) = a \cdot \cos(b \cdot (t-c)) + d$

(t in Stunden seit Beginn der Messung, g(t) in Meter)

Den Wert für d erhält man bei beiden Ansätzen als Mittelwert des höchsten und niedrigsten Wasserstandes. Es ergibt sich $d = (9{,}3 + 11{,}4) : 2 = 10{,}35$.

Die (positive) Differenz des höchsten (bzw. niedrigsten) Pegelstandes zu diesem Mittelwert ergibt den Wert für die Amplitude a. Somit erhält man:

$a = 11{,}4 - 10{,}35 = 1{,}05$ (bzw. $a = 10{,}35 - 9{,}3 = 1{,}05$)

Der Wert für b ergibt sich mit der gegebenen Periode p = 12,5 des Vorgangs aus folgender Beziehung:

$p = \frac{2\pi}{b} \Rightarrow b = \frac{2\pi}{p} = \frac{2\pi}{12,5} = \frac{4}{25}\pi$

Die Angabe, dass zu Beginn der Messung der Wasserstand 10,2 Meter betrug, führt zu der Bedingung g(0) = 10,2. Mit den bereits ermittelten Werten für d, a und b ergibt sich daraus die Gleichung:

$g(0) = 1,05 \cdot \sin\left(\frac{4}{25}\pi \cdot (0-c)\right) + 10,35 = 10,2 \Leftrightarrow \sin\left(-\frac{4}{25}\pi \cdot c\right) = -\frac{1}{7}$

bzw.

$g(0) = 1,05 \cdot \cos\left(\frac{4}{25}\pi \cdot (0-c)\right) + 10,35 = 10,2 \Leftrightarrow \cos\left(-\frac{4}{25}\pi \cdot c\right) = -\frac{1}{7}$

Es gibt unendlich viele Lösungen für diese Gleichungen.

Da der Pegelstand ausgehend von t = 0 zunächst steigen soll, muss im Verlauf der Sinus- bzw. Kosinuskurve zuerst das Maximum angenommen werden. Deshalb müssen die Kurven ausgehend von der normalen Sinus- bzw. Kosinuskurve nach rechts verschoben werden, d. h., man bestimmt die erste positive Lösung der Gleichungen:

Für die Sinusfunktion ergibt sich c ≈ 0,29; für die Kosinusfunktion c ≈ 3,41.

Somit erhält man als mögliche Funktionsgleichung für die Funktion g:

$g(t) = 1,05 \cdot \sin\left(\frac{4}{25}\pi \cdot (t - 0,29)\right) + 10,35$

bzw.

$g(t) = 1,05 \cdot \cos\left(\frac{4}{25}\pi \cdot (t - 3,41)\right) + 10,35$

Aufgabe 11

In der Aufgabe geht es um die Bewegungen zweier Objekte (Bergbahn und Hubschrauber) im Raum sowie deren Abstände zueinander (vgl. Kapitel 8).

Dazu werden zunächst ein geeignetes Koordinatensystem festgelegt und die Objekte sowie ihre Bewegungen darin beschrieben.

Bei der Wahl des Koordinatensystems kann man die Achsen so wählen, dass die x_1-Achse die Südrichtung und die x_2-Achse die Ostrichtung darstellt (dann sieht man beim Blick von „oben" die Nordrichtung oben und die Ostrichtung rechts). Setzt man den Ursprung des Koordinatensystems auf die (feste punktförmige) Talstation T, dann gibt die x_3-Achse die Höhe über der Lage der Talstation an. Die Einheiten auf den Achsen werden in km angegeben.

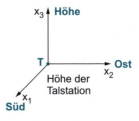

Die (ebenfalls feste punktförmige) Bergstation befindet sich dann im Punkt B(0|b_2|0,5) mit $b_2 > 0$ (Fahrt in östliche Richtung, 500 m Höhenunterschied), wobei die Länge der Strecke $|\vec{b}|$ zwischen Tal- und Bergstation den Wert 1,3 haben muss. Es muss also gelten:

$$|\vec{b}| = \left|\begin{pmatrix} 0 \\ b_2 \\ 0,5 \end{pmatrix}\right| = \sqrt{b_2^2 + 0,5^2} = 1,3$$

Hieraus folgt für die zweite Koordinate:

$b_2^2 + 0,5^2 = 1,3^2 \Leftrightarrow b_2^2 = 1,69 - 0,25 = 1,44 \Leftrightarrow b_2 = 1,2$

Somit hat die Bergstation die Koordinaten B(0|1,2|0,5).

Da die Bergbahn für diese Strecke 10 min benötigt, ergibt sich für die mit der Zeit t parametrisierte Fahrt der Bergbahn die Geradengleichung:

b: $\vec{x} = \begin{pmatrix} 0 \\ 0 \\ 0 \end{pmatrix} + \frac{t}{10} \cdot \begin{pmatrix} 0 \\ 1,2 \\ 0,5 \end{pmatrix}$; Zeit t in Minuten seit 8.15 Uhr

Für den Hubschrauber liegt der Startpunkt bei H(4|0,8|0,4) (4 km südlich, 800 m östlich und 400 m über der Talstation). Da er in nördliche Richtung mit $30\,\frac{km}{h} = \frac{30}{60}\,\frac{km}{min} = 0,5\,\frac{km}{min}$ fliegt, lautet sein Geschwindigkeitsvektor:

$$\vec{v}_H = \begin{pmatrix} -0,5 \\ 0 \\ 0 \end{pmatrix}$$

Damit lautet seine Bewegungsgleichung in Abhängigkeit von der Zeit t:

h: $\vec{x} = \begin{pmatrix} 4 \\ 0,8 \\ 0,4 \end{pmatrix} + t \cdot \begin{pmatrix} -0,5 \\ 0 \\ 0 \end{pmatrix}$; Zeit t in Minuten seit 8.15 Uhr

a) Gesucht ist zunächst der Abstand der Bewegungsbahnen zweier Objekte.

Der Abstand der Routen von Bergbahn und Hubschrauber entspricht dem Abstand d der beiden (nachweisbar windschiefen) Geraden b und h. Diesen bestimmt man z. B. mit der Formel:

$d = |(\vec{p}_1 - \vec{p}_2) \circ \vec{n}_0|$ (Stützvektoren $\vec{p}_1$ bzw. $\vec{p}_2$; Normaleneinheitsvektor $\vec{n}_0$)

Ein Normalenvektor zu den beiden Richtungen kann z. B. mit dem Vektorprodukt bestimmt werden:

$\vec{n} = \begin{pmatrix} 0 \\ 1,2 \\ 0,5 \end{pmatrix} \times \begin{pmatrix} -0,5 \\ 0 \\ 0 \end{pmatrix} = \begin{pmatrix} 0 \\ -0,25 \\ 0,6 \end{pmatrix} \Rightarrow \vec{n}_0 = \frac{\vec{n}}{|\vec{n}|} = \frac{1}{\sqrt{(-0,25)^2 + 0,6^2}} \cdot \begin{pmatrix} 0 \\ -0,25 \\ 0,6 \end{pmatrix} = \frac{1}{0,65} \cdot \begin{pmatrix} 0 \\ -0,25 \\ 0,6 \end{pmatrix}$

Für den Abstand d der beiden Geraden erhält man somit:

$$d = \left|\left(\begin{pmatrix} 4 \\ 0,8 \\ 0,4 \end{pmatrix} - \begin{pmatrix} 0 \\ 0 \\ 0 \end{pmatrix}\right) \circ \frac{1}{0,65} \cdot \begin{pmatrix} 0 \\ -0,25 \\ 0,6 \end{pmatrix}\right| = \frac{1}{0,65} \cdot \left|\begin{pmatrix} 4 \\ 0,8 \\ 0,4 \end{pmatrix} \circ \begin{pmatrix} 0 \\ -0,25 \\ 0,6 \end{pmatrix}\right|$$

$$= \frac{1}{0,65} \cdot |-0,2 + 0,24| \approx 0,062$$

Da die Koordinaten in km angegeben sind, ergibt sich auch der berechnete Abstand der Routen in km. Die Routen von Bergbahn und Hubschrauber haben eine minimale Entfernung von ca. 0,062 km, also ca. 62 m.

b) Gesucht ist nun die geringste Entfernung von Bergbahn und Hubschrauber während ihrer Bewegung.

Die Geradengleichungen, die die Fahrt der Bergbahn bzw. den Flug des Hubschraubers beschreiben, wurden oben bereits mit dem gemeinsamen Zeitparameter t aufgestellt, der für beide Bewegungen die Zeit in Minuten seit 8.15 Uhr angibt.

Zu jedem festen Zeitpunkt t lässt sich der Differenzvektor $\vec{d}$ berechnen, der von der aktuellen Position der Bergbahn zur zeitgleichen Position des Hubschraubers zeigt. Der Betrag dieses Vektors gibt dann den Abstand d(t) von Bergbahn und Hubschrauber zu einem festen Zeitpunkt t an:

$$d(t) = |\vec{d}| = \left| \begin{pmatrix} 4 \\ 0,8 \\ 0,4 \end{pmatrix} + t \cdot \begin{pmatrix} -0,5 \\ 0 \\ 0 \end{pmatrix} - \frac{t}{10} \cdot \begin{pmatrix} 0 \\ 1,2 \\ 0,5 \end{pmatrix} \right| = \left| \begin{pmatrix} 4 - 0,5t \\ 0,8 - 0,12t \\ 0,4 - 0,05t \end{pmatrix} \right|$$

$$= \sqrt{(4 - 0,5t)^2 + (0,8 - 0,12t)^2 + (0,4 - 0,05t)^2}$$

$$= \sqrt{0,2669t^2 - 4,232t + 16,8}$$

Das Minimum dieser Abstandsfunktion kann mit einem geeigneten Rechner oder über die Ableitung bestimmt werden. Die Wurzelfunktion d(t) wird dabei minimal, wenn die Radikandenfunktion r(t) minimal wird:

$r(t) = 0,2669t^2 - 4,232t + 16,8$

$r'(t) = 0,5338t - 4,232$

$r'(t) = 0 \Leftrightarrow 0,5338t = 4,232$

$\qquad \Leftrightarrow t = \frac{4,232}{0,5338} \approx 7,93$

$d_{min} \approx d(7,93) \approx 0,156$

Da die Koordinaten in km angegeben sind, ergibt sich auch die ermittelte minimale Entfernung der Objekte in km. Die Zeit t ist in Minuten seit 8.15 Uhr angegeben.
Knapp 8 min nach Start um 8.15 Uhr, also um 8.23 Uhr, beträgt die geringste Entfernung von Bergbahn und Hubschrauber ca. 0,156 km, also ca. 160 m.

Die Routen der beiden Objekte verlaufen mit einer minimalen Entfernung von nur 62 m; die Objekte selbst nähern sich während ihrer Bewegung zwar nur auf 160 m, dennoch erscheint dieser Abstand etwas zu gering.

Aufgabe 12

a) Jeder Einwohner der Stadt kann gegen oder nicht gegen die geplante Umgehungsstraße sein. Laut Umfrageergebnis der Naturschützer liegt die Wahrscheinlichkeit, dass ein zufällig ausgewählter Stadtbewohner gegen die geplante Ortsumgehung ist, bei $p = 60\,\% = 0{,}6$.

Das Befragen eines Stadtbewohners kann somit als ein Bernoulli-Experiment mit der Trefferwahrscheinlichkeit $p = 0{,}6$ interpretiert werden. Das Befragen mehrerer, also n Stadtbewohner, kann dann als Bernoulli-Kette der Länge n und Trefferwahrscheinlichkeit $p = 0{,}6$ aufgefasst werden (vgl. Kapitel 6).

Die Zufallsvariable X beschreibt dabei die Anzahl der „Treffer" k, also die Anzahl k an Personen, die tatsächlich gegen die Ortsumgehung sind. Sie ist binomialverteilt mit $p = 0{,}6$. Gesucht sind Wahrscheinlichkeiten dieser binomialverteilten Zufallsvariablen X für unterschiedliche Parameter n und k (vgl. Grundform der Musteraufgabe in Kapitel 6).

- Im ersten Fall gilt $n = 20$ und $k = 12$; X ist $B_{20;\,0{,}6}$-verteilt.
  Man erhält:
  $$P(X = 12) = \binom{20}{12} \cdot 0{,}6^{12} \cdot (1 - 0{,}6)^8 \approx 0{,}1797 \approx 0{,}18$$
  Die Wahrscheinlichkeit, dass von 20 Einwohnern genau 12 gegen die Ortsumgehung sind, beträgt etwa 18 %.

- Im zweiten Fall gilt $n = 100$; X ist also $B_{100;\,0{,}6}$-verteilt.
  Mehr als 30, aber weniger als 70 Treffer bedeutet:
  $$P(30 < X < 70) = P(31 \leq X \leq 69) = P(X \leq 69) - P(X \leq 30) \approx 0{,}9752 \approx 0{,}98$$
  Die Wahrscheinlichkeit, dass von 100 Einwohnern mehr als 30, aber weniger als 70 gegen die Ortsumgehung sind, beträgt etwa 98 %.

- Im dritten Fall gilt $n = 200$; X ist also $B_{200;\,0{,}6}$-verteilt.
  Mindestens 130 Treffer bedeutet:
  $$P(X \geq 130) = 1 - P(X < 130) = 1 - P(X \leq 129) \approx 0{,}0844 \approx 0{,}08$$
  Die Wahrscheinlichkeit, dass von 200 Einwohnern mindestens 130 gegen die Ortsumgehung sind, beträgt etwa 8 %.

Bemerkung: Welche der angegebenen Umformungen zur Berechnung der Wahrscheinlichkeiten nötig sind, hängt vom eingesetzten Hilfsmittel ab. Mit einem geeigneten Rechner lassen sich die Wahrscheinlichkeiten auf verschiedene Arten berechnen.

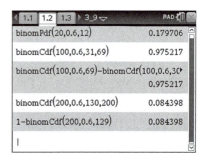

b) Der Stadtrat zweifelt das Umfrageergebnis an und möchte zur Überprüfung eine eigene Befragung durchführen, um das Ergebnis der Naturschützer zu widerlegen. Es handelt sich dabei um einen Hypothesentest (vgl. Kapitel 7).

Dazu sollen 1000 Stadtbewohner befragt werden. Wie in Teilaufgabe a beschreibt die Zufallsvariable X, wie viele Treffer vorliegen, d. h., wie viele der befragten Personen gegen die Umgehungsstraße sind. Der Stadtrat möchte die Behauptung der Naturschützer, dass (mindestens) 60 % der Einwohner gegen die Umgehung sind, widerlegen und wählt diese deshalb als Nullhypothese:
H_0: $p \geq 0{,}6$

Kleine Werte von X sprechen gegen die Nullhypothese – und damit für die Alternative H_1: $p < 0{,}6$ des Stadtrats. Der Ablehnungsbereich hat daher die Form $A = \{0; \ldots; k\}$; somit wird ein linksseitiger Test durchgeführt.

Die Irrtumswahrscheinlichkeit soll höchstens 5 % betragen; das Signifikanzniveau des Tests beträgt also $\alpha = 0{,}05$. Die Grenze k des Ablehnungsbereichs wird bestimmt aus der Ungleichung $P(X \in A) \leq \alpha$ bzw. $P(X \leq k) \leq 0{,}05$, wobei X binomialverteilt ist mit $n = 1000$ und $p = 0{,}6$.

Z. B. mit einem geeigneten Rechner bestimmt man die größte Zahl k, für die gilt: $P(X \leq k) \leq 0{,}05$

Man erhält $P(X \leq 573) \approx 0{,}0439$
und $P(X \leq 574) \approx 0{,}0502$.

Also gilt $k = 573$ und der Ablehnungsbereich der Nullhypothese lautet $A = \{0; \ldots; 573\}$, der Annahmebereich entsprechend $\{574; \ldots; 1000\}$.

Die Entscheidungsregel für den Stadtrat sollte lauten:
Sind von den 1000 befragten Personen 574 oder mehr gegen die Ortsumgehung, so wird die Nullhypothese angenommen. Die Vermutung des Stadtrats, dass tatsächlich weniger als 60 % der Stadtbewohner gegen die Umgehung sind, ist dann nicht haltbar.
Sind von den 1000 befragten Personen allerdings höchstens 573 Personen gegen die Ortsumgehung, so wird die Nullhypothese verworfen. Der Stadtrat sieht sich in seinem Verdacht, dass weniger als 60 % der Stadtbewohner gegen die Umgehung sind, bestätigt. Da $P(X \leq 573) \approx 0{,}044$, beträgt die tatsächliche Irrtumswahrscheinlichkeit in diesem Fall ca. 4,4 %.

c) Um die Einwohnerzahl im relevanten Teil der Stadt zu bestimmen, muss zunächst die Größe dieser Stadtfläche berechnet werden. Dazu kann man sich den Verlauf des Graphen von f und damit den relevanten Stadtteil z. B. mit einem GTR veranschaulichen.

Da der Graph von f oberhalb der x-Achse dem Rand des Stadtteils entspricht, ergibt sich die Größe der Stadtfläche mithilfe eines Integrals über die Funktion f. Die Grenzen des Integrals sind dabei die Nullstellen von f.

Am Schaubild erkennt man, dass der Graph von f zwischen den Nullstellen vollständig oberhalb der x-Achse verläuft. Das Integral ist daher positiv und entspricht der Größe der Stadtfläche.

$f(x) = 0 \Leftrightarrow x_{N_1} \approx -1{,}31; \; x_{N_2} \approx 1{,}44$

Die Größe der Stadtfläche entspricht also dem Integral $\int_{-1,31}^{1,44} f(x)\,dx$.

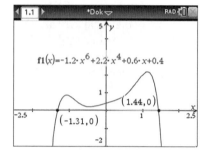

Z. B. mit einem geeigneten Rechner erhält man:

$$\int_{-1,31}^{1,44} f(x)\,dx \approx 2{,}293$$

Da sowohl x als auch f(x) in km angegeben sind, ergibt sich beim Integrieren die Einheit km². Der relevante Stadtteil umfasst also etwa 2,293 km².

Die Einwohnerzahl des Stadtteils ergibt sich aus dem Produkt dieser Fläche mit der Bevölkerungsdichte:

$2{,}293 \text{ km}^2 \cdot 2\,346 \,\frac{\text{Personen}}{\text{km}^2}$
$= 5\,379{,}378 \text{ Personen}$

Alternativ kann man das Produkt direkt mithilfe des Integrals berechnen:

$2\,346 \cdot \int_{-1,31}^{1,44} f(x)\,dx \approx 5\,379{,}72$

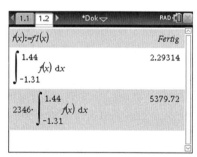

In diesem Teil der Stadt leben somit etwa 5 380 Menschen.

d) Der Verlauf der Umgehungsstraße wird oberhalb der x-Achse durch den Graphen der Funktion g beschrieben.

Die Länge der Straße ergibt sich mithilfe der gegebenen Formel im Bereich zwischen den Nullstellen von g.

$g(x) = 0 \Leftrightarrow x_{N_3} = -\sqrt{\tfrac{37}{6}}; \; x_{N_4} = \sqrt{\tfrac{37}{6}}$

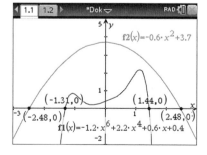

Somit ergibt sich für die Länge L der Ortsumgehung nach der Formel:

$$L = \int_{-\sqrt{\frac{37}{6}}}^{\sqrt{\frac{37}{6}}} \sqrt{1+(g'(x))^2}\, dx$$

$$= \int_{-\sqrt{\frac{37}{6}}}^{\sqrt{\frac{37}{6}}} \sqrt{1+(-1,2x)^2}\, dx \approx 9,316$$

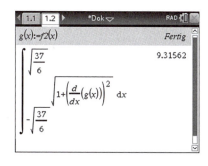

Da die Einheiten in km angegeben sind, ergibt sich die Kurvenlänge ebenfalls in km. Die Umgehungsstraße hat also eine Länge von etwa 9,3 km.

Aufgabe 13

a) Der Gewinn ergibt sich aus der Differenz von Umsatz und Kosten.

Da x die Anzahl der Taschenlampen in 1 000 Stück angibt und der Elektromarkt pro Taschenlampe 17,50 € zahlt, ergibt sich pro verkaufter Einheit x ein Umsatz von 17,50 € · 1 000 = 17 500 €. Gibt man den Umsatz U(x) analog zu den Gesamtkosten K(x) in 1 000 € an, lautet die Umsatzfunktion U also:
U(x) = 17,5 · x

Somit folgt für die Gewinnfunktion:
$$G(x) = U(x) - K(x) = 17,5x - (0,5x^3 - 3x^2 + 8x + 12)$$
$$= 17,5x - 0,5x^3 + 3x^2 - 8x - 12$$
$$= -0,5x^3 + 3x^2 + 9,5x - 12$$

Dabei bezeichnet x die Anzahl der Taschenlampen in 1 000 Stück und G(x) den Gewinn in 1 000 €.

b) Die Gesamtkosten sind am höchsten, wenn die Funktion K maximal wird (vgl. Kapitel 1).

Ableitung der Funktion K:
$$K(x) = 0,5x^3 - 3x^2 + 8x + 12$$
$$K'(x) = 1,5x^2 - 6x + 8$$
$$K'(x) = 0 \Leftrightarrow 1,5x^2 - 6x + 8 = 0$$

Diese quadratische Gleichung hat keine Lösung, da die Diskriminante negativ ist ($6^2 - 4 \cdot 1,5 \cdot 8 = -12$). Die Funktion K hat daher im Inneren des Definitionsbereichs kein lokales Maximum und das Kostenmaximum kann nur am Rand des Definitionsbereichs, d. h. des möglichen Produktionsbereichs, auftreten.

Laut Vorgabe ist die Produktion auf 10 000 Stück beschränkt, der mögliche Produktionsbereich lautet also 0 ≤ x ≤ 10, da x in 1 000 Stück angegeben ist.
Es gilt:
K(0) = 12
K(10) = 0,5 · 1000 − 3 · 100 + 8 · 10 + 12 = 500 − 300 + 80 + 12 = 292
Das absolute Maximum tritt also bei der höchstmöglichen Produktion von 10 000 Taschenlampen ein. Die maximalen Kosten betragen dann 292 000 €.
Der Graph der Ableitungsfunktion K'(x) = 1,5x² − 6x + 8 ist eine nach oben geöffnete Parabel ohne Nullstellen, sie liegt also oberhalb der x-Achse und es gilt K'(x) > 0. Somit ist die Funktion K streng monoton wachsend und der maximale Funktionswert von K kann nur am rechten Rand des Produktionsintervalls auftreten.

Veranschaulicht man sich den Verlauf des Graphen der Funktion K z. B. mit einem GTR, erkennt man ebenfalls, dass der Graph streng monoton wachsend ist und somit das Maximum im vorgegebenen Produktionsbereich nur am rechten Rand liegen kann.

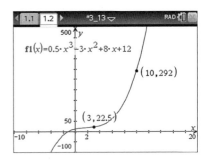

Eine Produktionsmenge von 3 000 Taschenlampen entspricht dem Wert x = 3, da x die produzierte Menge in 1 000 Stück ist. Die Kosten für diese Produktion sind durch den Funktionswert K(3) gegeben:
K(3) = 0,5 · 27 − 3 · 9 + 8 · 3 + 12 = 22,5
Dies entspricht Gesamtkosten von 22 500 €; durch 22 500 € : 3 000 = 7,50 € erhält man die Kosten pro Stück.

c) Der Hersteller erzielt Gewinn, wenn der Umsatz größer ist als die Kosten bzw. wenn G(x) > 0 gilt.
Eine Produktionsmenge von 1 000 Taschenlampen bzw. 8 000 Taschenlampen entspricht dem Wert x = 1 bzw. x = 8. Es gilt:
G(1) = −0,5 + 3 + 9,5 − 12 = 0   und   G(8) = −0,5 · 512 + 3 · 64 + 9,5 · 8 − 12 = 0
Bei diesen Produktionsmengen macht der Hersteller also keinen Gewinn (aber auch keinen Verlust), dies sind Nullstellen der Gewinnfunktion G. Berechnet man einen weiteren Wert, z. B. G(2) = −0,5 · 8 + 3 · 4 + 9,5 · 2 − 12 = 15 > 0, oder betrachtet den Verlauf der Graphen von K und U, erkennt man, dass zwischen diesen Nullstellen der Umsatz größer als die Kosten ist bzw. G(x) > 0 gilt.
Somit erzielt der Hersteller Gewinn, wenn er mehr als 1 000 und weniger als 8 000 Taschenlampen produziert, das Gewinnintervall ist]1; 8[.

Alternativ kann man mit einem geeigneten Rechner die Nullstellen von G bestimmen. Man erhält:
$G(x) = 0 \Leftrightarrow x_{N_1} = -3; \ x_{N_2} = 1; \ x_{N_3} = 8$
x_{N_1} ist nicht relevant, da negative Produktionsmengen nicht sinnvoll sind.
Im Bereich zwischen den beiden anderen (relevanten) Nullstellen, also für $x_{N_2} < x < x_{N_3}$, gilt $G(x) > 0$.

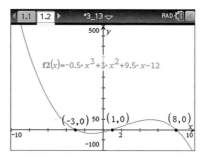

Der Gewinn ist am größten, wenn die Funktion G maximal wird (vgl. Kapitel 1).
Ableitung der Funktion G:
$G(x) = -0,5x^3 + 3x^2 + 9,5x - 12$
$G'(x) = -1,5x^2 + 6x + 9,5$
$G'(x) = 0 \Leftrightarrow 1,5x^2 - 6x - 9,5 = 0 \Leftrightarrow x_{1/2} = \frac{6 \pm \sqrt{36+57}}{3} = \frac{6 \pm \sqrt{93}}{3}$
$\Rightarrow x_1 \approx -1,21; \ x_2 \approx 5,21$

x_1 ist nicht relevant, da negative Produktionsmengen nicht sinnvoll sind bzw. dieser Wert nicht im Gewinnbereich liegt. Der Wert x_2 liegt dagegen im Gewinnbereich zwischen den beiden relevanten Nullstellen von G, also muss es sich hierbei um ein Maximum handeln. G wird maximal für $x_2 \approx 5,21$ mit $G(x_2) \approx 48,2$.

Der maximale Gewinn ergibt sich bei einer produzierten und verkauften Menge von etwa 5 210 Taschenlampen und beträgt ca. 48 200 €.

d) Die Unternehmensleitung kann nur dann einer Ausdehnung der Produktion zustimmen, wenn bei dieser Produktionsmenge noch Gewinn erzielt wird.
Bei einem Stückpreis von 18 € lautet die neue Umsatzfunktion $U_{neu}(x) = 18x$ und als Gewinnfunktion ergibt sich damit:
$G_{neu}(x) = U_{neu}(x) - K(x) = 18x - (0,5x^3 - 3x^2 + 8x + 12)$
$= -0,5x^3 + 3x^2 + 10x - 12$
Dabei bezeichnet x wieder die Anzahl der Taschenlampen in 1 000 Stück und $G_{neu}(x)$ den Gewinn in 1 000 €.
Die geforderte Produktionsmenge von 9 000 Stück entspricht dem Wert $x = 9$.
Es gilt: $G_{neu}(9) = -0,5 \cdot 729 + 3 \cdot 81 + 10 \cdot 9 - 12 = -43,5 < 0$
Bei dieser Produktionsmenge entsteht also trotz des erhöhten Verkaufspreises weiterhin Verlust, die Unternehmensleitung kann demnach einer Ausweitung der Produktion nicht zustimmen.

Aufgabe 14

a) Der Beginn des Balancierens entspricht dem Zeitpunkt t = 0; die Entfernung der Kugel zu Beginn entspricht dann dem Funktionswert f(0). Es gilt:
f(0) = 0,32

Da die Entfernung f(t) in dm angegeben wird, war die Kugel zu Beginn also 0,32 dm = 3,2 cm von der Mitte der Wippe entfernt.

Die Zeitpunkte, zu denen die Kugel über die Mitte hinweg läuft, entsprechen den Nullstellen der Funktion f, da hier der Abstand zur Mitte 0 beträgt.

Mit einem geeigneten Rechner erhält man als Lösungen für die Gleichung f(t) = 0 die Werte:

$t_{N_1} \approx 0,05$; $t_{N_2} \approx 0,28$; $t_{N_3} \approx 0,997$;
$t_{N_4} \approx 2,13$; $t_{N_5} \approx 2,95$; $t_{N_6} \approx 3,38$

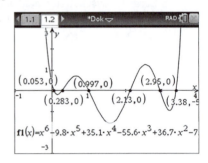

Anmerkung: Dies sind alle Nullstellen der Funktion f, da diese als Funktion 6. Grades höchstens 6 Nullstellen haben kann.

Die Zeit t ist in 10 s angegeben, also entspricht z. B. $t_{N_1} \approx 0,05$ dem Zeitpunkt 0,5 Sekunden nach Beginn.
Nach etwa 0,5 Sekunden, knapp 3 Sekunden, 10 Sekunden, 21 Sekunden, knapp 30 und 34 Sekunden läuft die Kugel jeweils über die Mitte hinweg.

Die maximale Entfernung der Kugel von der Mitte der Wippe zwischen diesen Zeitpunkten entspricht den betragsmäßig größten Funktionswerten in den einzelnen Zeitintervallen. Dazu bestimmt man die Extremwerte (Maxima und Minima) in den einzelnen Bereichen (vgl. Kapitel 1); der Betrag dieser Werte entspricht dann der maximalen Entfernung in dem jeweiligen Intervall.

Zu betrachten sind nach obiger Rechnung folgende Zeitintervalle:
$I_1 = [0,05; 0,28]$; $I_2 = [0,28; 1]$; $I_3 = [1; 2,13]$; $I_4 = [2,13; 2,95]$; $I_5 = [2,95; 3,38]$

Mit dem Rechner erhält man:
Im Intervall I_1 wird die Funktion f minimal für $t_1 \approx 0,15$ mit $f(t_1) \approx -0,2$.
Im Intervall I_2 wird die Funktion f maximal für $t_2 \approx 0,65$ mit $f(t_2) \approx 0,71$.
Im Intervall I_3 wird die Funktion f minimal für $t_3 \approx 1,59$ mit $f(t_3) \approx -1,57$.
Im Intervall I_4 wird die Funktion f maximal für $t_4 \approx 2,56$ mit $f(t_4) \approx 1,24$.

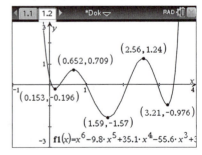

Im Intervall I_5 wird die Funktion f minimal für $t_5 \approx 3,21$ mit $f(t_5) \approx -0,98$.

Da die Zeit t in 10 s und die Entfernung f(t) zur Mitte in dm angegeben werden, bedeutet dies:
Zwischen 0,5 s und knapp 3 s nach Beginn des Balancierens ist die Kugel höchstens etwa 0,2 dm = 2 cm von der Mitte entfernt; zwischen knapp 3 s und 10 s ist die Kugel höchstens etwa 0,71 dm = 7,1 cm von der Mitte entfernt; zwischen 10 s und 21 s beträgt die Entfernung von der Mitte höchstens etwa 1,57 dm = 15,7 cm; zwischen 21 s und knapp 30 s beträgt sie höchstens etwa 1,24 dm = 12,4 cm; zwischen knapp 30 s und 34 s ist die Kugel höchstens etwa 0,98 dm = 9,8 cm von der Mitte entfernt.

Die größte Entfernung von der Mitte der Wippe ergibt sich im gesamten Bereich zwischen 0,5 s und knapp 34 s also nach ca. 16 s mit knapp 16 cm.

b) Die Geschwindigkeit der Kugel wird durch die Ableitungsfunktion f' der Funktion f beschrieben (Änderungsrate des zurückgelegten Weges; vgl. Kapitel 3). Die ersten 30 s entsprechen dem Bereich $0 \leq t \leq 3$; die höchste Geschwindigkeit in diesem Bereich entspricht dem betragsmäßig größten Extremwert von f'.

Mit dem Rechner erhält man im angegebenen Intervall vier lokale Extremstellen der Ableitungsfunktion f':

$t'_1 \approx 0,35$ mit $f'(0,35) \approx 2,8$
$t'_2 \approx 1,11$ mit $f'(1,11) \approx -3,82$
$t'_3 \approx 2,11$ mit $f'(2,11) \approx 4,49$
$t'_4 \approx 2,96$ mit $f'(2,96) \approx -5,35$

Außerdem müssen die Ränder des Bereichs untersucht werden; es gilt:
$f'(0) \approx -7,81$ und $f'(3) \approx -5,26$
Der betragsmäßig größte Wert im Bereich ergibt sich also bei t = 0 mit 7,81.

Die Kugel hat demnach die höchste Geschwindigkeit zum Zeitpunkt 0 s, also direkt zu Beginn des Balanciervorgangs. Vermutlich hat Sophie die Kugel mit etwas Schwung auf die Wippe gelegt.

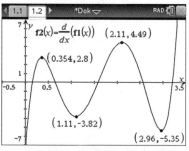

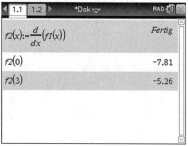

c) Da die Funktion f die Entfernung der Kugel zur Mitte der Wippe beschreibt, erhält man die mittlere Entfernung in den ersten 20 Sekunden, also im Zeitintervall [0; 2], als Mittelwert $\bar{m}$ der Funktion f in diesem Bereich:

$$\bar{m} = \frac{1}{2}\int_0^2 f(t)\,dt$$

Mit dem Rechner ergibt sich:

$$\overline{m} = \frac{1}{2} \int_0^2 f(t)\,dt \approx -0{,}39$$

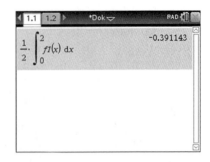

Der mittlere Abstand entspricht dem Betrag dieses Wertes. Somit beträgt der mittlere Abstand der Kugel zur Mitte der Wippe innerhalb der ersten 20 Sekunden etwa 0,39 dm = 3,9 cm.

Zur Berechnung des von der Kugel zurückgelegten Weges innerhalb der ersten 20 Sekunden, also im Zeitintervall [0; 2], ist es (unter Berücksichtigung der Ergebnisse aus Teilaufgabe a) günstig, dieses Zeitintervall in folgende Teilintervalle zu zerlegen:

$I_1^* = [0; 0{,}05];\quad I_2^* = [0{,}05; 0{,}28];\quad I_3^* = [0{,}28; 1];\quad I_4^* = [1; 2]$

Abgesehen von den Randwerten 0 und 2 entsprechen die Intervallgrenzen den Zeitpunkten, zu denen die Kugel die Mitte durchläuft.

Die in den einzelnen Teilbereichen zurückgelegten Strecken ergeben sich aus dem jeweiligen Abstand der Kugel zur Mitte durch folgende Überlegungen:
Im Intervall I_1^* legt die Kugel eine Strecke von 0,32 dm zurück, denn sie wurde zu Beginn 0,32 dm von der Mitte entfernt auf die Wippe gelegt und durchkreuzt zum Zeitpunkt $t_{N_1} \approx 0{,}05$ zum ersten Mal die Mitte der Wippe.
Im Intervall I_2^* legt die Kugel eine Strecke von etwa 0,4 dm zurück, denn in diesem Intervall rollt sie einmal zur maximalen Entfernung 0,2 dm von der Mitte der Wippe (vgl. Teilaufgabe a) hin und wieder zurück.
Im Intervall I_3^* legt die Kugel eine Strecke von etwa 1,42 dm zurück, denn in diesem Intervall rollt sie einmal zur maximalen Entfernung 0,71 dm von der Mitte der Wippe (vgl. Teilaufgabe a) hin und wieder zurück.
Im Intervall I_4^* durchrollt die Kugel kein weiteres Mal die Mitte. Sie rollt aber zunächst zur maximalen Entfernung 1,57 dm von der Mitte der Wippe (vgl. Teilaufgabe a) hin und dann bis zum Zeitpunkt $t = 2$ wieder zur Mitte zurück. Zum Zeitpunkt $t = 2$ gilt $f(2) = -0{,}58$, d. h., die Kugel ist nach insgesamt 2 Sekunden noch 0,58 dm von der Mitte entfernt. Somit legt die Kugel im Intervall I_4^* eine Strecke von 1,57 dm + (1,57 dm − 0,58 dm) = 2,56 dm zurück.

Der gesamte Weg ergibt sich aus der Summe der Teilstrecken:
0,32 dm + 0,4 dm + 1,42 dm + 2,56 dm = 4,7 dm

Innerhalb der ersten 20 Sekunden hat die Kugel auf der Wippe eine Gesamtstrecke von 4,7 dm = 47 cm zurückgelegt.

d) Die Wippe hat eine Gesamtlänge von 40 cm = 4 dm. Die Kugel rollt also über ein Ende der Wippe hinweg und fällt herunter, wenn der Abstand der Kugel zur Mitte der Wippe größer als 20 cm = 2 dm ist.
Gesucht ist somit ein Zeitpunkt t > 0, zu dem f(t) = −2 oder f(t) = 2 gilt.

Anhand des Graphen der Funktion f (bzw. durch Berechnung) erkennt man, dass die Gleichung f(t) = −2 keine Lösung hat.
Für die Gleichung f(t) = 2 ergibt sich mit t > 0 die Lösung t ≈ 3,48. Es gilt zudem f(t) > 2 für t > 3,48.

Die Kugel rollt also nach knapp 35 Sekunden über das eine Ende der Wippe hinweg und fällt herunter.

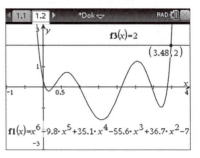

Aufgabe 15

a) Die Randkurve ist in drei Abschnitte unterteilt, die die drei Teile des Pokals darstellen: Standfuß für 0 ≤ x ≤ 2; Schaft für 2 ≤ x ≤ 6; Schale für 6 ≤ x ≤ 9

Der erste Teil (Rand des Standfußes) stellt im Schaubild einen Viertelkreis mit Radius 2 und Mittelpunkt (0|1) dar. Ein Kreis mit Radius 2 und dem Ursprung als Mittelpunkt wird durch die Kreisgleichung $x^2 + y^2 = 2^2$ bzw. $x^2 + y^2 = 4$ beschrieben. Für den Teil oberhalb der x-Achse gilt dann $y = \sqrt{4-x^2}$.
Verschiebt man den Kreis um 1 in positive y-Richtung, erhält man für die gesuchte erste Teilfunktion f_1: $f_1(x) = \sqrt{4-x^2} + 1$ für 0 ≤ x ≤ 2

Der zweite Teil (Rand des Schafts) wird durch eine Parallele zur x-Achse beschrieben; für die zweite Teilfunktion f_2 gilt: $f_2(x) = 1$ für 2 ≤ x ≤ 6

Der dritte Teil (Rand der Schale) wird laut Aufgabenstellung durch eine ganzrationale Funktion dritten Grades beschrieben: die allgemeine Gleichung für die dritte Teilfunktion lautet also: $f_3(x) = ax^3 + bx^2 + cx + d$ für 6 ≤ x ≤ 9
(daraus ergibt sich: $f_3'(x) = 3ax^2 + 2bx + c$)
Aus der gegebenen Zeichnung liest man z. B. folgende Bedingungen ab:

$f_3(6) = 1$ ⇒ I $216a + 36b + 6c + d = 1$
$f_3(9) = 4$ ⇒ II $729a + 81b + 9c + d = 4$
$f_3'(6) = 0$ ⇒ III $108a + 12b + c = 0$
$f_3'(9) = 0$ ⇒ IV $243a + 18b + c = 0$

Das entstehende lineare Gleichungssystem für a, b, c und d kann rechnerisch oder mithilfe eines geeigneten Rechners über eine Matrix gelöst werden.

Als eindeutige Lösung dieses linearen Gleichungssystems erhält man:
$a = -\frac{2}{9}$; $b = 5$; $c = -36$; $d = 85$

Die dritte Teilfunktion lautet also:
$f_3(x) = -\frac{2}{9}x^3 + 5x^2 - 36x + 85$
für $6 \leq x \leq 9$

Zusammengefasst erhält man die halbe Randkurve des Pokals aus dem Graphen der Funktion f mit:

$f(x) = \begin{cases} f_1(x) = \sqrt{4-x^2} + 1 & \text{für } 0 \leq x \leq 2 \\ f_2(x) = 1 & \text{für } 2 \leq x \leq 6 \\ f_3(x) = -\frac{2}{9}x^3 + 5x^2 - 36x + 85 & \text{für } 6 \leq x \leq 9 \end{cases}$

Zur weiteren Arbeit mit einem Rechner empfiehlt es sich, die drei Teilfunktionen einzeln einzugeben, mit f_1, f_2 und f_3 zu bezeichnen und diese dann zu einer Funktion f zusammenzufassen.

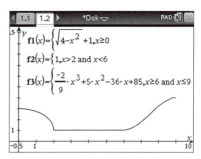

b) Die Größe der Querschnittsfläche ergibt sich durch Aufsummieren und Verdoppeln der Größen der einzelnen Teilflächen, die jeweils durch die Schaubilder der Teilfunktionen und die x-Achse begrenzt werden.

Den Flächeninhalt A_1 des ersten Teils ($0 \leq x \leq 2$) erhält man entweder durch Berechnung des Integrals
$A_1 = \int_0^2 f_1(x)\,dx = \int_0^2 (\sqrt{4-x^2} + 1)\,dx$
mit einem geeigneten Rechner oder ohne Rechner als Summe der Fläche des Viertelkreises und des Rechtecks:
$A_1 = \frac{1}{4} \cdot \pi \cdot 2^2 + 2 \cdot 1 = \pi + 2$

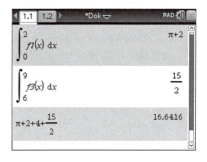

Der Flächeninhalt A_2 des zweiten Teils ($2 \leq x \leq 6$) ergibt sich als Fläche eines Rechtecks: $A_2 = 4 \cdot 1 = 4$

Den Flächeninhalt A_3 des dritten Teils ($6 \leq x \leq 9$) erhält man durch Berechnung des Integrals:

$$A_3 = \int_6^9 f_3(x)\,dx = \int_6^9 \left(-\tfrac{2}{9}x^3 + 5x^2 - 36x + 85\right) dx$$

Der Wert dieses Integrals lässt sich mithilfe eines Rechners (vgl. Rechnerbild oben) oder rechnerisch mithilfe einer Stammfunktion bestimmen:

$$A_3 = \int_6^9 \left(-\tfrac{2}{9}x^3 + 5x^2 - 36x + 85\right) dx = \left[-\tfrac{2}{36}x^4 + \tfrac{5}{3}x^3 - 18x^2 + 85x\right]_6^9$$
$$= 157{,}5 - 150 = 7{,}5$$

Somit erhält man für die halbe Querschnittsfläche
$A_1 + A_2 + A_3 = \pi + 2 + 4 + 7{,}5 = 13{,}5 + \pi \approx 16{,}64$
und für die Querschnittsfläche des gesamten Pokals
$A = 2 \cdot (13{,}5 + \pi) \approx 2 \cdot 16{,}64 = 33{,}28$

Die Einheiten auf den Achsen sind in cm angegeben, die Fläche ergibt sich dann in cm². Der Pokal hat insgesamt eine Querschnittsfläche von ca. 33 cm².

c) Zur Berechnung des Gewichtes des unteren Teils des Pokals bestimmt man zunächst das Volumen dieses Teils. Dieses erhält man durch Rotation der ersten beiden Teilflächen aus Teilaufgabe b um die x-Achse.

Das Volumen des Standfußes ergibt sich mithilfe der Formel für Rotationsvolumina (vgl. Kapitel 4) und der zugehörigen Randfunktion f_1:

$$V_1 = \pi \cdot \int_0^2 (f_1(x))^2\,dx \approx 42{,}78$$

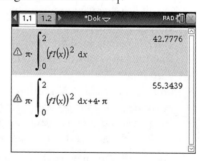

Die zweite Teilfläche erzeugt bei Rotation um die x-Achse einen Zylinder mit Radius 1 und Höhe 4 (den Schaft des Pokals); für dessen Volumen ergibt sich:

$V_2 = \pi \cdot 1^2 \cdot 4 = 4\pi \approx 12{,}57$

Insgesamt erhält man für das Volumen des unteren Teils:
$V = V_1 + V_2 \approx 42{,}78 + 12{,}57 = 55{,}35$

Die Einheiten auf den Achsen sind in cm angegeben, das Volumen ergibt sich deshalb in cm³; der untere Teil des Pokals hat ein Volumen von ca. 55 cm³.

Mit der angegebenen Dichte des Metalls ergibt sich demnach eine Masse von:

$m = V \cdot \rho = 55{,}35\ \text{cm}^3 \cdot 4\,\tfrac{\text{g}}{\text{cm}^3} = 221{,}4\ \text{g}$

Der untere Teil des Pokals (Standfuß und Schaft) wiegt etwa 221 g.

Die oben offene Schale wird durch Rotation der Teilfläche A_3 aus Teilaufgabe b um die x-Achse beschrieben. Wird die Dicke des Randes vernachlässigt, so lässt sich das Fassungsvermögen der Schale als Rotationsvolumen mit der Randfunktion f_3 berechnen:

$$V_3 = \pi \cdot \int_6^9 (f_3(x))^2 \, dx \approx 69{,}20$$

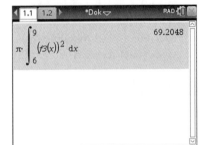

Als Einheit ergibt sich auch hier cm³; die aufgesetzte, oben offene Schale des Pokals fasst ein Volumen von knapp 70 cm³, also knapp 70 $m\ell$.

d) Damit bei der Herstellung des Pokals möglichst wenig Abfall entsteht, muss der Metallrohling möglichst „nahe" an der gewünschten Form des Pokals anliegen (vgl. Bild unten).

Der Kegelstumpf sollte also dieselbe Höhe wie der Pokal haben, d. h. h = 9, sodass oben und unten nichts weggeschliffen werden muss, und der Boden des Kegelstumpfes sollte entsprechend mit dem Boden des Pokals übereinstimmen, d. h., der kleinere Radius des Kegelstumpfes entspricht dem Radius des Standfußes: $r_1 = f_1(0) = 3$

Gesucht ist nun noch der größere Radius des Kegelstumpfes (oberer Rand). Damit der Kegelstumpf möglichst nahe am Pokal anliegt, muss seine Kante einer Tangente an das Schaubild der Randfunktion entsprechen. Diese geht vom Punkt P(0|3) am Standfuß aus und berührt den Pokal im Bereich der oberen Schale (vgl. Skizze); der Berührpunkt B dieser Tangente liegt also auf dem Schaubild der Teilfunktion f_3.

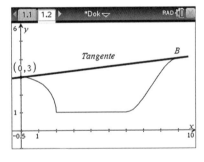

Für die allgemeine Gleichung einer Tangente an das Schaubild der Funktion f_3 im Punkt B(u|f_3(u)) gilt: $y = f_3'(u) \cdot (x - u) + f_3(u)$

Mit $f_3'(x) = -\frac{2}{3}x^2 + 10x - 36$ erhält man:

$$y = \left(-\tfrac{2}{3}u^2 + 10u - 36\right) \cdot (x - u) + \left(-\tfrac{2}{9}u^3 + 5u^2 - 36u + 85\right)$$

Die Tangente soll durch den Punkt P(0|3) gehen, also muss gelten:

$$3 = \left(-\tfrac{2}{3}u^2 + 10u - 36\right) \cdot (0 - u) + \left(-\tfrac{2}{9}u^3 + 5u^2 - 36u + 85\right)$$

$$3 = \tfrac{2}{3}u^3 - 10u^2 + 36u - \tfrac{2}{9}u^3 + 5u^2 - 36u + 85$$

Durch Zusammenfassen und Umstellen ergibt sich daraus folgende Gleichung:
$\frac{4}{9}u^3 - 5u^2 + 82 = 0$

Mit einem geeigneten Rechner erhält man als Lösung dieser Gleichung im Bereich $6 \leq x \leq 9$ (Bereich der oberen Schale) den Wert $u \approx 8{,}94$.

Die gesuchte Tangentengleichung lautet damit näherungsweise:
$t(x) \approx \left(-\frac{2}{3} \cdot 8{,}94^2 + 10 \cdot 8{,}94 - 36\right) \cdot (x - 8{,}94) - \frac{2}{9} \cdot 8{,}94^3 + 5 \cdot 8{,}94^2 - 36 \cdot 8{,}94 + 85$
$\approx 0{,}1176x + 2{,}9451$

Die Größe des zweiten, größeren Radius des Kegelstumpfes entspricht dem Funktionswert t(9) am oberen Rand des Pokals:
$r_2 = t(9) \approx 4{,}0035$

Die Einheiten sind jeweils in cm angegeben. Wählt man als Metallrohling einen Kegelstumpf der Höhe 9 cm mit den Radien 3 cm und etwa 4 cm, ist der entstehende Abfall bei der Herstellung des Pokals am geringsten.

Aufgabe 16

a) Gesucht ist der Zeitpunkt mit der stärksten Temperaturzunahme; dieser entspricht der Maximumstelle t_{Max} der Funktion f im Bereich $t \geq 0$, der Funktionswert $f(t_{Max})$ entspricht dann der größten Änderungsrate (vgl. Kapitel 1).

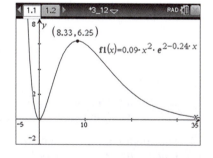

Mit einem geeigneten Rechner oder durch Ablesen aus dem gegebenen Graphen erhält man:
$t_{Max} \approx 8{,}3$ mit $f(t_{Max}) = 6{,}25$

Alternativ lässt sich die Maximumstelle hier auch rechnerisch über die Ableitung bestimmen (Anwendung der Produktregel):
$f(t) = 0{,}09t^2 \cdot e^{2-0{,}24t}$
$f'(t) = 2 \cdot 0{,}09t \cdot e^{2-0{,}24t} + 0{,}09t^2 \cdot e^{2-0{,}24t} \cdot (-0{,}24)$
$= 0{,}18t \cdot e^{2-0{,}24t} - 0{,}0216t^2 \cdot e^{2-0{,}24t} = e^{2-0{,}24t} \cdot (0{,}18t - 0{,}0216t^2)$
$f'(t) = 0 \iff t \cdot (0{,}18 - 0{,}0216t) = 0 \iff t = 0$ oder $t = \frac{0{,}18}{0{,}0216} = \frac{25}{3} \approx 8{,}33$

Das Vorzeichen der Ableitungsfunktion f' hängt nur vom Vorzeichen des Terms $0{,}18t - 0{,}0216t^2$ ab. An der Stelle $t=0$ wechselt dieser Term das Vorzeichen von – nach +, deshalb liegt an dieser Stelle ein Minimum der Funktion f vor. An der Stelle $t = \frac{25}{3} \approx 8{,}33$ wechselt der Term das Vorzeichen von + nach –, hier liegt also ein Maximum der Funktion f vor. Dies lässt sich auch damit begründen, dass der quadratische Term eine nach unten geöffnete Parabel darstellt, an deren Nullstellen deshalb diese Vorzeichenwechsel vorliegen. Es gilt:

$$f\left(\tfrac{25}{3}\right) = 0{,}09 \cdot \tfrac{625}{9} \cdot e^{2-2} = 6{,}25$$

Nach etwa 8 Minuten ist die Temperaturzunahme mit $6{,}25\,\frac{°C}{\min}$ am größten.

b) Da die Funktion f die Änderungsrate der Temperatur beschreibt, wird die absolute Temperaturänderung durch die Stammfunktion von f dargestellt und lässt sich für einen bestimmten Zeitraum durch ein entsprechendes Integral rekonstruieren (vgl. Kapitel 3).

Die Temperaturänderung innerhalb der ersten 4 Minuten erhält man über das Integral:

$$\int_0^4 f(t)\,dt \approx 7{,}03$$

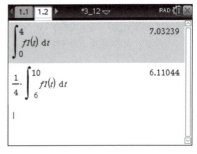

Ohne Hilfsmittel lässt sich der Wert dieses Integrals nur durch Abschätzen anhand des Graphen ermitteln:
Man zählt dazu die Kästchen unterhalb des Graphen von f im Bereich $t=0$ bis $t=4$. Man erhält ca. 14 Kästchen, wobei 1 Kästchen aufgrund der Skalierung der Achsen 0,5 entspricht, also ergibt sich insgesamt ein Wert von 7.
Die Innentemperatur der Sauna steigt somit in den ersten 4 Minuten um etwa 7 °C an; die Temperatur in der Sauna beträgt dann 27 °C.

Die durchschnittliche Änderungsrate der Innentemperatur zwischen der 6. und der 10. Minute entspricht dem Mittelwert $\bar{m}$ der Funktion f im Zeitraum $6 \leq t \leq 10$; dieser berechnet sich nach der Formel (vgl. Kapitel 3):

$$\bar{m} = \tfrac{1}{10-6} \cdot \int_6^{10} f(t)\,dt$$

Das darin enthaltene Integral kann mit einem Rechner (s. Bild oben) oder näherungsweise durch Abzählen der Kästchen unterhalb des Graphen von f im Bereich $t=6$ bis $t=10$ ermittelt werden. Man erhält ca. 49 Kästchen, was aufgrund der Skalierung der Achsen einem Wert von ca. 24,5 entspricht.

Für den Mittelwert erhält man damit:

$$\bar{m} = \frac{1}{10-6} \cdot \int_{6}^{10} f(t)\,dt \approx \frac{1}{4} \cdot 24{,}5 \approx 6{,}1$$

Die durchschnittliche Änderungsrate der Temperatur in der Sauna zwischen der 6. und der 10. Minute beträgt etwa $6{,}1\,\frac{°C}{min}$.

c) Bei dieser Fragestellung geht es um den Zeitraum, in dem eine vorgegebene Temperatur erreicht wird. Zu einem vorgegebenen Wert des Integrals ist also die (obere) Integrationsgrenze gesucht (vgl. Variante A in Kapitel 3).

Gesucht ist der Zeitpunkt t, an dem eine Innentemperatur von 100 °C erreicht wird. Durch die anfängliche Zimmertemperatur von 20 °C muss sich die Sauna dazu noch um 80 °C erwärmen.
Man erhält diesen Zeitpunkt t also durch Lösen der Gleichung:

$$\int_{0}^{t} f(x)\,dx = 80$$

Mit einem Rechner erhält man:

$$\int_{0}^{t} f(x)\,dx = 80 \quad \Leftrightarrow \quad t \approx 18{,}94$$

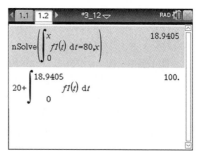

Zur näherungsweisen Bestimmung dieses Wertes ohne Hilfsmittel kann man wieder Kästchen zählen. Da 1 Kästchen dem Wert 0,5 entspricht und eine Erwärmung um 80 °C erfolgen muss, zählt man die Kästchen unterhalb des Graphen von f ab t = 0, bis man etwa 80 · 2 = 160 Kästchen erreicht. Dieser Wert wird etwa bei t = 19 erreicht. Dies bestätigt das berechnete Ergebnis.

Nach knapp 19 Minuten erreicht man eine Innentemperatur von 100 °C.

d) Die Änderungsrate g'(t) der Temperatur g(t) in Abhängigkeit der Zeit setzt sich zusammen aus der Erwärmungsrate und dem Wärmeverlust pro Minute.
Erwärmungsrate: 3   (°C pro Minute)
Wärmeverlust: $-0{,}025 \cdot g(t)$ (pro Minute 2,5 % der aktuellen Temperatur)
Für die Änderungsrate der Temperatur gilt also:
$g'(t) = 3 - 0{,}025 \cdot g(t)$

Ausklammern von 0,025 ergibt:
$g'(t) = 0{,}025 \cdot (120 - g(t))$

Diese Differenzialgleichung beschreibt ein begrenztes exponentielles Wachstum mit der Schranke S = 120 (vgl. Kapitel 5). Im Inneren der Sauna wird daher eine Temperatur von 120 °C nie überschritten werden.

Aufgabe 17

a) Die Funktionswerte von f beschreiben die Anzahl der abgesetzten (oder verkauften) Autos pro Monat. Der Händler will das Auto anbieten, solange eine Nachfrage besteht, d. h., solange f(t)>0 gilt.

Um diesen Bereich angeben zu können, bestimmt man den Zeitpunkt t für $t \geq 0$, zu dem keine Nachfrage mehr besteht, also f(t)=0 gilt (Nullstelle der Funktion f):

$f(t) = 0 \Leftrightarrow 0{,}01t^4 - 0{,}5t^3 + 4t^2 = 0 \Leftrightarrow t^2 \cdot (t^2 - 50t + 400) = 0$
$\Leftrightarrow t = 0$ oder $t^2 - 50t + 400 = 0$

Die Lösung t=0 ist nicht relevant, da zu diesem Zeitpunkt der Verkauf erst startet. Als Lösungen der quadratischen Gleichung erhält man:

$t_{1/2} = \dfrac{50 \pm \sqrt{2500 - 1600}}{2} = \dfrac{50 \pm 30}{2}$

$\Rightarrow t_1 = 10; \; t_2 = 40$

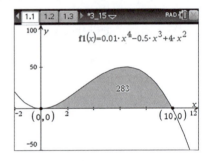

Durch Berechnen eines Funktionswertes, z. B. f(1)=3,51, erkennt man, dass zwischen t=0 und t=10 eine Nachfrage besteht, also f(t)>0 gilt, während für t>10 (mit t<40) f(t)<0 gilt.

Somit muss der Verkäufer nach 10 Monaten den Verkauf des Autos einstellen.

b) Da die Funktionswerte von f die Anzahl der abgesetzten Autos pro Monat beschreiben, ergibt sich die Gesamtzahl der in den ersten 10 Monaten abgesetzten Autos durch Summation der Funktionswerte f(1) bis f(10); um die Absätze fortlaufend auch für die Tage zu berücksichtigen, wird diese Summation durch das entsprechende Integral ersetzt (vgl. Kapitel 3):

$\int_0^{10} f(t)\, dt = \int_0^{10} (0{,}01t^4 - 0{,}5t^3 + 4t^2)\, dt = \left[0{,}002t^5 - 0{,}125t^4 + \dfrac{4}{3}t^3\right]_0^{10}$

$= 200 - 1250 + 1333\tfrac{1}{3} = 283\tfrac{1}{3} \approx 283$

In diesem Zeitraum werden somit etwa 283 Elektroautos verkauft.

Da der Händler die Autos für je 15 000 € verkauft, beläuft sich der Umsatz in dieser Zeit somit auf 283 · 15 000 € = 4 245 000 €.

c) Gesucht ist der Monat mit dem größten Absatz; dieser Zeitpunkt entspricht der Maximumstelle t_{Max} der Funktion f im Bereich $t \geq 0$ (und t<10), der Funktionswert $f(t_{Max})$ entspricht dann dem maximalen Absatz (vgl. Kapitel 1).

Berechnung über die Ableitung:

$f(t) = 0{,}01t^4 - 0{,}5t^3 + 4t^2$

$f'(t) = 0{,}04t^3 - 1{,}5t^2 + 8t$

$f'(t) = 0 \iff t \cdot (0{,}04t^2 - 1{,}5t + 8) = 0 \iff t = 0$ oder $2t^2 - 75t + 400 = 0$

Die Lösung $t=0$ ist nicht relevant, da zu diesem Zeitpunkt der Verkauf erst startet und $f(t)=0$ gilt (Minimum der Funktion f). Als Lösungen der quadratischen Gleichung erhält man:

$t_{3/4} = \dfrac{75 \pm \sqrt{5\,625 - 3\,200}}{4}$

$\Rightarrow t_3 \approx 6{,}44;\ t_4 \approx 31{,}06$

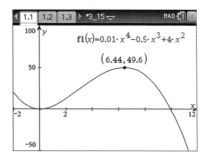

Relevant ist nur der Wert $t_3 \approx 6{,}44$; an dieser Stelle liegt ein lokales Maximum vor (Nachweis durch Untersuchung des Vorzeichenwechsels oder über die zweite Ableitung).

Somit werden im Lauf des 7. Monats die meisten Fahrzeuge verkauft. Es gilt:

$f(7) = 48{,}51$ (bzw. $\int\limits_6^7 f(t)\,dt \approx 49{,}27$)

Der größte Absatz beträgt also ca. 50 Autos im 7. Monat nach Verkaufsstart.

In der zweiten Fragestellung ist der Zeitpunkt mit dem stärksten Anstieg der Absatzzahlen gesucht, also die Maximumstelle der Ableitungsfunktion von f. Diese entspricht der Stelle mit der größten (positiven) Steigung des Graphen von f, also einer Wendestelle der Funktion f.

Berechnung mithilfe der 2. Ableitung:

$f''(t) = 0{,}12t^2 - 3t + 8$

$f''(t) = 0 \iff t_{5/6} = \dfrac{3 \pm \sqrt{9 - 3{,}84}}{0{,}24}$

$\Rightarrow t_5 \approx 3{,}04;\ t_6 \approx 21{,}96$

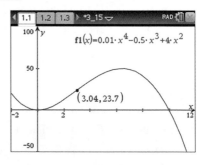

Relevant ist nur der Wert $t_5 \approx 3{,}04$; anhand des Verlaufs des Graphen von f oder durch Nachweis über die 3. Ableitung erkennt man, dass die Steigung von f an dieser Stelle maximal ist.

Somit steigt der Absatz 3 Monate nach Verkaufsstart besonders stark an.

d) Analog zu Teilaufgabe b berechnet sich die Gesamtzahl der abgesetzten Autos in den ersten 8 Monaten durch das entsprechende Integral:

$\int\limits_0^8 f(t)\,dt = \int\limits_0^8 (0{,}01t^4 - 0{,}5t^3 + 4t^2)\,dt = \left[0{,}002t^5 - 0{,}125t^4 + \dfrac{4}{3}t^3\right]_0^8$

$= 65{,}536 - 512 + 682\tfrac{2}{3} \approx 236{,}2$

In den ersten 8 Monaten werden somit ca. 236 Autos abgesetzt.

Da x die Anzahl der verkauften Autos angibt und dafür nur ganzzahlige Werte infrage kommen, berechnet sich der Gewinn für diesen Zeitraum als Funktionswert von G für x = 236. Es gilt:
G(236) = 341 437,60

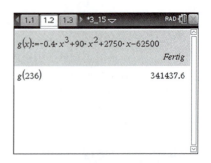

Durch den Verkauf der E-Autos in den ersten 8 Monaten erzielt der Händler einen Gewinn von 341 437,60 €.

e) Der Händler erzielt genau dann Gewinn, wenn G(x) > 0 gilt. Um den Gewinnbereich zu berechnen, bestimmt man zunächst mit dem Rechner die Nullstellen von G. Man erhält:
G(x) = 0 $\Leftrightarrow$ $x_{N_1} \approx -40{,}45$; $x_{N_2} \approx 15{,}45$; $x_{N_3} = 250$
x_{N_1} entfällt, da eine negative Anzahl an verkauften Autos nicht sinnvoll ist.

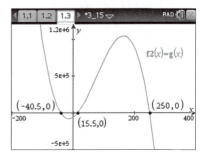

Laut Aufgabenstellung wird bei $x_{N_3} = 250$ verkauften Autos die Gewinngrenze erreicht; bei einer höheren Zahl an verkauften Autos entsteht also ein Verlust. Daran oder am Verlauf des Graphen der Gewinnfunktion erkennt man, dass zwischen $x_{N_2} \approx 15{,}45$ und $x_{N_3} = 250$ der Gewinn positiv ist (G(x) > 0).

Der Händler erzielt also Gewinn, wenn er 16 bis 250 E-Autos verkauft.

f) Der maximale Gewinn wird genau dann erzielt, wenn der Funktionswert von G maximal ist. Dazu bestimmt man die Maximumstelle x_{Max} der Funktion G im Bereich x ≥ 0 (und x < 250); der Funktionswert $G(x_{Max})$ entspricht dann dem maximalen Gewinn (vgl. Kapitel 1).

Berechnung über die Ableitung:
$G(x) = -0{,}4x^3 + 90x^2 + 2750x - 62\,500$
$G'(x) = -1{,}2x^2 + 180x + 2750$
$G'(x) = 0 \Leftrightarrow 1{,}2x^2 - 180x - 2750 = 0$
$\Rightarrow x_{1/2} = \dfrac{180 \pm \sqrt{32\,400 + 13\,200}}{2{,}4}$
$\Rightarrow x_1 \approx -13{,}98$; $x_2 \approx 163{,}98$

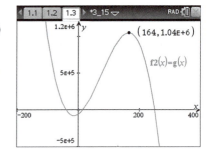

Relevant ist nur der Wert $x_2 \approx 164$, da eine negative Anzahl nicht sinnvoll ist.

Da dieser Wert in der Gewinnzone zwischen zwei Nullstellen von G liegt, muss an dieser Stelle ein Maximum vorliegen.

Der maximale Gewinn ergibt sich als Funktionswert an dieser Stelle:
G(164) = 1 044 762,40

Der maximale Gewinn wird also bei 164 verkauften Autos erreicht und beträgt ca. 1 044 762 €.

Die Gesamtkosten beim Verkauf von 164 Autos berechnen sich durch den Funktionswert K(164); es gilt:
K(164) = 1 415 237,60

Die Kosten pro Auto ergeben sich dann durch Division dieses Wertes durch die Anzahl 164:
$$\frac{K(164)}{164} = \frac{1\,415\,237,60}{164} \approx 8\,629,50$$

Bei der gewinnmaximalen Absatzmenge von 164 Autos betragen die Kosten pro Auto ca. 8 629,50 €.

g) In Teilaufgabe b wurde als Gesamtzahl der abgesetzten Autos in den ersten 10 Monaten der Wert 283 berechnet. Der beim Verkauf von 283 Autos erzielte Gewinn berechnet sich mittels:
G(283) = –1 142 314,8

Da der Wert negativ ist, wird bei dieser Verkaufsmenge Verlust erwirtschaftet.

Verkauft der Händler alle in den ersten 10 Monaten nachgefragten 283 Autos, entsteht ihm ein Verlust von ca. 1 142 315 €.

Aufgabe 18

In der Aufgabe geht es um die Bewegungen dreier Flugzeuge im Raum sowie deren Lage zueinander (vgl. Kapitel 8).

a) Da die Erdoberfläche in der x_1x_2-Ebene des Koordinatensystems liegt und die x_3-Achse die Höhe gegenüber dem Erdboden angibt, steigt ein Flugzeug genau dann auf, wenn die x_3-Koordinate des Richtungsvektors der Geraden, die die Flugbahn des Flugzeugs beschreibt, positiv ist.

Flugzeug 1: Die x_3-Koordinate des Richtungsvektors ist 6, also positiv.
Das Flugzeug steigt somit auf.

Flugzeug 2: Die x_3-Koordinate des Richtungsvektors ist –2, also negativ.
Das Flugzeug steigt somit ab.

Flugzeug 3: Die x_3-Koordinate des Richtungsvektors ist 4, also positiv.
Das Flugzeug steigt somit auf.

b) Um zu prüfen, ob sich die Flugbahnen zweier Flugzeuge kreuzen, untersucht man, ob sich die entsprechenden Geraden schneiden.

Beim Gleichsetzen der Geradengleichungen müssen dazu jeweils verschiedene Parameter für die Gleichungen gewählt werden, da es nur um den Schnitt der Flugbahnen geht (unabhängig von der Zeit) und man nicht weiß, ob die Schnittpunkte zur selben Zeit von den Flugzeugen erreicht werden (was fatale Folgen haben würde); man setzt z. B.:

$$f_1: \vec{x} = \begin{pmatrix} 1 \\ 5 \\ 7 \end{pmatrix} + t \cdot \begin{pmatrix} -5 \\ 1 \\ 6 \end{pmatrix}; \quad f_2: \vec{x} = \begin{pmatrix} -2 \\ 2 \\ 5 \end{pmatrix} + s \cdot \begin{pmatrix} 4 \\ 1 \\ -2 \end{pmatrix}; \quad f_3: \vec{x} = \begin{pmatrix} 4 \\ -1 \\ -5 \end{pmatrix} + r \cdot \begin{pmatrix} -1 \\ 2 \\ 4 \end{pmatrix}$$

Bestimmung des Schnittpunktes der Flugbahnen f_1 und f_2:

$f_1 \cap f_2$ führt zu: $\begin{pmatrix} 1 \\ 5 \\ 7 \end{pmatrix} + t \cdot \begin{pmatrix} -5 \\ 1 \\ 6 \end{pmatrix} = \begin{pmatrix} -2 \\ 2 \\ 5 \end{pmatrix} + s \cdot \begin{pmatrix} 4 \\ 1 \\ -2 \end{pmatrix}$

bzw.: $s \cdot \begin{pmatrix} -4 \\ -1 \\ 2 \end{pmatrix} + t \cdot \begin{pmatrix} -5 \\ 1 \\ 6 \end{pmatrix} = \begin{pmatrix} -3 \\ -3 \\ -2 \end{pmatrix}$

Man löst das entstehende lineare Gleichungssystem:

I $-4s - 5t = -3$ I $-4s - 5t = -3$
II $-s + t = -3$ $\Leftrightarrow$ II $-s + t = -3$ $\Big]$ $\Rightarrow$ $4t = -4$ $\Rightarrow$ $t = -1$
III $2s + 6t = -2$ III $s + 3t = -1$

Eingesetzt in Gleichung I ergibt sich $s = 2$. Das Gleichungssystem hat eine eindeutige Lösung; die Flugbahnen f_1 und f_2 kreuzen sich also.

Setzt man $s = 2$ in f_2 oder $t = -1$ in f_1 ein, erhält man $S_1(6 \mid 4 \mid 1)$ als Schnittpunkt der Flugbahnen f_1 und f_2 der ersten beiden Flugzeuge.

Bestimmung des Schnittpunktes der Flugbahnen f_1 und f_3:

$f_1 \cap f_3$ führt zu: $\begin{pmatrix} 1 \\ 5 \\ 7 \end{pmatrix} + t \cdot \begin{pmatrix} -5 \\ 1 \\ 6 \end{pmatrix} = \begin{pmatrix} 4 \\ -1 \\ -5 \end{pmatrix} + r \cdot \begin{pmatrix} -1 \\ 2 \\ 4 \end{pmatrix}$

bzw.: $r \cdot \begin{pmatrix} 1 \\ -2 \\ -4 \end{pmatrix} + t \cdot \begin{pmatrix} -5 \\ 1 \\ 6 \end{pmatrix} = \begin{pmatrix} 3 \\ -6 \\ -12 \end{pmatrix}$

Man löst das entstehende lineare Gleichungssystem:

I $r - 5t = 3$ I $r - 5t = 3$
II $-2r + t = -6$ $\Leftrightarrow$ II $-2r + t = -6$ $\Big]$ $\Rightarrow$ $2t = 0$ $\Rightarrow$ $t = 0$
III $-4r + 6t = -12$ III $-2r + 3t = -6$

Eingesetzt in Gleichung I ergibt sich $r = 3$. Das Gleichungssystem hat eine eindeutige Lösung; die Flugbahnen f_1 und f_3 kreuzen sich also.

Setzt man $r = 3$ in f_3 oder $t = 0$ in f_1 ein, erhält man $S_2(1 \mid 5 \mid 7)$ als Schnittpunkt der Flugbahnen f_1 und f_3 des ersten und dritten Flugzeugs.

Bestimmung des Schnittpunktes der Flugbahnen f_2 und f_3:

$f_2 \cap f_3$ führt zu: $\begin{pmatrix} -2 \\ 2 \\ 5 \end{pmatrix} + s \cdot \begin{pmatrix} 4 \\ 1 \\ -2 \end{pmatrix} = \begin{pmatrix} 4 \\ -1 \\ -5 \end{pmatrix} + r \cdot \begin{pmatrix} -1 \\ 2 \\ 4 \end{pmatrix}$

bzw.: $r \cdot \begin{pmatrix} 1 \\ -2 \\ -4 \end{pmatrix} + s \cdot \begin{pmatrix} 4 \\ 1 \\ -2 \end{pmatrix} = \begin{pmatrix} 6 \\ -3 \\ -10 \end{pmatrix}$

Man löst das entstehende lineare Gleichungssystem:

I $r + 4s = 6$ I $r + 4s = 6$
II $-2r + s = -3$ $\Leftrightarrow$ II $-2r + s = -3$ ⎤
III $-4r - 2s = -10$ III $-2r - s = -5$ ⎦ $\Rightarrow$ $2s = 2$ $\Rightarrow$ $s = 1$

Eingesetzt in Gleichung I ergibt sich $r = 2$. Das Gleichungssystem hat eine eindeutige Lösung; die Flugbahnen f_2 und f_3 kreuzen sich also ebenfalls. Setzt man $r = 2$ in f_3 oder $s = 1$ in f_2 ein, erhält man $S_3(2|3|3)$ als Schnittpunkt der Flugbahnen f_2 und f_3 des zweiten und dritten Flugzeugs.

c) Gesucht ist nun die minimale Entfernung zwischen je zwei Flugzeugen **während ihres Fluges**. Bei dieser Aufgabe ist also der Zeitparameter t, der für alle drei Bewegungsgleichungen dieselbe Zeit beschreibt, wichtig (vgl. Variante der Musteraufgabe in Kapitel 8).

Zu einem bestimmten Zeitpunkt t befindet sich
Flugzeug 1 im Punkt $F1_t(1 - 5t \,|\, 5 + t \,|\, 7 + 6t)$,
Flugzeug 2 im Punkt $F2_t(-2 + 4t \,|\, 2 + t \,|\, 5 - 2t)$,
Flugzeug 3 im Punkt $F3_t(4 - t \,|\, -1 + 2t \,|\, -5 + 4t)$.

Der Abstand zweier Flugzeuge in Abhängigkeit der Zeit t ergibt sich durch den Betrag des zugehörigen Differenzvektors:

$\left| \overrightarrow{F1_t F2_t} \right| = \left| \begin{pmatrix} -2 + 4t - (1 - 5t) \\ 2 + t - (5 + t) \\ 5 - 2t - (7 + 6t) \end{pmatrix} \right| = \left| \begin{pmatrix} -3 + 9t \\ -3 \\ -2 - 8t \end{pmatrix} \right| = \sqrt{(-3 + 9t)^2 + (-3)^2 + (-2 - 8t)^2}$

$\left| \overrightarrow{F1_t F3_t} \right| = \left| \begin{pmatrix} 4 - t - (1 - 5t) \\ -1 + 2t - (5 + t) \\ -5 + 4t - (7 + 6t) \end{pmatrix} \right| = \left| \begin{pmatrix} 3 + 4t \\ -6 + t \\ -12 - 2t \end{pmatrix} \right| = \sqrt{(3 + 4t)^2 + (-6 + t)^2 + (-12 - 2t)^2}$

$\left| \overrightarrow{F2_t F3_t} \right| = \left| \begin{pmatrix} 4 - t - (-2 + 4t) \\ -1 + 2t - (2 + t) \\ -5 + 4t - (5 - 2t) \end{pmatrix} \right| = \left| \begin{pmatrix} 6 - 5t \\ -3 + t \\ -10 + 6t \end{pmatrix} \right| = \sqrt{(6 - 5t)^2 + (-3 + t)^2 + (-10 + 6t)^2}$

Die geringste Entfernung zwischen zwei Flugzeugen während ihres Fluges ergibt sich dann als Minimum der zugehörigen Abstandsfunktion (vgl. Kapitel 1). Die drei Minima können mit einem geeigneten Rechner oder über die Ableitung bestimmt werden. Bei der rechnerischen Bestimmung sollte man beachten, dass eine Wurzelfunktion aufgrund der strengen Monotonie minimal wird, wenn die Radikandenfunktion minimal wird.

Für die Flugzeuge 1 und 2 gilt:

$d_1(t) = |\overrightarrow{F1_t F2_t}| = \sqrt{145t^2 - 22t + 22}$

$r_1(t) = 145t^2 - 22t + 22$

$r_1'(t) = 290t - 22$

$r_1'(t) = 0 \Leftrightarrow t = \frac{22}{290} \approx 0{,}076$

$d_1(0{,}076) \approx \sqrt{21{,}17} \approx 4{,}6$

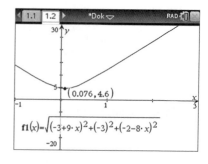

Die Zeit t ist in Minuten angegeben, die Entfernung d in km.
Die Flugzeuge 1 und 2 kommen sich also ca. 0,076 min ≈ 5 s nach Beginn der Beobachtung am nächsten; ihr Abstand beträgt dann etwa 4,6 km.

Für die Flugzeuge 1 und 3 ergibt sich:

$d_2(t) = |\overrightarrow{F1_t F3_t}| = \sqrt{21t^2 + 60t + 189}$

$r_2(t) = 21t^2 + 60t + 189$

$r_2'(t) = 42t + 60$

$r_2'(t) = 0 \Leftrightarrow t = -\frac{60}{42} \approx -1{,}43$

$d_2(-1{,}43) \approx \sqrt{146{,}14} \approx 12{,}1$

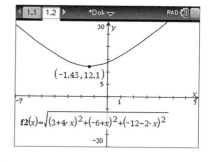

Da der ermittelte Zeitpunkt negativ ist, trat der minimale Abstand dieser beiden
Flugzeuge ein, bevor Michael den Himmel und die Flugzeuge beobachtet hat.
Die Flugzeuge 1 und 3 kamen sich also ca. 1,43 min ≈ 1 min 26 s **vor** Beginn
der Beobachtung am nächsten; ihr Abstand betrug dann etwa 12,1 km.

Betrachtet man nur den Zeitraum, in dem Michael tatsächlich den Himmel
beobachtet hat, tritt das Minimum zum Zeitpunkt t = 0 (Randminimum) auf.
Der Abstand beträgt zu diesem Zeitpunkt etwa $d_2(0) = \sqrt{189} \approx 13{,}75$ km.

Für die Flugzeuge 2 und 3 ergibt sich:

$d_3(t) = |\overrightarrow{F2_t F3_t}| = \sqrt{62t^2 - 186t + 145}$

$r_3(t) = 62t^2 - 186t + 145$

$r_3'(t) = 124t - 186$

$r_3'(t) = 0 \Leftrightarrow t = \frac{186}{124} = 1{,}5$

$d_3(1{,}5) = \sqrt{5{,}5} \approx 2{,}3$

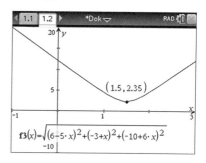

Die Flugzeuge 2 und 3 kommen sich
also 1,5 min nach Beginn der Beobachtung am nächsten; ihr Abstand beträgt
dann etwa 2,3 km.

d) Die Schnittpunkte der drei Flugbahnen wurden in Teilaufgabe b ermittelt; diese bilden das Dreieck $S_1S_2S_3$. Die Innenwinkel des Dreiecks ergeben sich als Winkel zwischen den Vektoren der Dreiecksseiten. Den Winkel α zwischen zwei Vektoren berechnet man über den Zusammenhang: $\cos\alpha = \dfrac{\vec{u}\circ\vec{v}}{|\vec{u}|\cdot|\vec{v}|}$

Um tatsächlich jeweils den richtigen Winkel zu berechnen und nicht evtl. den Nebenwinkel zu erhalten, bietet es sich an, die eingeschlossenen Winkel von je einem Eckpunkt ausgehend zu ermitteln. Man berechnet also die Winkel zwischen den Vektoren $\overrightarrow{S_1S_2}$ und $\overrightarrow{S_1S_3}$ (Winkel α_1), zwischen $\overrightarrow{S_2S_3}$ und $\overrightarrow{S_2S_1}$ (Winkel α_2) sowie zwischen $\overrightarrow{S_3S_1}$ und $\overrightarrow{S_3S_2}$ (Winkel α_3).

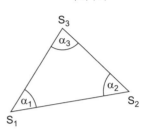

Für die Vektoren gilt:

$\overrightarrow{S_1S_2} = \begin{pmatrix}1\\5\\7\end{pmatrix} - \begin{pmatrix}6\\4\\1\end{pmatrix} = \begin{pmatrix}-5\\1\\6\end{pmatrix}$, daraus ergibt sich: $\overrightarrow{S_2S_1} = \begin{pmatrix}5\\-1\\-6\end{pmatrix}$

$\overrightarrow{S_1S_3} = \begin{pmatrix}2\\3\\3\end{pmatrix} - \begin{pmatrix}6\\4\\1\end{pmatrix} = \begin{pmatrix}-4\\-1\\2\end{pmatrix}$, daraus ergibt sich: $\overrightarrow{S_3S_1} = \begin{pmatrix}4\\1\\-2\end{pmatrix}$

$\overrightarrow{S_2S_3} = \begin{pmatrix}2\\3\\3\end{pmatrix} - \begin{pmatrix}1\\5\\7\end{pmatrix} = \begin{pmatrix}1\\-2\\-4\end{pmatrix}$, daraus ergibt sich: $\overrightarrow{S_3S_2} = \begin{pmatrix}-1\\2\\4\end{pmatrix}$

Berechnung der Innenwinkel:

$\cos\alpha_1 = \dfrac{\begin{pmatrix}-5\\1\\6\end{pmatrix}\circ\begin{pmatrix}-4\\-1\\2\end{pmatrix}}{\left|\begin{pmatrix}-5\\1\\6\end{pmatrix}\right|\cdot\left|\begin{pmatrix}-4\\-1\\2\end{pmatrix}\right|} = \dfrac{20-1+12}{\sqrt{(-5)^2+1^2+6^2}\cdot\sqrt{(-4)^2+(-1)^2+2^2}} = \dfrac{31}{\sqrt{62}\cdot\sqrt{21}} = \dfrac{31}{\sqrt{1302}}$

Es folgt $\alpha_1 \approx 30{,}78°$.

$\cos\alpha_2 = \dfrac{\begin{pmatrix}1\\-2\\-4\end{pmatrix}\circ\begin{pmatrix}5\\-1\\-6\end{pmatrix}}{\left|\begin{pmatrix}1\\-2\\-4\end{pmatrix}\right|\cdot\left|\begin{pmatrix}5\\-1\\-6\end{pmatrix}\right|} = \dfrac{5+2+24}{\sqrt{1^2+(-2)^2+(-4)^2}\cdot\sqrt{5^2+(-1)^2+(-6)^2}} = \dfrac{31}{\sqrt{21}\cdot\sqrt{62}} = \dfrac{31}{\sqrt{1302}}$

Es folgt $\alpha_2 \approx 30{,}78°$.

$\cos\alpha_3 = \dfrac{\begin{pmatrix}4\\1\\-2\end{pmatrix}\circ\begin{pmatrix}-1\\2\\4\end{pmatrix}}{\left|\begin{pmatrix}4\\1\\-2\end{pmatrix}\right|\cdot\left|\begin{pmatrix}-1\\2\\4\end{pmatrix}\right|} = \dfrac{-4+2-8}{\sqrt{4^2+1^2+(-2)^2}\cdot\sqrt{(-1)^2+2^2+4^2}} = \dfrac{-10}{\sqrt{21}\cdot\sqrt{21}} = \dfrac{-10}{21}$

Es folgt $\alpha_3 \approx 118{,}44°$.

Anmerkung: Den letzten Winkel kann man auch über den Winkelsummensatz im Dreieck berechnen: $\alpha_1 + \alpha_2 + \alpha_3 = 180°$

Das Dreieck, das durch die drei Flugbahnen erzeugt wird, ist ein gleichschenkliges Dreieck mit der Basis S_1S_2, da $\alpha_1 = \alpha_2$ bzw. $|\overrightarrow{S_1S_3}| = |\overrightarrow{S_2S_3}|$ gilt.

e) Der Flächeninhalt A eines Dreiecks berechnet sich allgemein mit der Formel:
$A = \frac{1}{2} \cdot g \cdot h$ mit der Grundseite g und der Höhe h

Da das Dreieck $S_1S_2S_3$ gleichschenklig ist (vgl. Teilaufgabe d), wählt man als Grundseite die Länge der Basis S_1S_2; die Höhe auf die Basis ergibt sich dann als Länge der Verbindungsstrecke zwischen dem Punkt S_3 und dem Mittelpunkt der Basis bzw. als Abstand des Punktes S_3 zur Basis, also zur Geraden S_1S_2.

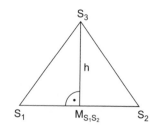

Für die Grundseite gilt:
$$g = |\overrightarrow{S_1S_2}| = \left|\begin{pmatrix} -5 \\ 1 \\ 6 \end{pmatrix}\right| = \sqrt{(-5)^2 + 1^2 + 6^2} = \sqrt{62}$$

Der Mittelpunkt der Basis hat die Koordinaten:
$$M_{S_1S_2}\left(\frac{1+6}{2} \bigg| \frac{5+4}{2} \bigg| \frac{7+1}{2}\right) = M_{S_1S_2}(3,5 | 4,5 | 4)$$

Die Höhe h des Dreiecks entspricht der Länge der Strecke zwischen diesem Mittelpunkt und dem Eckpunkt S_3:
$$h = |\overrightarrow{S_3M_{S_1S_2}}| = \left|\begin{pmatrix} 3,5 \\ 4,5 \\ 4 \end{pmatrix} - \begin{pmatrix} 2 \\ 3 \\ 3 \end{pmatrix}\right| = \left|\begin{pmatrix} 1,5 \\ 1,5 \\ 1 \end{pmatrix}\right| = \sqrt{1,5^2 + 1,5^2 + 1^2} = \sqrt{5,5}$$

Alternativ ergibt sich die Höhe als Abstand des Punktes S_3 zur Geraden S_1S_2; diese Gerade entspricht der Flugbahn f_1. Ein parameterabhängiger Punkt auf der Flugbahn f_1 hat die Koordinaten $F1_t(1-5t | 5+t | 7+6t)$ (s. Teilaufgabe c). Für den Abstand des Punktes S_3 zum Punkt $F1_t$ gilt:
$$|\overrightarrow{S_3F1_t}| = \left|\begin{pmatrix} 1-5t \\ 5+t \\ 7+6t \end{pmatrix} - \begin{pmatrix} 2 \\ 3 \\ 3 \end{pmatrix}\right| = \left|\begin{pmatrix} -1-5t \\ 2+t \\ 4+6t \end{pmatrix}\right| = \sqrt{(-1-5t)^2 + (2+t)^2 + (4+6t)^2} = d(t)$$

Mit einem geeigneten Rechner oder mithilfe der Ableitung der Radikandenfunktion erhält man als Minimum dieser Abstandsfunktion:
d(t) wird minimal für $t = -0,5$ mit $d(-0,5) = \sqrt{5,5} \approx 2,3$.

Für den Flächeninhalt des Dreiecks $S_1S_2S_3$ ergibt sich insgesamt:
$$A = \frac{1}{2} \cdot g \cdot h = \frac{1}{2} \cdot \sqrt{62} \cdot \sqrt{5,5} = \frac{1}{2} \cdot \sqrt{341} \approx 9,23$$

Das Dreieck hat einen Flächeninhalt von etwa 9,23 km².

Alternativ lässt sich der Flächeninhalt des Dreiecks auch direkt mithilfe des Vektorproduktes berechnen:
$$A = \frac{1}{2} \cdot |\overrightarrow{S_1S_2} \times \overrightarrow{S_1S_3}| = \frac{1}{2} \cdot \left|\begin{pmatrix} -5 \\ 1 \\ 6 \end{pmatrix} \times \begin{pmatrix} -4 \\ -1 \\ 2 \end{pmatrix}\right| = \frac{1}{2} \cdot \left|\begin{pmatrix} 8 \\ -14 \\ 9 \end{pmatrix}\right| = \frac{1}{2} \cdot \sqrt{8^2 + (-14)^2 + 9^2}$$
$$= \frac{1}{2} \cdot \sqrt{341} \approx 9,23$$

Aufgabe 19

a) Die Funktion f beschreibt den Anteil der Ausgaben für Körperpflegemittel und Schmuck am Jahreseinkommen. Da x das Jahreseinkommen in 10 000 € angibt, entspricht ein Einkommen von 60 000 € dem Wert x = 6.

$$f(6) = 15e^{\frac{-2}{6}} = 15e^{-\frac{1}{3}} \approx 10{,}75$$

Der Anteil der Ausgaben für Körperpflegemittel und Schmuck beträgt bei einem Jahreseinkommen von 60 000 € etwa 10,75 %. (Dies entspricht einem jährlichen Betrag von 6 450 €.)

In der zweiten Fragestellung ist das Jahreseinkommen gesucht, bei dem der Anteil 12 % beträgt. Gesucht ist also der x-Wert, für den f(x) = 12 gilt:

$$f(x) = 15e^{\frac{-2}{x}} = 12$$

$$e^{\frac{-2}{x}} = \frac{12}{15} = \frac{4}{5}$$

$$\frac{-2}{x} = \ln\left(\frac{4}{5}\right)$$

$$x = -\frac{2}{\ln\left(\frac{4}{5}\right)} \approx 8{,}9628$$

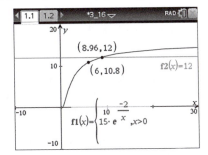

Bei einem prozentualen Anteil von 12 % des Einkommens ist davon auszugehen, dass das Jahreseinkommen 89 628 €, also knapp 90 000 € beträgt.

b) Gesucht ist hier das Einkommen (x-Wert) mit dem stärksten Anstieg des Anteils der Ausgaben (f(x)-Wert), also die Maximumstelle der Ableitungsfunktion von f. Diese entspricht der Stelle mit der größten (positiven) Steigung des Graphen von f, also einer Wendestelle der Funktion f.

Bestimmung mithilfe der 2. Ableitung (Ketten- und Produktregel!):

$$f(x) = 15e^{-\frac{2}{x}}$$

$$f'(x) = 15e^{-\frac{2}{x}} \cdot \left(\frac{2}{x^2}\right) = \frac{30}{x^2} \cdot e^{-\frac{2}{x}}$$

$$f''(x) = -\frac{60}{x^3} \cdot e^{-\frac{2}{x}} + \frac{30}{x^2} \cdot e^{-\frac{2}{x}} \cdot \left(\frac{2}{x^2}\right) = e^{-\frac{2}{x}} \cdot \left(-\frac{60}{x^3} + \frac{60}{x^4}\right)$$

$$f''(x) = 0 \iff -\frac{60}{x^3} + \frac{60}{x^4} = 0 \iff \frac{60}{x^3} = \frac{60}{x^4} \iff x^3 = x^4 \iff x = 1$$

Am Verlauf des Graphen von f bzw. durch Untersuchung des Vorzeichenwechsels der 2. Ableitung an dieser Stelle erkennt man, dass die Steigung des Schaubilds an dieser Stelle maximal ist. Somit ist x = 1 die gesuchte Stelle.

Der Wert x = 1 entspricht einem Jahreseinkommen von 10 000 €.
Bei einem Jahreseinkommen von 10 000 € wächst der Anteil der Ausgaben für Körperpflegemittel und Schmuck am stärksten.

c) Es gilt $\lim\limits_{x \to \infty} f(x) = \lim\limits_{x \to \infty} 15e^{\frac{-2}{x}} = 15$, denn $\lim\limits_{x \to \infty} e^{\frac{-2}{x}} = e^0 = 1$.

Für den Sachzusammenhang bedeutet dies:
Bei zunehmendem Jahreseinkommen nähert sich der Anteil der Ausgaben für Körperpflegemittel und Schmuck 15 % des Gesamteinkommens.

Erklären lässt sich dies beispielsweise dadurch, dass die Bedürfnisse nach solchen Artikeln bei diesem Anteil befriedigt sind, also eine Art Sättigung eintritt. Selbst bei höheren Einkommen besteht nur ein gewisser, nach oben beschränkter Bedarf an Körperpflegemitteln und Schmuck.

Aufgabe 20

Betrachtet wird die Wirkstoffmenge im Blut in Abhängigkeit der Zeit, wobei sowohl Wirkstoff zugeführt als auch abgebaut wird. Um die Fragen zu beantworten, wird der Zusammenhang zwischen der Zeit und der Wirkstoffmenge mit einer geeigneten Funktion beschrieben. Dazu betrachtet man zunächst die Änderungsrate $W'(t)$ der Wirkstoffmenge, um daraus als Bestand die Wirkstoffmenge $W(t)$ im Blut in Abhängigkeit der Zeit zu erhalten.

a) Da sowohl Wirkstoff zugeführt als auch abgebaut wird, ergibt sich die Änderungsrate der Wirkstoffmenge als Bilanz zwischen Zufuhr- und Abbaurate:
$W'(t) = R_{zu} + R_{ab}$
Dem Text entnimmt man:
$R_{zu} = 4$ (mg pro Stunde)
$R_{ab} = -0{,}05 \cdot W(t)$ (stündlich 5 % der momentanen Wirkstoffmenge im Blut)
Die Änderungsrate der Wirkstoffmenge lautet also:
$W'(t) = R_{zu} + R_{ab} = 4 - 0{,}05 \cdot W(t) = 0{,}05 \cdot (80 - W(t))$
Diese Differenzialgleichung passt auf begrenztes exponentielles Wachstum (vgl. Kapitel 5); daraus kann man ebenfalls direkt die Sättigungsgrenze S ablesen: $S = 80$

Wenn man annimmt, dass zu Beginn der Infusion noch kein Wirkstoff im Blut war, bedeutet dies: $W_0 = W(0) = 0$
Als Bestandsfunktion erhält man damit schließlich:
$W(t) = S - (S - W_0) \cdot e^{-kt} = 80 - (80 - 0) \cdot e^{-0{,}05t} = 80 - 80e^{-0{,}05t}$
Auch an dieser Gleichung erkennt man den Grenzwert $\lim\limits_{t \to \infty} W(t) = 80$.

Da die Änderungsrate in mg pro Stunde angegeben ist, sind die Zeit t in Stunden und die Wirkstoffmenge W(t) in mg angegeben.
Langfristig würde sich eine Wirkstoffmenge von 80 mg im Blut einstellen.

b) Gesucht ist der Zeitpunkt T, zu dem sich eine bestimmte Wirkstoffmenge im Blut befindet. 80 % der langfristigen Wirkstoffmenge, also 80 % der Sättigungsgrenze S = 80 bedeuten $0{,}80 \cdot 80$ mg = 64 mg Wirkstoff im Blut.

Den gesuchten Zeitpunkt T erhält man deshalb aus der Gleichung:

$$W(T) = 80 - 80e^{-0{,}05T} = 64$$
$$80e^{-0{,}05T} = 16$$
$$e^{-0{,}05T} = \tfrac{1}{5}$$
$$-0{,}05T = \ln\left(\tfrac{1}{5}\right)$$
$$T = \frac{\ln\left(\tfrac{1}{5}\right)}{-0{,}05} \approx 32{,}2$$

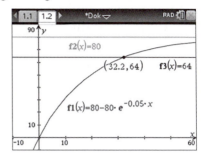

Die nötige Infusionszeit beträgt also etwa 32 Stunden.

Wenn nach diesen 32 Stunden die Wirkstoffmenge im Blut konstant bei 64 mg bleiben soll, muss die Zufuhrrate ab diesem Zeitpunkt durch die Abbaurate kompensiert werden, d. h., die Zufuhrrate muss genau 5 % der aktuellen Wirkstoffmenge von 64 mg betragen. Man erhält $0{,}05 \cdot 64$ mg = 3,2 mg; die Dosierung des Wirkstoffs bei der Infusion muss also nach 32 Stunden auf 3,2 mg pro Stunde reduziert werden, damit die Wirkstoffmenge gleich bleibt.

Aufgabe 21

a) Gesucht ist der Zeitpunkt, an dem die meisten Schüler auf dem Schulhof ankommen, also die Ankunftsrate ihren Höchstwert erreicht. Dieser Zeitpunkt entspricht der Maximumstelle x_{Max} der Funktion f für $x \geq 0$, der Funktionswert $f(x_{Max})$ entspricht dann der maximalen Ankunftsrate der ankommenden Schüler auf dem Schulhof (vgl. Kapitel 1).

Mit einem geeigneten Rechner oder durch Ablesen aus dem gegebenen Funktionsgraphen erhält man:
$x_{Max} = 10$ mit $f(x_{Max}) \approx 49$

Alternativ lässt sich die Maximumstelle hier auch rechnerisch über die Ableitung bestimmen (Anwendung der Produktregel):

$f(x) = 3{,}6 \cdot e^{-0{,}2x} \cdot x^2$

$f'(x) = 3{,}6 \cdot e^{-0{,}2x} \cdot (-0{,}2) \cdot x^2 + 3{,}6 \cdot e^{-0{,}2x} \cdot 2x$
$\quad\;\; = -0{,}72x^2 \cdot e^{-0{,}2x} + 7{,}2x \cdot e^{-0{,}2x} = x \cdot e^{-0{,}2x} \cdot (7{,}2 - 0{,}72x)$

$f'(x) = 0 \;\Leftrightarrow\; x \cdot (7{,}2 - 0{,}72x) = 0 \;\Leftrightarrow\; x = 0$ oder $x = \frac{7{,}2}{0{,}72} = 10$

Die Stelle $x = 0$ ist nicht relevant, da zu diesem Zeitpunkt noch kein Schüler ankommt ($f(0) = 0$; Minimum der Funktion f).

An der Stelle x = 10 wechseln die Funktionswerte der Ableitungsfunktion f' das Vorzeichen von + nach −, hier liegt also ein Maximum der Funktion f vor. Dies lässt sich auch damit begründen, dass der Term 7,2 − 0,72x eine fallende Gerade darstellt. Es gilt:
$f(10) = 3{,}6 \cdot e^{-2} \cdot 100 \approx 48{,}72$

Die Zeit x ist in Minuten ab 7.00 Uhr angegeben; um 7.10 Uhr kommen also mit etwa 49 Schülern die meisten Schüler auf dem Schulhof an.

Um zu ermitteln, ab wann weniger als 10 Schüler auf dem Schulhof ankommen, bestimmt man die Bereiche, in denen f(x) < 10 gilt. Dazu löst man zunächst die entsprechende Gleichung f(x) = 10.

Durch Ablesen aus dem Graphen oder mit einem geeigneten Rechner erhält man als Lösungen dieser Gleichung:
$x_1 \approx 2$ und $x_2 \approx 28$

Anhand des Verlaufs des Funktionsgraphen erkennt man, dass zwischen diesen beiden Werten f(x) > 10 gilt.

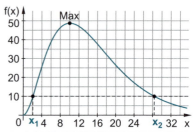

Da nach der Uhrzeit gefragt ist, ab der weniger als 10 Schüler ankommen, ist die zweite Lösung die gesuchte, da es danach keinen Zeitpunkt mehr gibt, zu dem 10 oder mehr Schüler ankommen.

Die Zeit x ist in Minuten ab 7.00 Uhr angegeben, also kommen ab etwa 7.28 Uhr weniger als 10 Schüler pro Minute an.

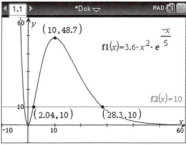

b) Da die Funktion f als Ankunftsrate die Änderungsrate der Schülerzahl beschreibt, lässt sich die Schülerzahl auf dem Schulhof für einen bestimmten Zeitraum durch ein entsprechendes Integral rekonstruieren (vgl. Kapitel 3).

Der Zeitpunkt 7.20 Uhr entspricht dem Wert x = 20. Die Anzahl der bis dahin angekommenen Schüler ergibt sich mittels Rechner aus dem Integral:
$$\int_0^{20} f(x)\,dx \approx 685{,}71$$

Ohne Hilfsmittel lässt sich der Wert dieses Integrals nur durch Abschätzen anhand des Graphen ermitteln. Man erhält im Bereich x = 0 bis x = 20 unterhalb des Graphen von f ca. 68 Kästchen, wobei 1 Kästchen aufgrund der Skalierung der Achsen 10 entspricht, also ergibt sich insgesamt ein Wert von 680. Um 7.20 Uhr stehen etwa 685 Schüler auf dem Schulhof.

Bei der zweiten Fragestellung geht es um den Zeitpunkt, bis zu dem insgesamt 700 Schüler auf dem Schulhof angekommen sind; zu einem vorgegebenen Wert des Integrals ist also nun die (obere) Integrationsgrenze gesucht (vgl. Variante A der Musteraufgabe in Kapitel 3).

Man erhält den Zeitpunkt x, zu dem seit 7.00 Uhr insgesamt 700 Schüler angekommen sind, durch Lösen der Gleichung:

$$\int_0^x f(t)\,dt = 700$$

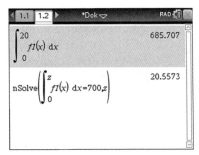

Mit dem Rechner erhält man als Lösung x ≈ 20,56.

Zur näherungsweisen Bestimmung dieses Wertes ohne Hilfsmittel kann man wieder Kästchen zählen. Da 1 Kästchen dem Wert 10 entspricht und man bis zu x = 20 bereits ca. 68 Kästchen gezählt hat, genügt es, ab x = 20 etwa 2 weitere volle Kästchen hinzuzufügen. Dies wird etwa bei x = 21 erreicht.

Um etwa 7.21 Uhr stehen 700 Schüler auf dem Schulhof.

c) Da Lara alle vor ihr eingetroffenen Schüler zuerst eintreten lässt, muss man zunächst berechnen, wie viele Schüler um 7.30 Uhr auf dem Schulhof stehen, d. h., wie viele Schüler bis 7.30 Uhr bereits angekommen sind.

Analog zu Teilaufgabe b erhält man diese Zahl mithilfe eines Integrals:

$$\int_0^{30} f(x)\,dx \approx 844{,}23$$

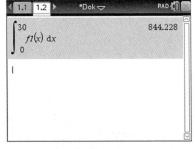

Bis 7.30 Uhr sind also ca. 844 Schüler auf dem Schulhof eingetroffen.

Bevor Lara selbst eintritt, lässt sie diese Schüler das Gebäude betreten.

Da 100 Schüler etwa 20 Sekunden benötigen, bis sie das Gebäude betreten haben, benötigen 844 Schüler etwa 8,44 · 20 s = 168,8 s ≈ 2,81 min.

Somit wartet Lara knapp 3 Minuten, bis sie das Schulgebäude betreten kann.

d) Jeder Schüler kann für oder gegen den späteren Unterrichtsbeginn sein. Nach dem Umfrageergebnis der SMV beträgt die Wahrscheinlichkeit, dass ein zufällig ausgewählter Schüler für den späteren Unterrichtsbeginn ist, p = 70 % = 0,7.

Das Befragen eines Schülers kann somit als ein Bernoulli-Experiment mit der Trefferwahrscheinlichkeit p=0,7 interpretiert werden. Das Befragen mehrerer, also n Schüler, kann damit als Bernoulli-Kette der Länge n und Trefferwahrscheinlichkeit p=0,7 aufgefasst werden (vgl. Kapitel 6).

Die Zufallsvariable X beschreibt dabei die Anzahl der „Treffer" k, also die Anzahl k der Schüler, die tatsächlich für den späteren Unterrichtsbeginn sind. Sie ist binomialverteilt mit p=0,7. Gesucht sind Wahrscheinlichkeiten dieser binomialverteilten Zufallsvariablen X für unterschiedliche Parameter n und k (vgl. Grundform der Musteraufgabe in Kapitel 6).

- Im ersten Fall gilt n=50 und k=40; X ist $B_{50;\,0,7}$-verteilt.
  Man erhält:
  $$P(X = 40) = \binom{50}{40} \cdot 0,7^{40} \cdot (1-0,7)^{10} \approx 0,03862 \approx 0,04$$
  Die Wahrscheinlichkeit, dass von 50 Schülern genau 40 für einen späteren Unterrichtsbeginn sind, beträgt etwa 4 %.

- Im zweiten Fall gilt n=60 und k=0; X ist also $B_{60;\,0,7}$-verteilt.
  Man erhält:
  $$P(X = 0) = \binom{60}{0} \cdot 0,7^{0} \cdot (1-0,7)^{60} = 0,3^{60} \approx 4,24 \cdot 10^{-32}$$
  Die Wahrscheinlichkeit, dass von 60 Schülern kein Schüler für den späteren Unterrichtsbeginn ist, beträgt etwa $4,24 \cdot 10^{-32}$.
  Dieser Wert ist so klein, dass ein Eintreten dieser Situation als beinahe unmöglich einzuordnen ist. Zum Vergleich: Die Wahrscheinlichkeit, einen Sechser im Lotto zu erreichen, beträgt etwa $7,15 \cdot 10^{-8}$. Einen Sechser im Lotto zu erzielen, ist somit deutlich wahrscheinlicher.

- Im dritten Fall gilt n=70 und k=70; X ist also $B_{70;\,0,7}$-verteilt.
  Man erhält:
  $$P(X = 70) = \binom{70}{70} \cdot 0,7^{70} \cdot (1-0,7)^{0} = 0,7^{70} \approx 1,44 \cdot 10^{-11}$$
  Die Wahrscheinlichkeit, dass von 70 Schülern alle für einen späteren Unterrichtsbeginn sind, beträgt also etwa $1,44 \cdot 10^{-11}$. Auch dieser Wert ist sehr klein, jedoch immerhin etwas höher als die vorherige Wahrscheinlichkeit.

Bemerkung: Alle gesuchten Wahrscheinlichkeiten lassen sich mit einem geeigneten Rechner auch direkt berechnen.

binomPdf(50,0.7,40)	0.038619
binomPdf(60,0.7,0)	4.23912E-32
binomPdf(70,0.7,70)	1.43504E-11

e) Die Schüler der Kursstufe 1 zweifeln das Ergebnis der Umfrage an und führen zur Überprüfung eine eigene Befragung unter den Schülern durch, um das Ergebnis der SMV, dass „nur" (höchstens) 70 % der Schüler einen späteren Unterrichtsbeginn bevorzugen, zu widerlegen (Hypothesentest, vgl. Kapitel 7).
Dazu sollen 200 Schüler befragt werden. Wie in Teilaufgabe d beschreibt die Zufallsvariable X, wie viele Treffer vorliegen, wie viele Schüler also für den späteren Unterrichtsbeginn sind. Da das Ergebnis der Umfrage der SMV widerlegt werden soll, lautet die Nullhypothese:
H_0: $p \leq 0{,}7$

Große Werte von X sprechen gegen die Nullhypothese – und damit für die Alternative H_1: $p > 0{,}7$ der Schüler der Kursstufe. Der Ablehnungsbereich hat also die Form $A = \{k; \ldots; 200\}$; es wird ein rechtsseitiger Test durchgeführt.

Die Irrtumswahrscheinlichkeit soll höchstens 5 % betragen; das Signifikanzniveau des Tests lautet also $\alpha = 0{,}05$. Die Grenze k des Ablehnungsbereichs wird bestimmt aus der Ungleichung $P(X \in A) \leq \alpha$ bzw. $P(X \geq k) \leq 0{,}05$ bzw. $P(X \leq k-1) \geq 0{,}95$, wobei X binomialverteilt ist mit $n = 200$ und $p = 0{,}7$.

Z. B. mit einem geeigneten Rechner bestimmt man die kleinste Zahl k, für die gilt: $P(X \leq k-1) \geq 0{,}95$

Man erhält $P(X \leq 150) \approx 0{,}949$
und $P(X \leq 151) \approx 0{,}964$.

Somit gilt $k - 1 = 151$ und $k = 152$.
Man erhält als Annahmebereich der Nullhypothese $\{0; \ldots; 151\}$ und als Ablehnungsbereich $\{152; \ldots; 200\}$.

Die Entscheidungsregel für den Schulleiter könnte demnach lauten:
Sollte sich in der Umfrage der Kursstufe ergeben, dass höchstens 151 Schüler für den späteren Unterrichtsbeginn sind, nimmt er die Nullhypothese an und sieht das Ergebnis der Umfrage der SMV als bestätigt an.
Sollten 152 oder mehr Schüler für den späteren Unterrichtsbeginn sein, wird die Nullhypothese verworfen und die Alternativhypothese H_1 angenommen. In diesem Fall sollte der Schulleiter den späteren Unterrichtsbeginn umsetzen.

Aufgabe 22

a) Die Funktion G beschreibt den Gewinn des Unternehmens. Laut Aufgabenstellung erzielt das Unternehmen das Gewinnmaximum bei einer Produktion von 45,5 t. Aufgrund der notwendigen Bedingung für ein (lokales) Maximum bedeutet dies für die Ableitung G' der Funktion G, dass diese bei x = 45,5 eine Nullstelle haben muss, dass also gilt: G'(45,5) = 0 (vgl. Kapitel 1)

Bestimmung der Ableitung:
$G(x) = ax^3 + 120x^2 + 1500x - 20000$
$G'(x) = 3ax^2 + 240x + 1500$

Die Lösung der Gleichung G'(45,5) = 0 liefert den gesuchten Wert für a.
Es gilt:
$G'(45,5) = 6210{,}75a + 12420$
$G'(45,5) = 0 \Leftrightarrow 6210{,}75a = -12420$
$\Leftrightarrow a = -\frac{12420}{6210{,}75} \approx -2$

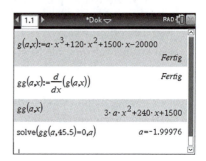

Der Wert für a lautet also –2 und die Gewinnfunktion ist gegeben durch:
$G(x) = -2x^3 + 120x^2 + 1500x - 20000$

b) Laut Aufgabenstellung wird das Gewinnmaximum bei einer Produktion von 45,5 t erreicht. Der zugehörige Funktionswert G(45,5) liefert somit das gesuchte Gewinnmaximum. Man erhält:
$G(45{,}5) = 108287{,}25$
Der maximale Gewinn beträgt ca. 108 287 €.

c) Den bei einer Produktion von 60 t erzielten Gewinn erhält man über die Berechnung des zugehörigen Funktionswertes G(60). Man erhält:
$G(60) = 70000$

Im Vergleich zum Gewinnmaximum vermindert sich der Gewinn also um 108 287,25 € – 70 000 € = 38 287,25 €. Dies entspricht einem Anteil von:
$\frac{38287{,}25}{108287{,}25} \approx 0{,}3536$

Der Gewinn reduziert sich somit um etwa 35,36 %.

Die produktionstechnisch höchstmögliche Tonnenzahl beträgt 70 t. Den Gewinn bei dieser Produktionsmenge berechnet man über G(70). Man erhält:
$G(70) = -13000$

Da dieser Wert negativ ist, macht das Unternehmen bei dieser Produktionsmenge Verlust; die Unternehmensleitung sollte deshalb der Forderung des Betriebsrats nicht nachgeben.

d) Die Kosten pro Tonne werden durch die Funktion k beschrieben. Die gewinnmaximale Menge beträgt laut Aufgabenstellung 45,5 t. Die Kosten pro Tonne (Stückkosten) berechnen sich durch den zugehörigen Funktionswert k(45,5):
k(45,5) ≈ 1 120,06

Um den Gewinn pro Tonne zu erhalten, muss der mit der jeweiligen Produktionsmenge erzielte gesamte Gewinn durch die Menge geteilt werden. Bei der gewinnmaximalen Menge ergibt sich der Gewinn pro Tonne also über:
$$\frac{G(45,5)}{45,5} = \frac{108\,287,25}{45,5} \approx 2\,379,94$$
Bei der Produktion der gewinnmaximalen Menge von 45,5 t betragen die Kosten pro Tonne etwa 1 120 € und der Gewinn pro Tonne etwa 2 380 €.

Der Gewinn errechnet sich allgemein als Differenz aus dem erzielten Umsatz und den anfallenden Kosten (Gewinn = Umsatz – Kosten). Daraus folgt, dass sich der erzielte Umsatz aus der Summe von Gewinn und Kosten berechnet. Der Umsatz pro Tonne ergibt sich entsprechend aus der Summe des Gewinns pro Tonne und der Kosten pro Tonne; der Umsatz pro Tonne entspricht dann dem Preis, zu dem eine Tonne des Spezialzements verkauft wird.

Mit den vorherigen Ergebnissen ergibt sich:
Umsatz pro Tonne = Gewinn pro Tonne + Kosten pro Tonne
= 2 379,94 € + 1 120,06 € = 3 500 €

Der Spezialzement wird zu einem Preis von 3 500 € pro Tonne angeboten.

e) Die minimalen Kosten pro Tonne und die dazu erforderliche Anzahl an produzierten Tonnen bestimmt man über das Minimum der Funktion k für x ≥ 0 (vgl. Kapitel 1).

Z. B. mit einem GTR erhält man:
k wird minimal für $x_{Min} \approx 34{,}3$ mit
k(34,3) ≈ 820.

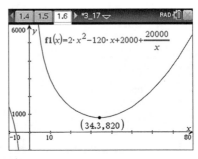

Bei einer produzierten Menge von etwa 34,3 t sind die Kosten pro Tonne mit ca. 820 € am geringsten.

Der Gewinn pro Tonne bei dieser Produktionsmenge errechnet sich analog zu Teilaufgabe d über:
$$\frac{G(34,3)}{34,3} = \frac{91\,921,586}{34,3} \approx 2\,679,93$$
Der Gewinn pro Tonne beträgt bei dieser Menge etwa 2 680 €.